Stefan Schmidt

Experimentelle Parapsychologie

GRENZÜBERSCHREITUNGEN

BEITRÄGE ZUR WISSENSCHAFTLICHEN ERFORSCHUNG AUSSERGEWÖHNLICHER ERFAHRUNGEN UND PHÄNOMENE

Herausgegeben
von

Eberhard Bauer und Michael Schetsche

Im Auftrag des Institutes für Grenzgebiete
der Psychologie und Psychohygiene e.V.

BAND 11

ERGON VERLAG

Stefan Schmidt

Experimentelle Parapsychologie

Eine Einführung

ERGON VERLAG

Bibliografische Information der Deutschen Nationalbibliothek
Die Deutsche Nationalbibliothek verzeichnet diese Publikation in der Deutschen Nationalbibliografie; detaillierte bibliografische Daten sind im Internet über http://dnb.d-nb.de abrufbar.

Gedruckt auf alterungsbeständigem Papier.
Satz: Matthias Wies, Ergon-Verlag GmbH
Umschlaggestaltung: Jan von Hugo

www.ergon-verlag.de

ISBN 978-3-95650-079-4
ISSN 1863-933X

Inhalt

1. Einleitung

Wer sich wissenschaftlich mit parapsychologischen Phänomenen auseinandersetzt, begibt sich in vermintes Gelände. Eine wissenschaftliche Untersuchung, ob es Phänomene wie Telepathie oder Präkognition gibt, lässt sich nicht in demselben neutralen wissenschaftlichen Umfeld und Geist durchführen, wie man dies von anderen Fragestellungen gewohnt ist. Schnell steht man unter dem Generalverdacht, eine esoterische Spinner/in zu sein, die den gesellschaftlichen Konsens der Aufklärung aufkündigt und sich damit gegen das gesamte Unternehmen Wissenschaft stellt. Somit ist eine parapsychologische Forschung immer – ob sie nun will oder nicht – in eine gesellschaftliche Debatte über eine ‚richtige' Deutung unserer Welt eingebettet. Solche Diskurse um ‚richtig' und ‚falsch' mutieren schnell zu Glaubensfragen, sie polarisieren und lassen wenig Platz für Zwischentöne. Auf der einen Seite steht die Position, dass die *erfahrene* Realität offensichtlich so viel mehr umfasst, als gemeinhin bekannt ist, während ein arrogantes Wissenschaftssystem sich hartnäckig weigert, diese Umstände überhaupt in Betracht zu ziehen. Auf der anderen Seite steht die Position, dass wir uns durch die Aufklärung mühsam von weltanschaulichen Deutungen befreit haben und jetzt auf Basis einer rationalen und wissenschaftlichen Beschreibung unserer Welt keinen Platz für solche Phänomene sowie die sie oft begleitenden weltanschaulichen Deutungen sehen.

Interessant ist dabei, dass es sich bei *beiden* Positionen um primär weltanschaulich geprägte Standpunkte handelt. Anhänger/innen der ersten Position sind oft nicht bereit, ihre eigenen Erfahrungen hinsichtlich des Realitätsgehaltes zu überprüfen und Prozessen der Selbsttäuschung auf die Spur zu kommen, nicht zuletzt schon aus einer Art Fundamentalopposition gegen das dominante wissenschaftliche Welterklärungssystem. Anhänger/innen der zweiten Position missverstehen das Projekt Wissenschaft als fundamentales Glaubenssystem, das in seinen Grundfesten abgeschlossen und als solches nicht mehr hinterfragbar ist – man spricht hier von *Szientismus*.

Dieses Buch versucht – möglichst unbeirrt von dieser Polarität – den momentanen Erkenntnisstand der experimentellen Parapsychologie zusammenzufassen. Es ist eine Einladung an alle Leser/innen, den unmittelbaren Reflex, sich einem Lager zuzuordnen, wenn man das Wort *Parapsychologie* hört, zunächst zurückzuhalten. Diese unklaren Zwischentöne sind nicht leicht beizubehalten, unser Geist wird zu eindeutigen Aussagen und dezidierten Positionen hingezogen und es ist keine einfache Haltung, innere Widersprüche für eine gewisse Zeit aufrechtzuerhalten. Diese Haltung erfordert eine skeptische Offenheit, die Bereitschaft, die eigenen Grundannahmen über die Welt kritisch zu hinterfragen, ohne sie jedoch bereitwillig beim ersten Windstoß über Bord zu werfen.

In diesem Klima mag es auch notwendig sein, das zu tun, was sonst selbstverständlich ist, nämlich wissenschaftliches Handeln zu legitimieren. Der Umgang mit außergewöhnlichen Erfahrungen offenbart ein Dilemma. Umfragen zeigen, dass ungefähr die Hälfte der Bevölkerung von solchen Erfahrungen (zum Beispiel präkognitive Träume, Telepathie-Erlebnisse, siehe auch Kapitel 2) berichtet. Gleichzeitig werden diese Erfahrungen von einem Großteil des wissenschaftlichen Establishments müde belächelt und es besteht keine Bereitschaft, diese empirisch zu untersuchen. Die Erfahrungen der Einzelnen werden als Täuschungen und Illusionen wegerklärt, und selbst eine aufgeschlossene Forschung, wie es zu solchen Täuschungen kommen kann, ist kaum zu finden. Allein dies sollte als Legitimation ausreichen.

Aber es gibt weitere Aspekte, die eine parapsychologische Forschung wertvoll machen. Es ist dies eines der wenigen wissenschaftlichen Felder, in denen man mit den fundamentalen Grenzen unserer Erkenntnis in Berührung kommt. Nirgendwo ist Wissenschaft offener, spannender und unsicherer als in ihren Grenzbereichen. Und auch nirgendwo ist Wissenschaft – von der eigentlichen Erkenntnistheorie abgesehen – selbstreflexiver als an ihren Grenzen. So ist eine Auseinandersetzung mit der Parapsychologie auch immer eine Auseinandersetzung mit den Grundannahmen des Projektes Wissenschaft selbst. Was macht eine Untersuchung zu einer wissenschaftlichen Untersuchung? Welches methodische Vorgehen ist wissenschaftlich und welches nicht? Wie legitimiert sich die Wissenschaft selbst? Welche Grundannahmen der Wissenschaft sind belegt und welche können auch, weil sie nicht belegt sind, in Frage gestellt werden? All diese Fragen sind dazu geeignet, unser mittlerweile so selbstverständlich gewordenes System Wissenschaft offen und veränderbar zu gestalten, denn in dieser Offenheit zur Weiterentwicklung liegt seine größte Stärke.

Meine persönliche Motivation, dieses Buch zu schreiben, liegt genau darin begründet. Ich verstehe mich als Wissenschaftler und als solcher auch immer als ein Entdeckungsreisender, der sich neugierig in unbekannte Gefilde begibt. Der beste Reiseproviant für solche Erkundungstouren sind – wie schon erwähnt – ein skeptischer Geist und die Offenheit, Widersprüchliches ertragen zu können.

Grundlage dieses Buches sind meine Dissertation sowie mehrere Einzelbeiträge und Zeitschriftenartikel, die ich in den letzten zwölf Jahren verfasst habe. Sie sollen eine Einführung in den momentanen Kenntnisstand der experimentellen Parapsychologie und der diese Forschung begleitenden Diskussionen geben.

Der Lesefluss dieses Buches wird möglicherweise hin und wieder gestört, da die zweigeschlechtliche Schreibweise verwendet wird. Ich bin zu der Ansicht gelangt, dass die oft formulierte Aussage, dass ‚mit der männlichen Form beide Geschlechter gemeint' seien, nicht stimmt. Männliche Formulierungen ziehen auch ebensolche Vorstellungen nach sich, mit der hier verwendeten zweigeschlechtlichen Schreibweise soll eine solche Einseitigkeit erschwert werden.

Freiburg, im August 2014

2. Die wissenschaftliche Einordnung der Parapsychologie

In diesem ersten Kapitel soll geklärt werden, worum es in der Parapsychologie geht und worum auch nicht. Dazu sind einige Begriffsbestimmungen und Definitionen notwendig. Dies ist nicht unbedingt einfach, denn parapsychologische Phänomene werden ja zu solchen gerade durch ihren Mangel an Erklärbarkeit. Auf der anderen Seite schließt aber die Tatsache, dass etwas nicht erklärbar ist, nicht aus, dass man sich diesem Bereich auch wissenschaftlich zuwenden kann. Im Gegenteil, Ziel der Wissenschaft ist es ja, gerade durch systematisches Vorgehen schlüssige Erklärungen für bisher Unverstandenes zu finden. Ein zweiter Grund, das Feld gut abzugrenzen, ist, dass alltagssprachlich unter dem Schlagwort ‚*Parapsychologie*' nicht nur eine Wissenschaft verstanden wird, sondern damit oft auch allerlei esoterische Praktiken bezeichnet werden.

Was ist Parapsychologie?

Der Begriff ‚*Parapsychologie*' wurde im Jahre 1889 von dem deutschen Psychologen und Mediziner Max Dessoir (1867 – 1947) geprägt. Er schlug vor, Erscheinungen, „*...die aus dem normalen Verlauf des Seelenlebens*" heraustreten, als *parapsychisch* zu bezeichnen, und „*die von ihnen handelnde Wissenschaft ‚Parapsychologie*'" zu nennen (Dessoir, 1889, S. 342). Dieses Feld sollte „ein bisher noch unbekanntes Grenzgebiet zwischen dem Durchschnitt und den abnormen pathologischen Zuständen" (S. 342) kennzeichnen. Der Zeitgeist des ausgehenden 19. Jahrhunderts erlaubte es erstmals zaghaft, sich Phänomenen, die über das gewohnte Alltagserleben hinausgingen, von einer rationalen, aber auch neugierigen Perspektive zuzuwenden. Dessoir gibt dieser wissenschaftlichen Disziplin nun einen Namen und benennt die oberen und unteren Grenzen.

Doch auch 120 Jahre später ist das Feld der Parapsychologie noch immer nicht selbstverständlich legitimiert. Wer sich für Phänomene jenseits des alltäglichen Durchschnittserlebens wissenschaftlich interessiert, läuft Gefahr, selbst aus der Wissenschaft ausgegrenzt zu werden. Der Verdacht, einen gemeinsamen impliziten Konsens zu verlassen, wie er aus der Aufklärung entstanden ist, ist schnell im Raum. Frei nach dem Motto, wer solche Phänomene untersucht, wird wohl auch daran glauben und womöglich irrationalen und magischen Praktiken anhängen, die den Gewinn der Aufklärung in Frage stellen.

Eine Definition der Parapsychologie aus heutiger Sicht findet sich im Lehrbuch von Irwin und Watt (2007, S. 1). Parapsychologie sei demnach *"...the scientific study of experiences which, if they are as they seem to be, are in principle outside the realm of human capabilities as presently conceived by conventional scientists"*. Interessant ist hierbei die

Einschränkung im Sinne von *'wenn sie das sind, was sie zu sein scheinen'*. Damit wird Bezug genommen auf die Tatsache, dass sich für viele zunächst außergewöhnliche Erfahrungen bei genauerem Hinsehen eine konventionelle Erklärung findet. Diese Suche nach einer Erklärung, die mit dem bestehenden wissenschaftlichen Weltbild kompatibel ist, steht am Anfang jeglichen parapsychologischen Forschens.

Einige exzellente Beispiele liefern Walter von Lucadou und Manfred Poser in einem Buch über Geister und Spukphänomene (Lucadou & Poser, 1997). So berichten beispielsweise die Mitglieder einer Schweizer Familie, sie könnten, wenn sie sich gemeinsam auf eine Kompassnadel konzentrieren, diese zum Ausschlagen bewegen. Eine Untersuchung der Magnetfelder in der Wohnung ergab jedoch, dass das Ausgleichgewicht eines Aufzuges in unregelmäßigen Abständen an der entsprechenden Wohnung vorbeifuhr und für die Auslenkung der Kompassnadel verantwortlich war, die die Familienmitglieder fälschlicherweise ihren vermeintlichen spirituellen Kräften zuschrieben.

In den Fällen, in denen sich bestimmte Erfahrungen jedoch nicht mehr mit den Mitteln der orthodoxen Wissenschaft erklären lassen, sprechen Irwin und Watt (2007) von der Wirkung sogenannter *paranormaler Faktoren*. Sie betonen, dass eben nicht jeder parapsychologischen Erfahrung auch ein paranormaler Prozess zugrunde liegen muss. Irwin und Watt schließen diese Fälle jedoch ausdrücklich in ihre Definition ein und legen, wie schon Dessoir, Wert auf die Aspekte des menschlichen Erlebens und Erfahrens, die für sie Para*psychologie* nicht nur begrifflich zu einem Teilgebiet der Psychologie werden lassen.

Während Irwin also auf das menschliche *Erleben* fokussiert, zielt eine zweite Definition von Rush (1986b, S. 4) auf die *Interaktion*. Für ihn ist Parapsychologie *"...the scientific field that is concerned with interactions, both sensory and motor, that seem not to be mediated by any recognized physical mechanism or agency"*. Grundlage dieser Definition ist die Beobachtung, dass alle übersinnlichen Phänomene letztendlich dadurch auffallen, dass sie anscheinend auf anderen als den uns bekannten Übertragungswegen vermittelt werden. Dies gilt sowohl für sensorische als auch für motorische Interaktionen zwischen mehreren Lebewesen oder zwischen einem Lebewesen und der Umwelt. Wenn man einen Gegenstand sieht, der vor einem liegt, so kann dieser Prozess des Informationsgewinns wissenschaftlich relativ genau beschrieben und erklärt werden. Angefangen bei den vom Objekt reflektierten Lichtstrahlen über die Registrierung dieser durch das Auge bis hin zur neuronalen Verschaltung. Wenn aber etwas wahrgenommen wird, was momentan viele tausend Kilometer entfernt ist, so steht dafür kein anerkanntes wissenschaftliches Erklärungsmodell mehr zur Verfügung.

Interessanterweise schließt diese Definition, wenn man sie genau nimmt, auch das Leib-Seele-Problem mit ein und lässt es zu einem parapsychologischen Teilproblem werden. Denn es gibt kein empirisch validiertes Modell, das zufriedenstellend und widerspruchsfrei erklärt, wie es von einer geistigen Absicht, zum Beispiel den Arm zu heben, zu den entsprechenden neuronalen und motorischen

Prozessen kommt, die den Arm dann in Bewegung bringen. Und auch umgekehrt ist es nach wie vor ungeklärt, wie aus der neuronalen Verschaltung der eingehenden Nervensignale aus dem Auge ein bewusstes Erleben des Sehinhaltes wird.

Gemeinsam ist all diesen Definitionen, dass der Gegenstandsbereich der Parapsychologie *negativ* definiert wird. Es ist das Unbekannte, mit heutigem Verständnis nicht Erklärbare oder das den gängigen Modellen Widersprechende. Diese negative Definition ist natürlich unbefriedigend, da sie nie einen abgeschlossenen Gegenstandsbereich der Parapsychologie festlegen kann, sondern sich immer durch eine Unterscheidung konstituiert, die auf die offene Menge des nicht Erklärbaren verweist. So laufen all diese Definitionen Gefahr, je nachdem, wie geschickt oder ungeschickt sie formuliert sind, Themen der Parapsychologie zuzuordnen, die nicht ihrem originären Interesse entsprechen.

Griffin (1993) setzt sich mit diesem Problem der negativen Definition intensiv auseinander und plädiert, auch aus wissenschaftssoziologischen Gründen, für eine positive Definition des Gegenstandsbereiches der Parapsychologie. Andernfalls würde die Parapsychologie schon durch ihre Definition aus der konventionellen Forschung ausgeschlossen werden und somit das Verhältnis zwischen anerkannter und randständiger Forschung immer ein schwieriges, auf Aus- und Abgrenzung Beruhendes sein. Er schlägt vor, dass eine solche Definition auf dem Begriff *‚kausaler Einfluss aus der Ferne‘* (S. 228) beruhen könnte. Seine wissenschaftshistorische Argumentation beruht auf der Feststellung, dass eine Basis unserer naturwissenschaftlichen Weltsicht die Definition eines kausalen Einflusses als eine lokale Wechselwirkung ist (Walach & Schmidt, 2005). Diese Beobachtung ist sicherlich richtig und sehr fruchtbar, zeigt jedoch gleichzeitig einmal mehr die Schwierigkeit auf, unbekannte und unverstandene Phänomene positiv zu definieren. Denn solche Definitionen enthalten schnell einschränkende Erklärungen, die letztlich willkürlich gesetzt sind. Wieso, so lässt sich fragen, müssen die entsprechenden Phänomene gerade durch einen kausalen Einfluss aus der Ferne hervorgerufen sein? Einige parapsychologische Theorien benötigen keine Kausalität, zum Beispiel das *Modell der Pragmatischen Information* (siehe Kapitel 14 sowie Lucadou, 1990, 1992), oder führen einen anderen Lokalitätsbegriff ein, zum Beispiel die *Nähe in einem semantischen Raum* (siehe Hardy, 1999). Letztendlich ist es nicht verwunderlich, dass die Definition des Gegenstandsbereiches der Parapsychologie so schwierig ist. Denn was definiert und damit genau beschrieben werden soll, über das muss auch vollständige Erkenntnis vorhanden sein. Das Unbekannte entzieht sich daher grundsätzlich jeglicher Definition.

Wichtige Begriffe der Parapsychologie

Die in der Parapsychologie zu untersuchenden Phänomene entziehen sich also per definitionem unserem genauen Wissen. Um trotzdem eine empirische Forschung zu ermöglichen, ist es jedoch notwendig, sich zumindest im Rahmen eines Minimalkonsenses auf eine gemeinsame Arbeitsdefinition einschließlich der zugehörigen Terminologie festzulegen.

Der Begriff der *Parapsychologie* als wissenschaftliche Disziplin wird oft zur Diskussion gestellt. Hintergrund ist, dass der Begriff mit vielen ungünstigen Assoziationen behaftet ist, die der Akzeptanz des Faches eventuell im Wege stehen. Daher wird im Deutschen manchmal auch von *Anomalistik*, im Englischen auch von *Anomalous Cognition* (AC) gesprochen.

Der unbekannte Faktor in der Parapsychologie wird meistens als *Psi* (griech. Ψ) bezeichnet. Dieser Begriff wurde bewusst gewählt, um möglichst wenig unerwünschte Assoziationen zu erzeugen (Rush, 1986b) und um das Unbekannte nicht begrifflich einzuschränken. Irwin und Watt (2007) vergleichen die Position des *Psi* in der Parapsychologie mit dem Buchstaben "*x*" in einer ungelösten algebraischen Gleichung. Dementsprechend wird auch von der *Psi*-Forschung und *Psi*-Phänomenen oder *Psi*-Vermittlung gesprochen. Die Einführung des *Psi*-Begriffes geht auf Thouless und Wiesner (1948) zurück. Er erfüllt hier die Funktion einer Arbeitsdefinition. *Psi* bezeichnet, dass es etwas Unbekanntes gibt, das in einem direkten Zusammenhang mit gewissen Beobachtungen steht, die sich mit unserem momentanen naturwissenschaftlichen Wissen und Verständnis nicht in Einklang bringen lassen. *Psi* kann somit zu einem Gegenstand der Forschung werden, auch wenn der Gegenstand nicht näher spezifiziert ist.

Auch Unbekanntes kann unterteilt und kategorisiert werden. Der deutschstämmige Mediziner Gustav Pagenstecher prägte den Begriff der *Außersinnlichen Wahrnehmung* (ASW, engl. *extrasensory perception*, ESP) (Pagenstecher, 1924, zitiert nach Hövelmann, 2007), der von Joseph B. Rhine (1895 – 1980) übernommen und populär gemacht wurde. Damit bezeichnete er alle die *Psi*-Phänomene, die sich analog zu unserer sensorischen Wahrnehmung manifestieren (Rush, 1986b). Bei ASW gelangen Menschen zu Informationen, ohne dass dabei eine konventionelle Wahrnehmung über die bekannten fünf Sinne stattfindet. ASW als ein Teilbereich der *Psi*-Phänomene wird hier also als ein Analogon zur menschlichen Sensorik beschrieben. ASW lässt sich in folgende angenommene Phänomene unterteilen:

Präkognition

Von Präkognition wird immer dann gesprochen, wenn es darum geht, Wissen über zukünftige Ereignisse zu erlangen. Auch hier wurde bewusst ein neutraler Begriff verwendet, um einen assoziativ vorbelasteten Begriff, wie zum Beispiel Prophezeiung, zu vermeiden.

Telepathie

Telepathie geht von einem Sender/in-Empfänger/in-Modell aus. Im engeren Sinne kann nur dann von einem telepathischen Ereignis oder Phänomen gesprochen werden, wenn eine Person zu einer Information gelangt, die ausschließlich in den Gedanken oder Gedächtnisinhalten einer anderen Person vorhanden ist, und wenn keine der bekannten Übertragungswege für diese Information benutzt wurden.

Hellsehen
Im Unterschied zur Telepathie kann beim Hellsehen (engl. clairvoyance) die *Psi*-vermittelte Information auch in der Umwelt verfügbar sein. Da es in den meisten Situationen, in denen es um *Psi*-Kommunikation zwischen zwei Personen geht, nicht zu klären ist, ob es sich um Hellsehen oder Telepathie handelt, fasst man diese beiden Begriffe auch unter dem Oberbegriff *general extrasensory perception* (GESP), auf Deutsch *Allgemeine Außersinnliche Wahrnehmung* (AASW), zusammen (Bender, 1971; Rush, 1986b).

Neben diesen rezeptiven *Psi*-Phänomenen gibt es noch einen weiteren Phänomenbereich, in dem Menschen oder auch andere Lebewesen auf unerklärte Art und Weise auf ihre Umwelt einwirken. Setzt man die oben gebrauchte Analogie fort, dann könnte hier vielleicht von einer Parallele zur Motorik anstatt zur Sensorik gesprochen werden (J. C. Carpenter, 2012). Am gebräuchlichsten ist jedoch der Begriff der Psychokinese:

Psychokinese
Von Psychokinese (PK) wird gesprochen, wenn Zusammenhänge zwischen mentalen (bzw. intentionalen) Anstrengungen und Veränderungen in der materiellen Umwelt ohne Zuhilfenahme jeglicher Handlungen gefunden werden können. PK wird unterteilt in Makro-PK und Mikro-PK. Makro-PK bezieht sich auf alle offensichtlichen Phänomene, zum Beispiel das Verbiegen von Gabeln oder das Verrücken von Schränken. Mikro-PK bezieht sich auf die Beeinflussung von Prozessen, die meist nicht mit dem bloßen Auge erkannt werden können, sondern statistische Auswertungen nötig machen, z. B. die Beeinflussung eines Würfels oder eines Zufallsgenerators (Palmer & Rush, 1986).

Thouless und Wiesner schlagen im Gegensatz zu dieser Systematik vor, *Psi* lediglich in eine rezeptive, *Psi-gamma* genannte Komponente für die Phänomengruppe Präkognition, Hellsehen und Telepathie und eine aktive Komponente, *Psi-kappa*, für psychokineseähnliche Phänomene zu unterteilen (Thouless & Wiesner, 1948).

Bei all diesen Begriffen ist zu beachten, dass es sich um Arbeitshypothesen handelt. In unserer sprachlich konstituierten Welt neigen Begriffe dazu, sobald sie einmal eingeführt sind, ihre eigene Realität zu entfalten. Daher ist es wichtig, sich hier immer wieder an den hypothesenähnlichen Charakter dieser Begriffe zu erinnern und von den implizierten Modellannahmen Abstand zu nehmen. Denn keiner dieser Phänomenbereiche ist für sich genommen befriedigend nachgewiesen oder gar in seiner Wirkweise ausreichend erklärt. Meist kann ein berichtetes Phänomen auch mit verschiedenen Hypothesen erklärt werden, wie das folgende hypothetische Beispiel zeigt.

Nehmen wir einmal an, es gelingt einer Person fortgesetzt mit hoher Trefferwahrscheinlichkeit vorherzusagen, welche Zahl aus einem Lottoautomat mit 49 Kugeln als nächstes fällt. Ein klarer Fall von Präkognition? Auf den ersten Blick ja, aber es sind auch alternative Möglichkeiten denkbar. Denn vielleicht benützt die Person ja auch PK, um das Rollverhalten der Kugeln oder der Mischtrommel nach ihrer willkürlich gewählten Vorhersage zu beeinflussen. Bei dieser zweiten Erklärung wird im Unterschied zur Ersten vermieden, dass die Linearität der Zeit in Frage gestellt wird. Dafür handelt man sich aber das Einwirken von geistigen Inhalten auf die physikalische Welt ein. Physiker/innen dürften über beide Interpretationen nicht sehr erfreut sein. Eine dritte Hypothese bedient sich ausschließlich des Hellsehens. Durch diese Fähigkeit könnte die Person ja alle Randbedingungen des Lottoautomaten erkennen und das Fallen der Kugeln so im Geiste vorausberechnen. Dieses Beispiel zeigt, dass es oft schwierig ist, zwischen PK und Präkognition oder auch zwischen Präkognition und Hellsehen zu unterscheiden (siehe z. B. Steinkamp, Milton, & Morris, 1998). Ein Sachverhalt, der ebenfalls dafür spricht, generell den *Psi*-Begriff zu verwenden.

Zugangswege: phänomenologisch oder experimentell?

Zur Erforschung parapsychologischer Phänomene bieten sich zwei Zugangswege an, ein phänomenologischer und ein experimenteller. Während beim phänomenologischen Zugang das natürliche Auftreten unerklärbarer Phänomene systematisch erforscht wird, versucht die experimentelle Parapsychologie diese Phänomene gezielt unter kontrollierten Bedingungen, meist in einem Labor, hervorzurufen. Mit den beiden Ansätzen verbinden sich unterschiedliche Fragestellungen und Forschungsinteressen, die sich jedoch wechselseitig ergänzen. Während der phänomenologische Zugang die Frage nach dem *Wie* stellt, wendet sich der experimentelle Ansatz mehr den Fragen zu, ob es die entsprechenden Phänomene überhaupt gibt (beweisorientierte Fragestellung) und wenn ja, wie sie sich erklären lassen (Frage nach dem *Warum*). Das vorliegende Buch beschäftigt sich zentral mit experimentellen Ansätzen. Daher soll zunächst kurz der phänomenologische Ansatz beschrieben werden, der dann jedoch nicht weiter verfolgt wird.

Phänomenologische Parapsychologie – Spontanerlebnisse

Ein *quantitativer* Zugang zu den Phänomenen besteht darin, die Häufigkeit des Auftretens von außergewöhnlichen Erfahrungen in der Bevölkerung zu erfragen und zu analysieren. Dabei handelt es sich meist um Fragebogenstudien. Typische Fragestellungen derartiger Untersuchungen sind zum Beispiel, wieviel Prozent der Bevölkerung schon einmal einen Traum, der sich später bewahrheitet hat (präkognitiver Traum), erlebt haben, oder welcher Prozentsatz der Bevölkerung über Telepathie-Erlebnisse berichtet.

In Deutschland wurde im Jahre 2000 eine große repräsentative Umfrage an 1.510 Teilnehmer/innen durchgeführt (Schmied-Knittel & Schetsche, 2003). Von diesen berichteten 49,5 % von einem *Déjà-vu*-Erlebnis, 36,7 % hatten mindestens einen *präkognitiven Traum*, und 36,5 % berichteten, eine *verblüffende Koinzidenz* erlebt zu haben. Weiterhin ergaben sich 18,7 % für *ASW bei Tod und Krisen*, 15,3 % für *ASW bei Tieren*, 12,1 % für *Spukphänomene* und 2,4 % für *UFO-Sichtungen*. Es zeigt sich also, dass ein sehr großer Anteil der Bevölkerung über außergewöhnliche Erfahrungen berichtet, das Außergewöhnliche scheint hier auch das Normale zu sein. Spannend sind die Zahlen, wenn man sich die Verteilung der Erfahrungen über die verschiedenen Altersgruppen anschaut. So nehmen die Erfahrungen in den Bereichen *Déjà-vu*, *präkognitiver Traum* und *verblüffende Koinzidenz* mit dem Alter deutlich ab, während *ASW bei Tod und Krisen* sowie *ASW bei Tieren* leicht zunimmt. Haraldsson und Houtkooper (1991) berichten in einer internationalen Vergleichsstudie die Häufigkeit von drei außergewöhnlichen Erfahrungen (Telepathie, Hellsehen, Kontakt mit Verstorbenen) in 13 europäischen Ländern und den USA. Dabei zeigten sich die USA und Italien als die Länder mit den höchsten Werten, hier hatten insgesamt jeweils 60 % der Befragten mindestens eine dieser Erfahrungen gemacht. Die niedrigsten Werte ergaben sich für Norwegen (24 %), Deutschland (BRD) rangierte mit 49 % im oberen Mittelfeld.

Phänomenologische Parapsychologie – Spontanberichte

Eine weitere mehr *qualitativ* orientierte Methode besteht im Sammeln und Analysieren sogenannter *Spontanberichte*. In diesen Berichten beschreiben entweder Betroffene oder Zeugen/innen ungewöhnliche Vorkommnisse, zum Beispiel präkognitive Träume oder spontane PK-Phänomene. Diese Berichte können gesammelt, kategorisiert und unter anderem auch nach der Güte ihrer Dokumentation bewertet werden. Eine der größten Sammlungen von Spontanberichten wurde von der Botanikerin Louisa Rhine (1891 – 1983) zusammengetragen. Dieses Archiv umfasst heute mehr als 14.000 Fälle. An derartigem Material können zahlreiche qualitative und quantitative Analysen vorgenommen werden, die zum Beispiel nach sich wiederholenden Mustern, Umständen oder Verläufen suchen (siehe z. B. Schouten, 1981). Typische Fragestellungen wären hier zum Beispiel: ‚Wenn Menschen zu präkognitivem Wissen gelangen, befinden sie sich dann häufiger im Wachzustand oder im Traum?', ‚Wenn zwei Menschen ein Telepathie-Erlebnis haben, in welchem Verhältnis stehen sie dann zueinander?'.

Um der Leser/in einen kleinen Eindruck von dieser Art der Forschung zu geben, soll abschließend hier einer dieser Spontanberichte wiedergeben werden. Er stammt aus der Sammlung von Louisa Rhine (1961) und wurde von Douglas Stokes (1997, S. 109) zitiert.[1]

> Im US-Staat Washington war eine junge Frau nach einem schrecklichen Traum eines Nachts so aufgeregt, dass sie ihren Mann aufweckte und ihm davon erzählte. Sie hatte geträumt, dass ein großer Kronleuchter, der über dem Kinderbett im Raum nebenan hing, in das Bettchen gefallen war und ihr Baby erschlug. In dem Traum sah sie sich und

[1] Übersetzung Britt Aldenkortt

ihren Mann inmitten der Trümmer stehen. Die Uhr, die auf der Kommode stand, zeigte 4:35 Uhr. In der Ferne hörte sie, wie der Regen auf die Fensterscheibe prasselte und draußen der Wind blies. Doch ihr Mann lachte nur über sie. Er sagte, das sei nur ein blöder Traum, sie solle ihn vergessen und wieder ins Bett gehen; in kürzester Zeit schlief er selbst wieder ein, doch seine Frau konnte nicht schlafen. Immer noch verängstigt stand sie schließlich auf, ging ins Kinderzimmer und nahm ihr Baby aus dem Bett mit zu sich in ihr Zimmer. Auf dem Weg blieb sie stehen, um aus dem Fenster zu schauen. Sie sah den Vollmond und das Wetter war - anders als im Traum - ruhig. Auch wenn sie sich etwas albern vorkam, ging sie dann mit ihrem Baby zurück ins Bett.

Ungefähr zwei Stunden später wachten sie von einem gewaltigen Krach auf. Sie und ihr Mann sprangen auf und rannten ins Kinderzimmer. Dort lag der Kronleuchter genau dort in dem Bettchen, wo ihr Baby gelegen hätte. Sie schauten erst sich an und dann auf die Uhr. Es war genau 4:35 Uhr. Noch immer etwas skeptisch lauschten sie und hörten das Prasseln des Regens an die Fensterscheibe und das Heulen des Windes.

3. Kurze Geschichte der Experimentellen Parapsychologie

Im Jahre 1778 zog der vom Bodensee stammende Arzt und Naturforscher *Franz Anton Mesmer* (1734 - 1815) von Wien nach Paris. Er war in Wien durch Experimente mit Magneten zu der Erkenntnis gelangt, dass Magnetismus eine therapeutische Wirkung habe und diese magnetische Kraft auch von Menschen entwickelt und übertragen werden könnte. Dieses Phänomen nannte er den *animalischen Magnetismus.* Im Jahre 1777 befand jedoch eine Wiener Expertenkommission, dass diese Heilmethode Betrug sei, und dies war der Anlass, nach Paris überzusiedeln. In Paris hatte Mesmer mit seinen ‚Magnetkuren' riesigen Erfolg. Er bewohnte ein Haus an der Place Vendôme und ließ dort große, mit Wasser und Eisenspänen gefüllte Metallbottiche aufstellen, sogenannte *Baquets,* die er magnetisierte und an denen sich die Kranken an herausragenden Metallstangen festhielten, um den heilenden Magnetismus aufzunehmen. Mesmer erreichte großen Zulauf und große Popularität, er wurde in Paris zur Kultfigur und von der Königin Marie-Antoinette unterstützt. Den etablierten Pariser Ärzten war dies ein Dorn im Auge. Mesmer selbst hatte bereits im Jahre 1781 der Medizinischen Fakultät ein Experiment vorgeschlagen, bei dem zwölf Patient/innen mit konventionellen Methoden und zwölf mittels seines animalischen Magnetismus behandelt werden sollten. Die Fakultät lehnte ab, aber im Jahre 1784 beauftragte König Ludwig XVI. schließlich eine ärztliche und eine wissenschaftliche Kommission damit, die Phänomene wissenschaftlich zu untersuchen (Beloff, 1993). Die wissenschaftliche Kommission wurde von der Akademie der Wissenschaften gebildet und war prominent besetzt. Neben Benjamin Franklin gehörten ihr auch der Chemiker Antoine Lavoisier und der Arzt und Politiker Joseph-Ignace Guillotin an. Die Kommission machte mehrere unabhängige Experimente, von denen insbesondere zwei Berühmtheit erlangten. In einem Experiment wurden Kranke mittels eines Magnetstabes therapiert. Allerdings wurde zwischen dem behandelnden Arzt und den Kranken ein Vorhang gespannt, so dass diese nicht wissen konnten, ob sie gerade behandelt wurden oder nicht. Diese Untersuchung gilt als die erste verblindete klinische Studie. Die Kommission war durch dieses Setting in der Lage, zwischen der Wirkung einer möglichen, bisher noch unentdeckten, magnetischen Kraft und der Wirkung durch die Präsenz und das therapeutische Ritual des Arztes oder Magnetiseurs zu unterscheiden. Die Kommission konnte keine unabhängige Wirkung der Magnetkräfte feststellen (Walach, 2005).

Ein zweites Experiment fand im Garten des Hauses von Benjamin Franklin in Passy nahe Paris statt und dies könnte man vielleicht als das erste wissenschaftliche parapsychologische Experiment bezeichnen. Der Arzt und Fürsprecher Mesmers D'Eslon wurde gebeten, einen der Bäume im Garten zu magnetisieren. Daraufhin wurde einem zwölfjährigen Jungen, der schon mehrfach mittels Mesmers

Methode behandelt worden war, die Augen verbunden und er wurde gebeten, im Garten den magnetisierten Baum zu identifizieren, indem er die Bäume umarmte und so ihre ‚magnetischen Kräfte' maß. Auch dieses Experiment schlug fehl.

Im Lauf der Geschichte zeigte sich, dass Mesmers Idee, der ‚animalische Magnetismus' sei eine physikalische Kraft, sich zwar nicht bestätigte, aber dass die von ihm erzielten Heilerfolge nun als psychologisch bedingt gesehen wurden. Somit wurde das Phänomen ‚animalischer Magnetismus' zum Wegbereiter der klinischen Hypnosetherapie (Walach, 2005).

Der eigentliche Startschuss einer systematischen experimentellen parapsychologischen Forschung wird meist knapp 100 Jahre später lokalisiert. In London wurde im Jahre 1882 die *Society for Psychical Research* (SPR) gegründet. Der Hintergrund dieser Entwicklung war, dass sich das Weltbild im 19. Jahrhundert stark gewandelt hatte. Die Aufklärung hatte das Transzendente aus der Wissenschaft verbannt, während gleichzeitig eine fortschreitende Physik sowie die Erkenntnisse der Evolutionstheorie ein sehr materielles Bild des Menschen schufen. Parallel erlangte der Spiritismus in der zweiten Hälfte des 19. Jahrhunderts zunächst in Nordamerika und dann auch in Europa eine große Popularität. Ein gebildetes Bürgertum traf sich in Salons zu Séancen. Es wurden Tische gerückt und über Medien, von denen viele eine große Bekanntheit erlangten, mit Verstorbenen in Kontakt getreten. In diesem Klima sahen es die Gründungsmitglieder der SPR als ihre Aufgabe, mittels wissenschaftlicher Methoden zu erforschen, welche Realität diesen aus den Salons und Séancen berichteten Phänomenen zukam. Als erklärtes Ziel der SPR wurde daher formuliert „*...to examine without prejudice or prepossession and in scientific spirit those faculties of man, real or supposed, which appear to be inexplicable on any generally recognized hypothesis*". Dieses Zitat ist seither jeder Ausgabe des *Journal of the Society for Psychical Research* vorangestellt (Beloff, 1993).

Hintergrundfigur dieser Gründung war der Dubliner Physikprofessor William Barett, der sich für die Phänomene des Spiritismus interessierte (Gauld, 1968). Gründungspräsident war Henry Sidgwick, ein Moralphilosoph von sehr hohem Ansehen und Professor in Cambridge. Dazu gesellten sich Sidgwicks Ehefrau Eleanore Sidgwick, geb. Balfour, die aus einer sehr angesehenen Familie stammte und sich selbst für Frauenrechte auf Bildung einsetzte, sowie mehrere Schüler von Sidgwick, darunter Frederic Myers, Edmund Gurney und Richard Hodgson (Beloff, 1993). Die SPR besteht bis heute und kann auf eine prominente Mitgliederliste zurückblicken, zum Beispiel den Gründervater der Psychologie William James, den Medizinnobelpreisträger Charles Richet, den englischen Premierminister Arthur Balfour sowie Sigmund Freud, William Butler Yeats und Carl Gustav Jung.

Unmittelbar nach der Gründung schritt die SPR zur Tat. Es wurden sechs Komitees gegründet, die sich mit verschiedenen Phänomenen beschäftigten, darunter war auch eines dem Mesmerismus gewidmet. Die Komitees sahen es als ihre Aufgabe an, zum einen gut dokumentiertes Fallmaterial zu sammeln und auszuwerten, zum anderen aber auch selbst Experimente durchzuführen. Die erste Frucht dieser Arbeit stammte aus dem *Committee on Thought Transference*, das auch im Rahmen seiner Untersuchung das Wort *Telepathie* prägte. Im Jahre 1886 erschien das zweibändige Werk *Phantasms of the Living* mit über 1.300 Seiten (Gurney, Myers, & Podmore, 1918). In diesem Buch werden einige Telepathie-Experimente beschrieben und telepathische Spontanphänomene berichtet. Der größte Teil beschäftigt sich aber mit Erscheinungen lebender Personen und dazu werden 702 gut dokumentierte Fallberichte vorgelegt. Hierfür prägten die Autoren auch den Begriff der *Krisentelepathie* (Crisis Apparition), den sie definieren als die plötzlich halluzinierte Erscheinung einer Person, von der später bekannt wird, dass sie innerhalb des Zeitraumes von 12 Stunden vor bis 12 Stunden nach dieser Erscheinung verstorben ist. Die Autoren konnten 13 gut dokumentierte Fälle dieser Art berichten. Sie führten sogar eine statistische Überschlagsrechnung an, um dem Umstand Rechnung zu tragen, dass es sich hierbei ja auch um Zufallsereignisse handeln könnte (Beloff, 1993).

In den folgenden knapp 50 Jahren gab es vereinzelte parapsychologische Forschungsprogramme an verschiedenen Universitäten. An der *Harvard University* wurde 1911-12 eine Stiftung zum Gedächtnis an einen der Gründer der SPR, Richard Hodgson, eingerichtet. Daraus wurde 1916 erstmals Geld an L. T. Troland vergeben. 1920 kam der prominente Psychologieprofessor William McDougall von Oxford nach Harvard und übernahm dort mit dem Lehrstuhl von William James die Leitung der Psychologie. McDougall war interessiert an parapsychologischen Phänomenen und 1920 auch Vorsitzender der SPR. Unter seiner Obhut wurden aus dem Hodgson Fund erst Gardner Murphy und dann George Estabrook für die Durchführung experimenteller Arbeiten gefördert. Schon im Jahre 1911 hatte der Bruder des Gründers der *Stanford University* in Palo Alto, Kalifornien, Thomas W. Stanford, ebendieser Universität eine große Summe Geld angeboten, wenn sie in ihrem psychologischen Forschungsbereich eine eigene Abteilung zur Erforschung parapsychologischer Phänomene einrichte. Die Position wurde mit dem jungen Psychologen John E. Coover besetzt, der dort ein umfangreiches Programm an telepathischen Experimenten durchführte (Mauskopf & McVaugh, 1980). In Europa war es vor allem der niederländische Psychologe Gerald Heymans, der seit 1890 Professor für Philosophie und Psychologie in Groningen war und als Begründer der niederländischen Psychologie gilt. Er entwickelte eine eigene Psi-Theorie und führte in Groningen parapsychologische Experimente durch (Kloosterman, 2012).

Ein weiterer Meilenstein der experimentellen Parapsychologie war das Jahr 1927. In diesem Jahr führte J. B. Rhine, ein Botaniker und Pflanzenphysiologe, sein erstes ASW-Kartenexperiment an der *Duke University* in Durham, North Carolina durch. Zuvor hatte William McDougall von Harvard an die Duke University gewechselt. Das Ehepaar Louisa und Joseph Rhine war schon seit längerem auf der Suche nach einem Ort, an dem sie ihr Interesse an der experimentellen Parapsychologie verwirklichen konnten. Über einige Umwege kamen nun auch die Rhines nach Durham und starteten hier das bisher größte und umfassendste parapsychologische Forschungsprogramm an einer Universität.

Die Rhines verfolgten mit ihrem Ansatz laut Beloff (1993) drei übergeordnete Ziele. Da war zum einen das Interesse, ein progressives, methodisch gut fundiertes Forschungsprogramm zu etablieren, aus dem sich dann nach und nach ein gut gesicherter Wissenskanon über paranormale Phänomene ergibt. Auf dieser Basis sollte sich sodann die akademische Anerkennung und damit ein wissenschaftlich etablierter Status für die Parapsychologie ergeben. Drittes Ziel war es schließlich, nachzuweisen, dass parapsychologische Fähigkeiten nicht nur das Privileg einiger Hochbegabten sind, sondern eine weit verbreitete Eigenschaft, über die möglicherweise jede/r verfügt. Rhine verband dies mit einer emanzipatorischen Perspektive. Er wollte aufzeigen, dass der Mensch über bisher kaum bekannte Fähigkeiten verfügte, die ihm erlaubten, jenseits der materiellen Welt zu agieren, und er wollte den kartesischen Schnitt und die materielle Orientierung überwinden helfen (Nilsson, 1975).

Auf diesem Hintergrund entstand das Rhine'sche Experimentalparadigma. Es war gekennzeichnet durch Experimente mit Karten (ASW) und Würfeln (PK), die mit häufigen Wiederholungen an einer breiten Stichprobe von Versuchspersonen durchgeführt wurden. Charakteristische Merkmale dieser Experimente waren (1) die *forced-choice*-Methode, (2) die Wiederholung vieler identischer kurzer Versuchsdurchgänge und (3) die konsequente Anwendung statistischer Methoden, um damit in den großen Experimentalserien Abweichungen von der Zufallserwartung zu finden. Unter *forced-choice* versteht man, dass den Versuchspersonen die Antwortalternativen vorgegeben sind. Der Begriff kontrastiert sich zur sogenannten *free-response*-Methode, bei der es keine vorgegebenen Antwortalternativen gibt. Hier kann die Versuchsperson in einem bestimmten Rahmen eine freie Antwort geben, indem sie zum Beispiel ein Bild malt oder einen bestimmten Ort verbal beschreibt.[1] Für die Versuchspersonen in den Rhine'schen Experimenten bedeutete dies, dass sie wiederholt das jeweils richtige Ziel in vielen aufeinanderfolgenden Versuchsdurchgängen erraten mussten (auch Rate-Paradigma genannt). Es wird berichtet, dass die Versuchspersonen durch dieses Prozedere rasch gelangweilt waren und oft ihr Interesse an den Experimenten verloren.

Zur Durchführung dieser Experimente entwickelte Rhine in den nächsten drei Jahrzehnten die meisten Methoden zur Untersuchung von ASW und PK, einschließlich verschiedener statistischer Verfahren (siehe Burdick & Kelly, 1977). Dabei kamen ihm die in den 1920er Jahren neu entwickelten Methoden zur Signifikanztestung von R. Fisher zur Hilfe. Berühmt geworden sind die in ASW-Experimenten verwendeten *Zener-Karten* (siehe Abbildung 1), auf denen je eines der fünf Symbole Stern, Kreis, Quadrat, Kreuz oder Wellenlinien abgebildet war. Die Karten waren von dem ebenfalls an der Duke University tätigen Wahrneh-

[1] Ein Beispiel für ein typisches forced-choice-Experiment von Rhine findet sich im Kapitel 7 zu Präkogniton, typische free-response-Experimente sind in den Kapiteln 5 (Ganzfeld) und 6 (Remote Viewing) beschrieben.

mungspsychologen Karl Zener für diese Experimente entwickelt worden. Eine kurze, einführende Übersicht über die Rhine'schen Methoden und Experimente findet sich bei Irwin und Watt (2007) und bei (Rush, 1986a).

Abbildung 1: Zener-Karten mit den fünf Symbolen Stern, Kreis, Welle, Quadrat und Kreuz

Das Rhine'sche Paradigma dominierte die experimentelle Forschung für nahezu vierzig Jahre. Erst in den 1960er Jahren kam es im Zuge auch vieler sozialer Umbrüche in der Gesellschaft zu einer Neuausrichtung. In dieser Zeit suchten viele Menschen eine neue Orientierung, unter anderem auch mittels verschiedener Bewusstseinstechniken (Alvarado, 1998). Das neue Feld der *Transpersonalen Psychologie* und auch die Parapsychologie gaben wichtige Anregungen für diese Bewegung. Im Jahr 1964 veröffentlichte Rhea White (1931 – 2007) einen bahnbrechenden Artikel, der heute als Vorreiter für diesen zentralen Umbruch in der experimentellen Parapsychologie gilt (White, 1964). In starkem Kontrast zu Rhine legte White den Fokus auf Introspektion als eine Methode, um parapsychologische Effekte zu verstehen. Sie versprach sich von diesem introspektiven Zugang, vor allem Kontrolle über die sogenannte *Elusivität* (Flüchtigkeit) der paranormalen Phänomene zu erlangen.

White präsentierte mehrere Berichte von Versuchsteilnehmer/innen parapsychologischer Studien aus der Literatur und arbeitete vier häufige mentale Prozesse subjektiven Erlebens im Rahmen von außersinnlicher Wahrnehmung heraus. *Entspannung* und die Ausrichtung der Aufmerksamkeit auf *innere Zustände* betrachtete sie dabei als die wichtigsten Aspekte. Whites Arbeit gab den Startschuss für viele experimentelle Protokolle, die untersuchten, ob *veränderte Bewusstseinszustände* (*altered states of consciousness,* ASC) (Tart, 1976), insbesondere solche, die eine Orientierung auf innere Prozesse erlaubten (Honorton, 1977), psi-förderlich seien. Die Metapher dafür war ein Radio mit schlechtem Empfang. Um den Radiosender besser verstehen zu können, muss das Rauschen minimiert werden. So könnten Menschen auch bereits in ihrem Geiste vorhandene Psi-Informationen besser wahrnehmen, wenn das starke Rauschen, also hier die Außenorientierung auf die Umwelt, reduziert wird.

Entsprechend befanden sich die Versuchspersonen bei diesen Experimenten in Hypnose, in tiefer Entspannung oder sogar im (Traum-)Schlaf. Diese Wende in der parapsychologischen Forschungsmethodik wurde weiterhin durch zahlreiche Spontanberichte bestärkt, bei denen sich die ungewöhnlichen Erfahrungen zum Beispiel während des Schlafes bzw. im Traum oder in schlafähnlichen, sogenannten hypnagogen Zuständen zeigten (L. E. Rhine, 1962). An die Stelle von definierten Zielstimuli und *forced-choice*-Methoden traten nun die bereits erwähnten *free-response*-Techniken, bei denen schriftliche Berichte oder Zeichnungen der Versuchspersonen durch unabhängige Beurteiler/innen hinsichtlich ihrer Übereinstimmung mit einem Zielstimulus eingestuft wurden. Das prominenteste experimentelle Protokoll, das in dieser Periode entstanden ist, ist das Ganzfeldexperiment (siehe Kapitel 5).

Ab den 1970er Jahren bildeten sich innerhalb der experimentellen Parapsychologie mehrere feste Experimentalparadigmen unterschiedlicher Art heraus, die dann häufig repliziert und dabei methodisch verbessert und variiert wurden. Das Rhine'sche Paradigma kann dabei als Vorläufer aller weiteren angesehen werden. Mitte der 1980er Jahre hielt schließlich das neue Verfahren der *Metaanalyse* zur statistischen Zusammenfassung von einzelnen Studien Einzug in die Parapsychologie und bestärkte diese Entwicklung. Dieses Verfahren wird im folgenden Kapitel 4 *Methodische Grundlagen* kurz dargestellt, bevor dann in den Kapiteln 5 bis 11 die einzelnen Paradigmen beschrieben werden.

4. Methodische Grundlagen

Eine Auseinandersetzung mit den Ergebnissen experimenteller parapsychologischer Forschung schließt immer auch die Auseinandersetzung mit der verwendeten wissenschaftlichen Methodik ein. Dies mag vielleicht für Menschen, die sich für dieses Fach interessieren, lästig und kleinkariert erscheinen, und doch gibt es dafür eine gewisse Notwendigkeit. Die parapsychologische Forschung sieht sich immer wieder dem Vorwurf ausgesetzt, sie sei keine echte Wissenschaft, sondern nur eine *Pseudowissenschaft*, deren Resultate schon deshalb nicht ernst zu nehmen seien. Was definiert nun also, ob eine Untersuchung wissenschaftlich ist oder nicht? Man könnte meinen, der *Forschungsgegenstand* ist dafür ausschlaggebend. Wer Experimente zum Verhalten von Elektronen in Halbleitermaterialien durchführt, arbeitet wissenschaftlich, wer sich dagegen mit Spuk und Zauberei beschäftigt, ist bestenfalls eine Pseudowissenschaftler/in. Doch diese Annahme trügt. Viele wissenschaftstheoretische Ansätze haben gezeigt, dass es nicht möglich ist, Wissenschaftlichkeit über den *Forschungsgegenstand* festzusetzen. Wie sollte das auch gehen? Was in einer Gesellschaft als wissenschaftlich angesehen gilt, ist sozial und kulturell bedingt. Daher lautet ein pragmatischer und weithin verbreiteter Konsens, dass sich Wissenschaftlichkeit durch ein *strukturiertes und systematisches methodisches Vorgehen* definiert. Für den experimentellen Zugang ist damit die entscheidende Frage, was auf Basis der angewandten Methoden aus den Daten gefolgert werden kann. Damit bestimmt die *Methodik* die Wissenschaftlichkeit. Die Einteilung in ‚echte' Wissenschaft und Pseudowissenschaft ist somit nicht begründbar. Angemessener ist eine Einteilung auf der Skala ‚gute' versus ‚schlechte' wissenschaftliche Arbeit, die sich direkt an der Güte der eingesetzten und nachvollziehbaren Methodik orientiert.

Damit wird deutlich, dass für die parapsychologische Forschung aus zwei gewichtigen Gründen die Notwendigkeit besteht, sich intensiv mit der verwendeten Methodik auseinanderzusetzen und diese immer wieder kritisch zu reflektieren. Denn dies ist zum einen der Ausweis ihrer Wissenschaftlichkeit, zum anderen aber auch der Umstand, dass hier nicht irgendeine plausible Alltagsannahme wissenschaftlich untersucht werden soll, sondern Anomalien, die dem gegenwärtigen wissenschaftlichen Verständnis unserer Welt widersprechen. Eine hierzu oft formulierte Aussage lautet ‚Besondere Behauptungen erfordern besondere Beweise'. Dieser Umstand wird aber oft auch als rhetorisches Argument gegen die Parapsychologie eingesetzt[1], in dem Sinne, dass die hier vorliegenden Daten zwar in anderen Zusammenhängen als wissenschaftlicher Nachweis gelten, nicht aber in diesem Fall, wo es Resultate besserer Güte bedürfe. Eine solche Argumentati-

---

1 Ein Beispiel dazu findet sich in Kapitel 7 bei der Diskussion um die retroaktiven Experimente von Daryl Bem.

on ist natürlich selbst unwissenschaftlich, weil sie unsystematisch verschiedene Standards anlegt. Interessant ist aber in diesem Zusammenhang, dass mit einer solchen Kritik indirekt ja auch immer wieder die Beweisgüte der konventionellen Wissenschaft in Frage gestellt wird. Und in der Tat ist diese aus vielen, vor allem wissenschaftssoziologischen Gründen oft sehr gering[2]. Man kann davon ausgehen, dass viele wissenschaftliche Erkenntnisse, die als vermeintlich sicher gelten, eine strengere Prüfung nicht überstehen würden. Vor allem die jüngere Wissenschaftsgeschichte ist voll von solchen Beispielen.

In diesem Sinne soll in diesem Kapitel kurz auf die allerwesentlichsten methodischen Aspekte eingegangen werden, die aus meiner Sicht nötig sind, um die Ergebnisdarstellungen der folgenden Kapitel gut verstehen zu können. Es ist mir ein Anliegen, dass die Leser/innen sich selbst ein Bild der Studien- und Beweislage der experimentellen Parapsychologie machen und nicht von den undurchsichtigen Interpretationen anderer abhängig sind. Dazu gehört ganz besonders das Instrument der Metaanalyse.

Metaanalyse

Die Metaanalyse wurde Mitte der 1970er Jahre entwickelt und erstmals in der Psychotherapieforschung eingesetzt (Glass, 1976; M. L. Smith & Glass, 1977). Die Grundidee dabei ist, dass man die Resultate mehrerer Studien mittels statistischer Verfahren so zusammenfasst, dass man dann eine quantitative, also statistische, Aussage über das ganze Studienkollektiv machen kann. Die Metaanalyse erlaubt also – vereinfacht ausgedrückt – aus vielen kleineren Einzelstudien eine riesige Gesamtstudie zu erstellen. Interessanterweise haben J. B. Rhine und sein Kollege J. G. Pratt bereits 1940 ein Buch mit dem Titel *Extra-sensory perception after sixty years: a critical appraisal of the research in extra-sensory perception* (Pratt, Rhine, Smith, B.M., Stuart, C. E., & Greenwood, J. A., 1940) veröffentlicht, in dem sie Daten von 139 Psi-Studien der Jahre 1882-1939, basierend auf z-Werten, statistisch zusammengefasst haben. Sie haben damit unbemerkt die Methode der Metaanalyse um 40 Jahre vorweggenommen (Bösch, 2004).

Um die Ergebnisparameter einer Metaanalyse zu verstehen, muss man die Ergebnisparameter der Einzel- oder auch Primärstudien näher betrachten. In der Regel kommen bei einer empirischen Studie zwei Ergebnisparameter vor: das *Signifikanzniveau*, der sogenannte p-Wert, und die *Effektstärke*. Das Signifikanzniveau drückt aus, wie wahrscheinlich es ist, dass die hier erzielten Daten *zufällig* erzielt wurden und es den angenommenen Effekt *nicht* gibt. Diese etwas verquere Logik drückt aus, dass es letztendlich immer sein kann, dass die erzielten Daten

---

2 Zum Beispiel bedeutet das gemeinhin akzeptierte Signifikanzniveau von $p = 0{,}05$, dass jede zwanzigste Analyse ein falsch-positives Resultat ergibt. Sprich, unter zwanzig empirisch erzielten wissenschaftlichen Behauptungen ist im Schnitt eine falsch.

uns über den wahren Sachverhalt täuschen können. So bleibt ein in Experimenten gefundener wissenschaftlicher Sachverhalt immer mit einer Unsicherheit behaftet und diese drückt sich in dem *p*-Wert, der ein Wahrscheinlichkeitsmaß darstellt, aus. Ein *p*-Wert von $p = 0{,}1$ gibt zum Beispiel an, dass das erzielte Ergebnis mit einer Wahrscheinlichkeit von 10 % ein Zufallsresultat ist und dass hierbei der scheinbar in den Daten ersichtliche Zusammenhang nicht die Realität abbildet. Man spricht hier von der *Irrtumswahrscheinlichkeit*. Ein *p*-Wert von 2×10^{-8} sagt dagegen aus, dass das vorliegende Ergebnis nur mit einer Wahrscheinlichkeit von 0,000002 % beziehungsweise von 1 : 50.000.000 durch Zufall zu erklären ist. Konventionell spricht man unter einem *p*-Wert von $p = 0{,}05$ (entspricht 5 % Irrtumswahrscheinlichkeit) von einem bedeutsamen, das heißt signifikanten Ergebnis, und ab einem *p*-Wert von $p = 0{,}01$ (1 % Irrtumswahrscheinlichkeit) von einem hochsignifikanten Ergebnis. Dies ist jedoch eine reine Konvention.

Somit sagt der *p*-Wert etwas über die Wahrscheinlichkeit aus, dass hier ein Effekt vorliegt, allerdings nichts über die *Größe* des Effektes. Diese drückt sich in der sogenannten Effektstärke aus. Leider gibt es je nach Untersuchungsdesign unterschiedliche Effektstärkenmaße. Zwei der gebräuchlichsten Maße finden in den nachfolgenden Kapiteln eine häufige Verwendung. Das ist zum einen ein Maß für die *Unterschiede* zwischen zwei Gruppen oder zwei Bedingungen, die sich normiert auf die Standardabweichung als *d*-Wert ausdrückt, diese Effektstärken werden hier als ES(*d*) bezeichnet. Das andere Maß drückt als Korrelationskoeffizient den *Zusammenhang* zwischen zwei Variablen aus und wird hier als ES(*r*) bezeichnet. Für die Interpretation einer Effektstärke als klein, mittel oder groß haben sich mittlerweile gewisse Konventionen herausgebildet, die in Tabelle 1 zu sehen sind. An zwei Stellen kommt in diesem Buch noch ein besonderes und eher seltenes Effektstärkemaß ES(π) zur Anwendung (R. Rosenthal & Rubin, 1989). Für dieses Maß hat sich bisher keine diesbezügliche Konvention entwickelt.

Tabelle 1: Übersicht über die Eigenschaften der verwendeten Effektstärkenmaße

	Spannweite	*kein Effekt*	*klein*	*mittel*	*groß*
ES(*d*)	$-\infty < ES(d) < +\infty$	0	0,2	0,5	0,8
ES(*r*)	$-1 < ES(r) < 1$	0	0,1	0,3	0,5
ES(π)	$0 < ES(\pi) < 1$	0,5			

Bei der Berechnung einer Metaanalyse werden die Effektstärken der einzelnen Primärstudien zu einem Mittelwert zusammengefasst, der dann ebenfalls nach der in Tabelle 1 benannten Konvention als klein, mittel oder groß bewertet werden kann. So kann eine Aussage über ein ganzes Kollektiv von Studien getroffen werden. Dieser mittleren Effektstärke kann dann auch weiterhin ein neuer *p*-Wert zugeordnet werden. Dieser gibt dann die Irrtumswahrscheinlichkeit für das ganze Studienkollektiv an.

Hinsichtlich der Interpretation dieser mittleren Effektstärken müssen zwei Aspekte berücksichtigt werden. Zum einen die Frage, ob diese Effektstärke *alltagsrelevant ist.* In der klinischen Forschung gibt es die Daumenregel, dass eine bestimmte Behandlung erst ab einer Effektstärke in der Größenordnung von ES(*d*) = 0,2-0,3 eine Veränderung darstellt, die die Patient/innen auch bemerken und als bedeutsam erleben. Überträgt man dies auf die Parapsychologie, so würde dies für eine Effektstärke zum Beispiel der Größe von ES(*d*) = 0,1 bedeuten, dass hier zwar ein Effekt da ist, die einzelne Person diesen aber gar nicht unbedingt bemerkt. Während diese Alltagsrelevanz für klinische Untersuchungen der wichtigere Aspekt ist, ist in der Parapsychologie zum anderen noch ein zweiter Punkt zu berücksichtigen. Dies ist der *prinzipielle Beweis*, dass es sich hier um das Vorliegen einer Anomalie handelt. Gemäß dieser Logik spielt die Größe des Effektes eine nachgeordnete Rolle, zentral ist, welche Irrtumswahrscheinlichkeit ihm zukommt. Ergibt zum Beispiel die Präkognitions-Metaanalyse (siehe Kap. 7) eine mittlere Effektstärke von ES(*r*) = 0,02, so wird sich daraus keine zuverlässige Anwendung konstruieren lassen, die zukünftige Ereignisse vorhersagen kann. Allerdings zeigt die Irrtumswahrscheinlichkeit von $p = 6{,}3 \times 10^{-25}$, dass es hier einen Konflikt der Daten mit der physikalischen Grundannahme einer linearen Zeit gibt.

Publikationsbias

Eine Metaanalyse ist immer nur so gut wie die Studien, die sie einschließt. Daher kommt in der Metaanalyse der systematischen und gründlichen Literaturrecherche ein besonderer Stellenwert zu. Gefunden werden kann damit aber auch nur das, was die Forscher/innen publiziert haben und leider ist es so, dass nicht jede durchgeführte Arbeit auch publiziert wird. Wenn eine Wissenschaftler/in im Jahr vielleicht 15-20 Qualifikationsarbeiten betreut (Bachelor-, Master- oder Diplomarbeiten), dann werden nicht alle hier erhobenen Daten später auch publiziert. Viele verschwinden in Institutsarchiven, die anderen kaum zugänglich sind. Dazu kommen weitere unpublizierte Studien, zum Beispiel, weil es sich nur um kleinere Pilotuntersuchungen handelt oder weil die Forscher/innen überlastet sind und es nicht schaffen, alles auch zu publizieren. Andere Gründe sind, dass die Publikation abgelehnt wird oder die Arbeitsgruppe sich nicht einig über die Interpretation der Daten wird. Das bedeutet aber, dass es zu einer Menge zugänglicher Studien auch immer eine zweite Menge nicht-zugänglicher Studien gibt. Nimmt man an, dass es keine systematischen Gründe gibt, warum die eine Arbeit publiziert wird und die andere nicht, dann spielt dieses Problem keine wichtige Rolle. Doch von dieser Annahme kann leider nicht ausgegangen werden. So ist es sehr viel wahrscheinlicher, dass eine große und teure Studie publiziert wird und eine kleinere Pilotstudie nicht. Auch ist es wahrscheinlicher, dass eine Studie mit positiven und überraschenden Resultaten publiziert wird als eine, bei der kaum oder gar nichts herauskam. Diese Verzerrung, die sich aus dem Publikationsverhalten ergibt, nennt sich *Publikationsbias.*

Publizieren die Parapsychologen/innen nun nur die Experimente, bei denen sich Psi zeigt, und sortieren die Negativen aus, so sieht für sie die Welt so aus, als ob es Psi gäbe. Sortieren umgekehrt die Skeptiker/innen die Psi-positiven Studien aus und publizieren nur die Negativen, so sieht auch diese Gruppe sich in ihren Annahmen bestätigt. Daher ist es insbesondere in der parapsychologischen Forschung guter Standard, auch negative Studien zu publizieren. Diese Einsicht ist in der konventionellen Wissenschaft in den letzten Jahren erst langsam gereift. Noch immer zeigt das Gros der veröffentlichten Studien positive Ergebnisse und erwähnt kaum negative (S. Schmidt, 2009). Doch jede/r, der/die in der Forschung gearbeitet hat, weiß, dass die Alltagsrealität eine andere ist, in der es zahlreiche Fehlschläge, misslungene Replikationen und Studien ohne Effekte gibt. Interessanterweise war die Parapsychologie die erste Disziplin, die bereits in den 1970er Jahren explizit dazu aufgefordert hat, auch negative Studienresultate zu publizieren. Nichtsdestotrotz bleibt das Problem des Publikationsbias für die Metaanalysen bestehen und dieser Aspekt muss bei der Interpretation und Diskussion der Daten jeweils berücksichtigt werden.

Beweis- und prozessorientierte Forschung

In parapsychologischen Experimenten wird zwischen einem *beweis-* und einem *prozessorientierten* Vorgehen unterschieden. Beim häufigeren beweisorientierten Vorgehen wird das Experiment so konstruiert, dass es ein echtes Entscheidungsexperiment ist, wie man es in der gängigen Wissenschaft eigentlich nur sehr selten antrifft. Die Entscheidung bezieht sich auf die Frage, ob es Belege für die zu untersuchende Anomalie gibt. Ja oder Nein? Bei einer prozessorientierten Fragestellung wird die Anomalie – zumindest hypothetisch – als gegeben angenommen und stattdessen die Frage gestellt, unter welchen Bedingungen diese Effekte auftreten. Typische Fragestellungen hier sind: Braucht es eventuell eine besondere Begabung für Präkognition oder kann das jede/r? Verbessern sich die Psychokinese-Effekte, wenn die Versuchspersonen vorher meditieren? Gelingen Telepathie-Experimente besser zwischen zwei Personen, die miteinander eng vertraut sind? Untersuchungen zum beweisorientierten Vorgehen finden sich in den Kapiteln 5 bis 11, zu prozessorientierten Aspekten im Kapitel 13.

Methodenentwicklung

Die besondere Ausgangslage der Parapsychologie hinsichtlich Beweisorientierung hat sich zentral auf die Entwicklung der einzelnen Experimente ausgewirkt.

Letztendlich sind die Anforderungen an ein einzelnes Experiment so hoch und die potentiellen Einwände so vielfältig, dass sich ein gutes Experiment kaum aus dem Stand aufbauen lässt. Dies hat dazu geführt, dass aus einzelnen Experimentalideen durch intensive Diskussion – häufig auch mit Skeptiker/innen – die Methodik nach und nach verbessert wurde und sich auf diesem Weg Standardexperimente herauskristallisiert haben. Die nachfolgenden Kapitel stellen diese Standardexperimente einschließlich ihrer Entwicklungsgeschichte vor.

Zentral bei der Entwicklung eines solchen Experimentalaufbaus ist dabei immer die Frage nach der sogenannten *internen Validität*, also ob sich der in den Experimenten untersuchte Effekt anders als durch Psi erklären lässt? Dies bezieht sich auf Fragen zu von den Sicherheitsvorkehrungen über mögliche Fehler in den Experimentalaufbauten bis hin zur Neuentwicklung geeigneter statistischer Verfahren. Ein paar illustrierende Beispiele seien hier genannt.

So begann die Psychokinese-Forschung mit einfachen Würfelexperimenten, wobei die Versuchspersonen selbst die Würfel warfen. Die Aufgabe bestand darin, durch mentale Anstrengungen zu erreichen, dass eine bestimmte, vorab festgelegte Zahl signifikant häufiger fällt als alle anderen. Das Argument, die Versuchspersonen könnten das Fallen der Würfel durch die ihnen eigene Art des Werfens beeinflussen, führte zur Verwendung automatisierter Würfelmaschinen. Außerdem wurde der Qualität der Würfel viel Aufmerksamkeit gewidmet. Der Standardwürfel, dessen Punkte auf jeder Seite durch kleine eingefärbte Bohrungen markiert werden, geriet schnell ins Schussfeuer der Kritik. Denn eine Würfelseite mit sechs Bohrungen ist natürlich wesentlich leichter als eine Seite mit nur einer Bohrung und kann so eine Verzerrung bewirken. Zusätzlich zu dem Einwand der Bohrungen wurde auch bemängelt, dass der Kantenschliff bei jedem Würfel marginal verschieden ausfällt und ebenfalls zu Unregelmäßigkeiten beim Fallen beiträgt. J. B. Rhine verwendete schließlich nur noch Würfel, die auch in Spielkasinos verwendet werden, mit dem Argument, dass hier schon die kleinste vorhandene Unregelmäßigkeit zu großen finanziellen Verlusten seitens der Kasino-Besitzer/innen führen würde (Irwin & Watt, 2007).

Als Beispiel für eine methodische Sicherheitsvorkehrung sei das sogenannte *optional stopping* genannt. Angenommen, eine Versuchsperson versucht in einem Psi-Experiment zu erraten, ob in einem normalen gemischten Kartenspiel mit 52 Karten die jeweils als nächstes obenliegende Karte eine rote oder eine schwarze ist. Die Zufallserwartung liegt in diesem Fall bei 26 Treffern je Durchgang. Der/die Versuchsleiter/in und die Versuchsperson führen nun mehrere Durchgänge durch. Selbst bei Gültigkeit der Nullhypothese wird es doch immer wieder mehrere Serien hintereinander geben, in denen die Trefferzahl rein zufällig über 26 liegt. Sollte der/die Versuchsleiter/in das Experiment abbrechen (*optional stopping*), sobald eine derartige Serie aufgetaucht ist, so könnte sich fälschlicherweise ein signifikanter Effekt ergeben. Um diesen Umstand zu verhindern, ist es notwendig, bereits vor Experimentalbeginn die Anzahl der Serien, Sitzungen oder Durchgänge festzulegen.

Ein interessantes Beispiel für ein typisches statistisches Problem der Parapsychologie ist der sogenannte *stacking effect*, der am Beispiel einer eigenen Arbeit verdeutlicht werden soll. In einem 1995 durchgeführten Wünschelrutenexperiment sollten Versuchspersonen mittels einer Rute bei 20 in einer Reihe aufgestellten Proben ermitteln, ob diese schädlich für sie sind oder nicht. Zehn der zwanzig Proben waren mit unbedenklichem französischem Quellwasser, die anderen zehn mit hochgiftigem E605 gefüllt (S. Schmidt & Walach, 1997; S. Schmidt, 1996). Das Experiment war so organisiert, dass bei jeweils ca. 35 Versuchspersonen die Proben in der gleichen Reihenfolge aufgestellt waren. Es hatten also mehrere Versuchspersonen die gleiche Abfolge an positiven und negativen Proben. Dieses Vorgehen kann zu einer Fehleinschätzung führen. Denn angenommen, die ersten drei Proben sind mit Quellwasser gefüllt und eine den Menschen eigene optimistische Lebenshaltung führt dazu, in der Regel die ersten Tests als positiv zu bewerten, dann wird die Mehrzahl der Versuchspersonen hier drei Treffer erzielen, auch dann, wenn es gar nicht gelingt, mittels der Wünschelrute Erkenntnisse über die Proben zu gewinnen. In diesem Fall führte dieser Versuchsaufbau zu einer lebhaften und kontroversen Diskussion unter parapsychologischen Kollegen (Houtkooper, Vaitl, & Timm, 2000; Houtkooper & Vaitl, 1997; S. Schmidt & Walach, 2000c; Timm, 1998; Walach & Schmidt, 1997b). Diese mögliche Verzerrung kann jedoch mittels eines speziell dafür entwickelten statistischen Verfahrens korrigiert werden (Greville, 1944).

Es kann hier keine erschöpfende Darstellung der vielen zu berücksichtigenden methodischen Aspekte gegeben werden. Die hier ausgewählten Beispiele sollen lediglich einen Eindruck vom methodisch-experimentellen Vorgehen in der Parapsychologie vermitteln. Am konkreten Beispiel des Blickwahrnehmungsexperiments von Rupert Sheldrake in Kapitel 9 werden jedoch einige weitere interessante methodische Aspekte erläutert. Eine systematische Darstellung parapsychologischer Experimentalmethodik findet sich bei Irwin und Watt (2007).

5. Ganzfeld

Eine häufig geäußerte Annahme in der Parapsychologie ist, dass der Mensch ständig oder zumindest häufig außersinnliche Informationen empfange, diese jedoch, angesichts der wesentlich größeren Menge lebensnotwendiger sensorischer Informationen, die ständig verarbeitet werden müssen, unterdrücke. Nur in sehr ungewöhnlichen Momenten, bei denen die außersinnlichen Informationen eine hohe Relevanz haben, tauchen diese dann auch im Alltagsbewusstsein auf (z. B. bei der sogenannten Krisentelepathie, siehe auch Kapitel 3). Wenn diese Annahme stimmt, dann müssten in bestimmten Bewusstseinszuständen, die zum Beispiel die Menge externaler sensorischer Informationen reduzieren oder die Aufmerksamkeit von außen nach innen verlagern, stärkere Psi-Effekte zu beobachten sein als unter Alltagsbedingungen. Daher wurden und werden seit den 1960er Jahren (siehe auch Kapitel 3) vermehrt Psi-Experimente in sogenannten *altered states of consciousness* (veränderten Bewusstseinszuständen), wie Hypnose, Traum, Meditation, progressive Muskelentspannung und *Ganzfeld*, durchgeführt (Alvarado, 1998; Palmer, 1986a).

Der Ganzfeldzustand wird erzeugt, indem man einer in einem bequemen Stuhl sitzenden Versuchsperson halbierte Tischtennisbälle auf die Augen legt und diese mit rotem Licht bestrahlt. Die Versuchsperson sieht dann ein uniformes rotes Feld vor ihrem Gesicht, in dem sich keine einzelnen Objekte unterscheiden lassen. Über Kopfhörer hört die Person gleichzeitig ein gleichförmiges Rauschen, auch Rosa oder Weißes Rauschen genannt. Auf diese Art und Weise wird dem Wahrnehmungsapparat signalisiert, dass akustische und visuelle Signale eintreffen. Das Gehirn stellt sich auf die Verarbeitung von Wahrnehmungen ein. Da aber Wahrnehmungsprozesse immer auf Unterscheidungen beruhen und es im Ganzfeldzustand nichts zu unterscheiden gibt, läuft der Wahrnehmungsprozess hier sozusagen im Leerlauf. Hält diese Art der Stimulation für eine gewisse Zeit an, beginnen die Versuchspersonen, Bilder zu sehen und Geräusche zu hören, die keine Entsprechung in der Außenwelt haben, sondern ähnlich den Träumen aus internen Quellen gespeist werden. Die grundlegende Idee des Ganzfeldexperimentes ist es, dass in diesem Material objektive Informationen über die Welt enthalten sind, die mittels außersinnlicher Wahrnehmung (ASW) gewonnen wurden. Der Ganzfeldzustand soll, der Theorie nach, durch die Ausblendung externer Signale den Fokus auf interne Informationen richten, die ansonsten vielleicht übersehen werden.

In einem Ganzfeldexperiment versucht eine Sender/in, die sich an einem anderen Ort befindet, der Versuchsperson im Ganzfeldzustand ‚telepathisch' Informationen zukommen zu lassen. Dies kann zum Beispiel ein Bild sein, in neueren Ganzfeldexperimenten werden jedoch meist kurze Videoclips verwendet. Diese Videoclips werden von der Sender/in während der Experimentalphase wiederholt angeschaut und an die andere, sich im Ganzfeldzustand befindliche Versuchsperson (auch Empfänger/in genannt) ‚gesendet'. Zur Erleichterung dieses Vorgangs beschreibt die Empfänger/in verbal kontinuierlich ihre inneren Bilder, und die Sender/in kann dies, vermittelt über Mikrophon und Lautsprecher, mithören und weiß somit, was die Empfänger/in gerade sieht[1]. Schließlich wird der Ganzfeldzustand beendet. Der Empfänger/in werden nun vier Bilder bzw. Videoclips vorgeführt, von denen einer das ‚übermittelte' sogenannte *Target* ist, das bestimmt werden soll. Die Zufallstrefferrate liegt dabei bei 25 %. Eine weitere Möglichkeit, dieses Experiment auszuwerten, ist, dass die Verbalisationen der Empfänger/in zusammen mit den vier potentiellen Targets unabhängigen Beurteiler/innen (engl. rater) zur Verfügung gestellt werden. Diese sollen dann anstelle der Empfänger/in bestimmen, welches der vier Targets am besten zu der verbalen Beschreibung passt (Alexander & Broughton, 1999; Bem & Honorton, 1994; Broughton & Alexander, 1996; Irwin & Watt, 2007). Da die Empfänger/in in diesen Experimenten ihre inneren Wahrnehmungen frei berichten kann, gehört das Ganzfeldexperiment zur Gruppe der *free-response*-Experimente.

Das Ganzfeldparadigma, oft auch als Flaggschiff der Parapsychologie bezeichnet, hat eine spannende und wechselvolle Geschichte. Das Verfahren wurde zeitgleich von Charles Honorton (1946 – 1992) (Honorton & Harper, 1974) und William Braud (1942 – 2012) (Braud, Wood, & Braud, 1975) in die Parapsychologie eingeführt (Palmer, 1986a). 1978 berichtet Honorton (Honorton, 1978, zitiert nach Irwin & Watt, 2007, S. 73), dass 23 von 42 Experimenten in zehn verschiedenen Laboratorien signifikante Ergebnisse erbrachten. Das entspricht einer Erfolgsrate von 55 %, während man zufällig nur 5 % signifikanter Experimente erwarten würde, wenn es keinen Ganzfeldeffekt gäbe. Von 1983 bis 1985 lieferten sich Honorton und ein Kritiker der Parapsychologie, Ray Hyman, einen Schlagabtausch über die Qualität und die möglichen Schlussfolgerungen der Ganzfeldexperimente. Im Verlauf dieser Debatte veröffentlichte Hyman 1985 eine Metaanalyse von 42 Ganzfeldexperimenten (Hyman, 1985) aus den Jahren 1974-1981 einschließlich einer kritischen Analyse der verwendeten Methodik. Seine Schlussfolgerung war, dass sich das positive Ergebnis seiner Metaanalyse durch die methodischen und statistischen Unzulänglichkeiten erklären lasse und man von keinem echten Psi-Effekt ausgehen könne. Honorton konterte mit einer eigenen Metaanalyse (Honorton, 1985) und einer Erwiderung der Kritik. Er legte dar, dass er zwar manchen der Einwände zustimme, dass diese aber nicht ausreichten, die positiven Resultate2 wegzudiskutieren. In diese Debatte schaltete sich auch der prominente Psychologe *Robert Rosenthal* mit einem methodischen Kommentar hinsichtlich statistischer und vor allem metaanalytischer Techniken ein (R. Rosenthal, 1986). 1986 veröffentlichten Hyman und Honorton (1986) schließlich ein gemeinsames Communiqué, in dem sie sich dar-

---

1 Die umgekehrte Kommunikation von der Sender/in zur Empfänger/in ist jedoch ausgeschlossen.

2 N=28 Studien, davon 12 (43%) signifikant, Stouffer-Z z=6,60, p=2,1 x 10[illegible], Effektstärke Cohens h: ES(h)=0,28, entspricht einem Rosenthal r von ca. ES(r)=0,14.

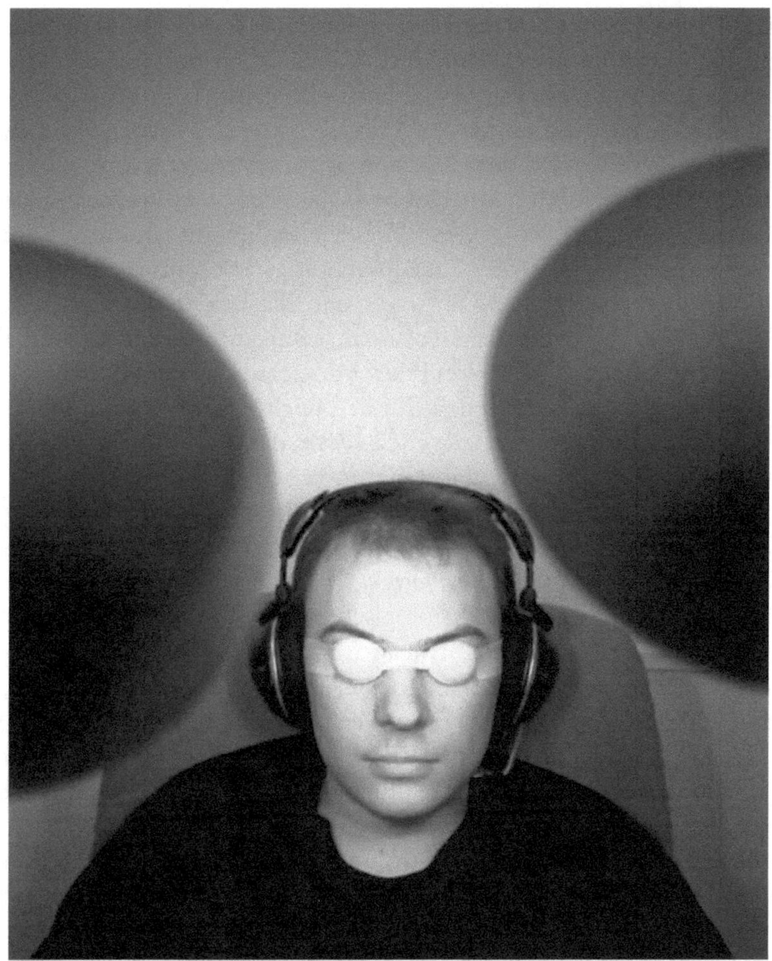

Abbildung 2: Versuchsperson in Ganzfeldstimulation. Tischtennisbälle über den Augen werden mit rotem Licht bestrahlt, die Versuchsperson liegt und hört über Kopfhörer ein uniformes Rauschen (CERCAP-Lund).

auf verständigten, dass die Entscheidung über die Ganzfeldfrage nur von zukünftigen Experimenten, die bestimmten Standards entsprechen, getroffen werden könne. Anschließend beschrieben sie Standards und Empfehlungen für zukünftige Ganzfeldexperimente (Bem & Honorton, 1994; Irwin & Watt, 2007; Milton & Wiseman, 1997).

Bereits 1983 begann Honorton mit seinen Kollegen/innen eine neue Serie von Ganzfeldexperimenten mit verbesserter Methodik, die auch den Anforderungen des Hyman-Honorton-Communiqués genügten. Da viele Prozeduren in diesem Experimentalaufbau automatisiert worden waren, nannten sie diese Studien zur Unterscheidung *Autoganzfeldexperimente* (Bem & Honorton, 1994). Um den Aufbau des Experimentes und die Abläufe im Labor gegen Betrug abzusichern, lud Honorton mehrfach Parapsychologen/innen und der Parapsychologie gegenüber skeptisch eingestellte Verhaltensforscher/innen in sein Labor ein mit der Bitte, dieses zu inspizieren. Auch Vertreter/innen der *Psychic Entertainer Association*, also der Vereinigung der Bühnenmagier, untersuchten das Labor. Einer ihrer Vertreter war Daryl Bem, ein Hobbymagier, der hauptberuflich einen Lehrstuhl in Psychologie an der *Cornell University* innehatte und dort durch die Selbstwahrnehmungstheorie der Sozialpsychologie Berühmtheit erlangt hatte. Bem war fasziniert von Honortons Arbeit und die beiden wurden Freunde. Im Jahre 1989 musste Honorton sein Labor in Princeton schließen, weil ihm das Geld ausging. Bis dahin hatte er drei Pilot- und acht normale Studien abgeschlossen. Eine Metaanalyse dieser eigenen Studien reichte er 1992 zusammen mit Daryl Bem zur Publikation im *Psychological Bulletin*, der renommiertesten Zeitschrift der Psychologie, ein. Honorton selbst starb im November 1992 an einem Herzinfarkt, nur wenige Tage bevor das eingereichte Manuskript endgültig akzeptiert wurde. Die Metaanalyse erschien 1994 unter dem Titel *Does Psi exist? Replicable evidence for an anomalous process of information transfer* (Bem & Honorton, 1994). Daryl Bem verblieb in der parapsychologischen Forschung und ist heute einer ihrer renommiertesten Fürsprecher (siehe auch Kapitel 7).

Die Metaanalyse von Bem und Honorton umfasste insgesamt 329 Ganzfeldsitzungen mit 240 Versuchspersonen und 8 Versuchsleiter/innen. Da jede/r Empfänger/in unter vier Targets auswählen musste, liegt die unter der Nullhypothese erwartete Trefferrate bei 25 %. Die Experimente erbrachten jedoch durchschnittlich 32 % Treffer. Eine Kombination aller Studien ergibt eine Effektstärke von $\pi =$ 0,61[3], die einer mittleren Effektstärke von ES(r) = 0,22 entspricht (R. Rosenthal, 1991), der zugehörige p-Wert beträgt $p = 0{,}0008$. In den Detailbefunden zeigte sich, dass dynamische Targets (z.B. Videoclips) signifikant besser als statische (z. B. Bilder) korrekt benannt wurden ($p < 0{,}04$) und dass eine Population künstlerisch tätiger Menschen (v. a. Musiker/innen) herausragende Leistungen erbrachte. Die Ergebnisse der Metaanalyse im *Psychological Bulletin* deuten alles in allem darauf hin, dass die Ganzfeldeffekte nicht durch die methodischen Mängel früherer Studien verursacht wurden, sondern dass es zumindest im Labor von Charles Honorton gelang, die Befunde unter den Bedingungen des Hyman-Honorton-Communiqués zu replizieren. Es stellt sich folgerichtig nun die Frage, ob derartige Resultate auch von anderen Forscher/innen in anderen Labors gefunden werden.

Auf der jährlichen internationalen Konferenz der *Parapsychological Association* 1997 präsentierten Milton und Wiseman eine Metaanalyse aller Ganzfeldexperimente (außer denen von Honorton), die nach dem Erscheinen des Hyman-

[3] Die Effektstärke π ist ein spezielles, nur selten verwendetes Effektstärkenmaß, das sich für Multiple Choice-Daten wie im vorliegenden Fall gut eignet. π kann zwischen 0 und 1 variieren, ein Wert von $\pi = 0{,}5$ entspricht hier der Nullhypothese, da sich die Werte zufällig verteilt haben (R. Rosenthal & Rubin, 1989).

Honorton-Communiqués durchgeführt wurden. Es handelt sich insgesamt um 30 Experimente mit 1.198 einzelnen Sitzungen. Die Metaanalyse erbrachte ein überraschendes Ergebnis und wurde 1999 ebenfalls im *Psychological Bulletin* veröffentlicht (Milton & Wiseman, 1999). Sie trug den Titel *Does Psi Exist? Lack of Replication of an Anomalous Process of Information Transfer.* Die 30 Experimente erzielten eine durchschnittliche Effektstärke von $ES(r) = 0{,}013$ und ein Stouffer-Z von $z = 0{,}70$ ($p = 0{,}24$). Honortons Befunde ließen sich offensichtlich nicht in anderen Labors replizieren.

Noch verwirrender wird die Situation durch die Tatsache, dass auf derselben Konferenz ein einzelnes weiteres Ganzfeldexperiment von Kathy Dalton vorgestellt wurde (Dalton, 1997), das sehr umfangreich war und eine ungewöhnlich hohe Trefferrate aufwies. In 128 Sitzungen ergaben sich 60 direkte Treffer (47 %, $ES(h) = 0{,}46$, $p = 7 \times 10^{-8}$). Würde man dieses einzelne Experiment in die Metaanalyse von Milton und Wiseman einschließen, so würde die gesamte Metaanalyse signifikant werden. Die gegensätzlichen Resultate der beiden im *Psychological Bulletin* veröffentlichten Metaanalysen haben zu einer kontroversen Diskussion innerhalb der Parapsychologie geführt, sowohl was die Methodik der Metaanalyse betrifft, als auch die prinzipielle Herangehensweise an Psi-Phänomene (Baptista & Derakhshani, 2014; Milton, 1999; Schmeidler & Edge, 1999). Verschiedene Reanalysen zeigen, dass bereits bei kleinen Veränderungen in der metaanalytischen Technik die dünne Grenze zwischen einer signifikanten und einer nichtsignifikanten mittleren Effektstärke überschritten wird (Palmer & Broughton, 2000; Storm, 2000).

Bereits zwei Jahre später titelte das *Psychological Bulletin* erneut ‚*Does Psi exist?*' (Storm & Ertel, 2001). In dieser bisher umfassendsten Metaanalyse kombinierten die Autoren erstmals alle bisher durchgeführten Ganzfeldexperimente. Dies schließt die Studien vor und nach dem Communiqué sowie die Autoganzfeldstudien von Honorton ein. Dazu fanden sie noch weitere elf bisher nicht identifizierte frühe Studien. Alle so verfügbaren 79 Studien ergaben einen hochsignifikanten p-Wert von $7{,}8 \times 10^{-9}$ bei einer Effektstärke von $r = 0{,}138$. Nimmt man lediglich die 40 Studien nach dem Communiqué, ergibt sich ein deutlich schwächeres, aber immer noch signifikantes Ergebnis von $p = 0{,}03$. Die neueste Metaanalyse schließlich stammt von Storm, Tressoldi und Di Risio (2010), sie nahmen alle neueren Studien nach der Storm und Ertel-Metaanalyse auf. Bei diesen 29 Studien kamen sie auf eine Effektstärke von $ES(r) = 0{,}142$ mit $p = 2{,}1 \times 10^{-8}$. Die statistischen Ergebnisse der Metaanalysen seit 1986 sind in Tabelle 2 nochmals zusammengefasst (siehe auch Williams, 2011).

Was ist nun die Schlussfolgerung aus diesen vielen verschiedenen Metaanalysen? Das Ganzfeldexperiment wurde oft als das ‚Flagschiff' der Parapsychologie bezeichnet. Bis zur Veröffentlichung der *Retroaktiven* Experimente von Bem (2011, siehe auch Kapitel 7) war es das einzige parapsychologische Experiment, das durch seine Veröffentlichung im *Psychological Bulletin* in einer breiten Wissen-

Tabelle 2: Übersicht über den historischen Verlauf der Ganzfeldmetaanalysen

Autor	*Publikationsjahr*	*Einschluss*	*Studien aus den Jahren*	*Studien*	*Sitzungen*	*ES(r)*	*p*	*Trefferrate*
Honorton	1986	Alle verfügbaren	1974-1981	28	835	0,264	$2{,}1 \times 10^{-11}$	
Bem & Honorton	1994	Nur eigene Autoganzfeldstudien	1983-1989	10	329	0,22	0,0008	32 %
Milton & Wiseman	1999	Alle nach Autoganzfeld	1987-1997	30	1198	0,013	0,24	27%
Storm & Ertel	2001	Alle verfügbaren	1974-1997	79	2767	0,138	$7{,}8 \times 10^{-9}$	
		Alle nach dem Communiqué	1983-1997	40	1527	0,05	0,03	
Storm et al.	2010	Alle nach Storm & Ertel 2001	1997-2008	29	1498	0,142	$2{,}1 \times 10^{-8}$	32,2 %
		Alle verfügbaren	1974-2008	102	?	0,135	1×10^{-16}	

schaftsöffentlichkeit ernsthaft diskutiert wurde. Die Mehrzahl der Metaanalysen, insbesondere die neueren und die größeren, zeigen signifikante Gesamteffektstärken und überzufällige Trefferraten. Würde es sich um eine weniger kontrovers diskutierte Fragestellung handeln, würde die vorliegende Evidenz ausreichen, um den Effekt als gesichert zu akzeptieren. Die nicht-signifikante Metaanalyse von Milton und Wiseman hat aber auch eine eher skeptische Herangehensweise mit Argumenten versorgt und dazu geführt, dass die Diskussion trotz des mittlerweile recht eindeutigen Materials als offen wahrgenommen wird.

Damit repräsentiert das referierte Material geradezu exemplarisch einen Zustand, der auch in vielen anderen Bereichen der experimentellen Parapsychologie anzutreffen ist. Es gibt starke Befunde für die Existenz von Psi, aber auch solche dagegen. Experimente erbringen manchmal hohe Signifikanzwerte und dann wieder Nullresultate oder sogar Psi-Missing (die signifikante Abweichung in die der Psi-Hypothese entgegengesetzten Richtung). Es kann sicherlich nicht behauptet werden, dass sich keine Psi-Effekte zeigen, aber auf der anderen Seite ist es auch nicht gelungen, die Situation so ausreichend zu verstehen, dass der Effekt im Labor kontrolliert herstellbar ist oder zumindest seine Nichtreproduzierbarkeit erklärt werden kann. Viele verschiedene sogenannte Moderatorvariablen[4] wurden bereits untersucht (siehe z.B. Haraldsson & Houtkooper, 1992; Honor-

4 Unter einer Moderatorvariablen versteht man eine Bedingung, die die Stärken eines bestimmten Effektes moduliert. So ist zum Beispiel die Helligkeit eine Moderatorvariable für das menschliche Farbensehen.

ton, Ferrari, & Bem, 1998; Lawrence, 1993; Stanford & Stein, 1998), ohne jedoch einen entscheidenden Hinweis zur Lösung des Rätsels zu erreichen. Somit scheint nach wie vor der einzige wirklich gesicherte Befund der Parapsychologie zu sein, dass sich Ergebnisse schlecht replizieren lassen, das sogenannte *Replikationsproblem* der Parapsychologie. Auch im Detail zeigen die Ergebnisse der Ganzfeldforschung typische Merkmale, wie sie in der Parapsychologie oft anzutreffen sind oder häufig als Vermutung geäußert werden. Es sei hier exemplarisch der *Versuchsleitereffekt* genannt. Offensichtlich gelang es Honorton, den Ganzfeldeffekt zu finden, während andere Forscher/innen, sogar teilweise mit den identischen Laboraufbauten (Alexander & Broughton, 1999; Broughton & Alexander, 1996), mehrheitlich nur Zufallsbefunde erzielten.

Und noch ein weiterer Befund, der sich aus der Ganzfelddebatte der letzten zwanzig Jahre ergibt, ist interessant. Lange Zeit hat man geglaubt, dass sich durch die neu aufgekommene Methode der Metaanalyse der Sachverhalt ‚*Does Psi Exist?*' nun eindeutig klären lässt. Doch zu aller Überraschung ist auch dieses Instrument nicht so eindeutig, wie man zunächst vermutete. Offensichtlich kommen verschiedene Forscher/innen an den gleichen Datensätzen zu verschiedenen Schlussfolgerungen. Wie kann das sein, wo es sich doch um eine mathematische Zusammenfassung eindeutig vorliegender Ergebnisse handelt? Der Grund ist, dass auch bei der Durchführung einer Metaanalyse immer wieder viele kleine Entscheidungen getroffen werden müssen, deren Bedeutung sich unter Umständen nach und nach aufsummieren kann. Das beginnt schon bei der Frage nach dem Studieneinschluss: Soll man nur die allerbesten Studien verwenden und damit durch die kleinere Datenbasis die Aussagekraft der Metaanalyse schwächen? Oder soll man auch qualitativ schlechtere Studien einschließen und damit eventuell die Gesamtschätzung der Effektstärke verzerren? Sollen größere Studien mit mehr Gewicht in die Analyse eingehen? Sollen unveröffentlichte Arbeiten, die keiner Überprüfung durch Gutachten unterlagen, eingeschlossen werden? Die einzige Möglichkeit, mit dieser Vielzahl von Entscheidungen umzugehen, ist, diese in der Publikation offenzulegen und sie somit der öffentlichen Diskussion zugänglich zu machen. Dies zeigt aber einmal mehr, dass wenn es in einer öffentlichen Debatte Unklarheit über einen wissenschaftlichen Sachverhalt gibt, wissenschaftliche Studien hier zwar zur Aufklärung und zu einer differenzierten Diskussion beitragen können, aber letztendlich nur sehr selten den von allen unstrittig anerkannten Beweis für die eine oder andere Position liefern können. Und dies gilt nicht nur für die Frage, ob es Psi-Phänomene gibt, sondern auch zum Beispiel für die Wirksamkeit der Homöopathie oder die Gefährdung, die von Mobilfunk ausgeht.

Die Situation bleibt also schwierig, aber damit auch interessant für zukünftige Forschung. Das Rätsel um die Ganzfeld- bzw. Telepathieeffekte ist genauso wenig gelöst wie das um Psi-Effekte allgemein. Verschiedene Szenarien sind denkbar: Geht man zum Beispiel davon aus, dass dem Ganzfeldeffekt tatsächlich ein robuster Realitätsgehalt zukommt, in dem Sinne, wie wir z. B. unsere konventionelle Sinneswahrnehmung als real kennzeichnen, dann scheint wirklich die entscheidende, den Effekt moderierende Variable noch nicht bekannt zu sein. Mit Kenntnis dieses Moderators müsste es jedoch möglich sein, Psi-Effekte im Labor kontrolliert herbeizuführen oder zu unterdrücken, so wie wir vergleichsweise je nach der Helligkeit in einem Labor positive oder negative Befunde zum Farbensehen erzielen können. Der fortgesetzte Misserfolg parapsychologischer Forschung bei der Suche nach dieser Variablen lässt aber auch viele andere Szenarien auftauchen, die Psi-Effekten einen anderen Realitätsgehalt zusprechen. So könnte zum Beispiel gerade das immer wieder zu beobachtende Auftreten und Verschwinden des Effekts (*Elusivität*) eine intrinsische Eigenschaft der Psi-Phänomene sein. Da weiterhin über Psi so gut wie nichts Entscheidendes bekannt ist, nicht einmal, ob es sich um ein einheitliches Phänomen oder um mehrere Phänomene handelt, besteht auch immer noch die dritte Möglichkeit, dass die angewandte Forschungsmethodik ungeeignet ist, um das Rätsel zu entschlüsseln. Die Bedeutung und den Inhalt eines handgeschriebenen Textes wird man über die Analyse des Papiers, der Schriftdichte, der Tintenzusammensetzung, die Auszählung der Wiederholung einzelner Zeichen etc. niemals erfassen können.

6. Remote Viewing

Unter dem Begriff Remote Viewing wird eine Gruppe von Experimenten zum Hellsehen zusammengefasst, die Anfang der siebziger Jahre wiederentdeckt wurde (Radin, 1997a). Es handelt sich wie beim Ganzfeldexperiment um eine *free-response*-Technik, bei der untersucht wird, ob Versuchspersonen zu Informationen von fernen Orten gelangen können. Das experimentelle Vorgehen soll exemplarisch an einer Studie von Russell Targ und Harold Puthoff beschrieben werden, die am *Stanford Research Institute* (SRI) in Palo Alto, Kalifornien durchgeführt wurde (Puthoff & Targ, 1979; Targ & Puthoff, 1977).

Targ und Puthoff arbeiteten in dieser Studie mit sechs Versuchspersonen. Eine davon war Pat Price, ein ehemaliger Polizist und Stadtrat aus Kalifornien. Zu Beginn des Experimentes wurde Price mit einem der Versuchsleiter in einem Raum des Instituts eingeschlossen. Ein zweiter Versuchsleiter bekam dann vom zuständigen Abteilungsleiter einen versiegelten Umschlag, der den Zielort (target) beschrieb. Dieser Zielort war von dem Abteilungsleiter aus einer Liste von 100 Zielen per Zufall ausgewählt worden. Der zweite Versuchsleiter fuhr dann mit mindestens einer weiteren Person zusammen zu diesem Zielort, der sich nicht weiter als 30 Fahrminuten entfernt befand, und hielt sich dort ca. 15 Minuten auf. Zur gleichen Zeit beschrieb Pat Price im Institut den Zielort und fertigte auch einige Skizzen an. Die verbale Beschreibung wurde auf Tonband festgehalten. Insgesamt wurde diese Prozedur mit Pat Price neunmal durchgeführt. Anschließend bekam eine neutrale Beurteiler/in alle neun transkribierten Beschreibungen einschließlich Skizzen zur Verfügung gestellt sowie die neun Zielorte genannt. Die Beurteiler/in fuhr nun zu jedem der neun Zielorte und ordnete die neun Beschreibungen für jeden Ort in eine Reihenfolge der Übereinstimmung. An sieben Orten war die entsprechende Beschreibung von Pat Price auf dem ersten Rang, einmal war sie auf dem dritten und einmal auf dem sechsten Rang. Die Wahrscheinlichkeit, dass diese Anordnung rein zufällig zustande kam, liegt bei $p = 2{,}9 \times 10^{-5}$ oder anders ausgedrückt bei 1:34.500. Anzumerken ist hierbei auch, dass diese Auswertungsstrategie, wie auch schon beim Ganzfeldexperiment, eine eher konservative Schätzung hervorbringt. Denn eine Situation, in der die Versuchsperson das Ziel bis ins Detail genau beschreibt, wird genauso gewertet, als ob die Beurteiler/in aus zwei mehr schlecht als recht passenden Beschreibungen die Richtige auswählt. Das Experiment wurde in der renommierten Zeitschrift *Nature* veröffentlicht (Targ & Puthoff, 1974).

Ein Beispiel aus dieser Serie mit Pat Price ist in Abbildung 3 zu sehen. Die Zeichnung (a) auf der linken Seite zeigt einen Grundriss des Ziels, der Freibadanlage in Palo Alto, die Skizze (b) ist die von Price angefertigte Beschreibung des Zieles. Er beschrieb korrekt ein parkähnliches Gelände mit zwei Wasserbehältern, einem rechteckigen 60 x 89 Fuß großen (tatsächliche Größe 75 x 100 Fuß) und einem runden mit 120 Fuß Durchmesser (tatsächlich 110 Fuß). Dagegen erkannte er die Funktion der Schwimmbecken nicht, er beschrieb sie als Wasserfilter. Auch sind die Becken zueinander spiegelbildlich vertauscht und seine Zeichnung enthält Elemente wie die beiden großen Tanks im Bild oben rechts, für die es keine Entsprechung gab. Erst einige Jahre später stellt sich zufällig heraus, dass sich ursprünglich auf dem Gelände ein Wasserspeicher mit zwei großen Tanks und einer Filteranlage befand, die vor mehr als 50 Jahren abgerissen worden waren (Charles Tart, Vortrag am 05.08.2001).

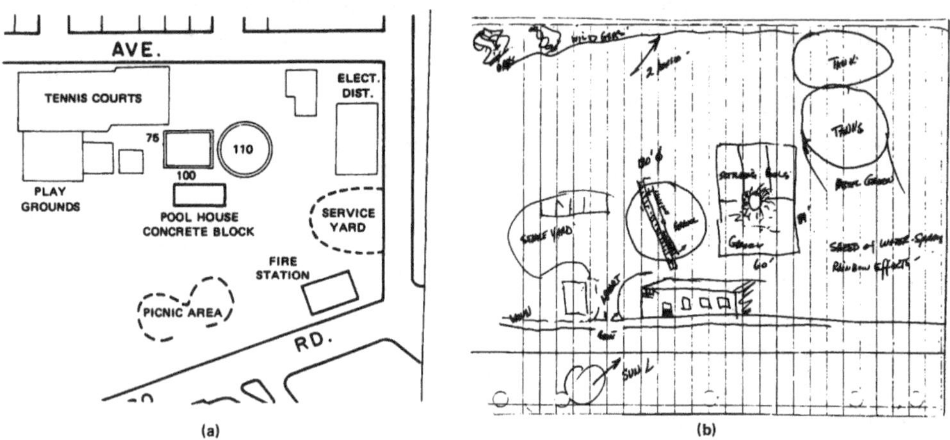

Abbildung 3: Grundriss einer Freibadanlage, die Ziel eines Remote-Viewing-Versuchs war (a) und Skizze der Versuchsperson Pat Price von diesem Ziel (b). (Abbildung aus Puthoff & Targ, 1979, S. 29).

Targ und Puthoff führten viele derartige Experimente durch (Puthoff & Targ, 1979; Targ, Puthoff, & May, 1979). Ähnlich wie bei den Ganzfeldexperimenten gab es auch hier eine Auseinandersetzung um die verwendeten Methoden. Die Psychologen David Marks und Richard Kammann zweifelten die Resultate der erfolgreichen Remote-Viewing-Serien an. Eine Neueinstufung für die oben referierten Experimente mit Pat Price durch eine weitere Beobachterin erbrachte jedoch ungefähr die gleichen Resultate und führte zu keiner Neubewertung der Befunde (Palmer, 1986b).

In den 1980er und frühen 1990er Jahren wurde es ruhig um die Forschung des SRI auf dem Gebiet des Remote Viewing, es erschienen kaum noch Publikationen. 1990 zog die Forschergruppe, die mittlerweile von Edwin May geleitet wurde, an ein anderes Institut namens *Science Application International Corporation* (SAIC) um. Schließlich stellte sich 1995 heraus, dass die Forschung unvermindert weiter geführt, aber geheim gehalten worden war (Puthoff, 1996). Der Grund dafür war, dass schon früh das Forschungsprogramm am SRI und später am SAIC von der US-Regierung unterstützt worden war, um es auf seine Tauglichkeit für militärische Zwecke (Spionage) zu überprüfen. Von 1970-1994 flossen mehr als 20 Millionen US-Dollar über CIA, NASA, Army, Navy und die Defence Intelligence Agency an die Institute (Radin, 1997).

In dieser Phase wurden zahlreiche Experimente mit verschiedenen Versuchspersonen durchgeführt, bei denen die unterschiedlichsten Bedingungen zur Anwendung kamen. Oft befand sich kein zweiter Versuchsleiter (oft auch ‚Sender/in' genannt) am Zielort, sondern die Versuchsperson erhielt lediglich Informationen wie *„a technical device somewhere in the United States"* (Radin, 1997a, S. 99) oder Angaben über die geographische Länge und Breite des Zielortes. Das spektakulärste und am häufigsten zitierte Beispiel aus dieser Phase der Forschung fand 1974 statt, als Russell Targ und seine Versuchsperson Pat Price vom CIA die Koordinaten eines Ortes in der damaligen Sowjetunion erhielten, der von großem Interesse sei (Targ, 1996). Price ‚sah' in zwei Sitzungen mehrere Details des Zielortes, darunter einen großen Kran, von dem er eine Zeichnung anfertigte (siehe Abb. 4). Später wurde ihnen mitgeteilt, dass es sich bei den Koordinaten um das hochgeheime sowjetische Atomwaffenlabor in Semipalatinsk handelte. Eine vom CIA anhand von Satellitenaufnahmen angefertigte Zeichnung eines sich dort befindlichen Krans zeigt eine beeindruckende Übereinstimmung mit der Skizze von Price (siehe Abb. 5).

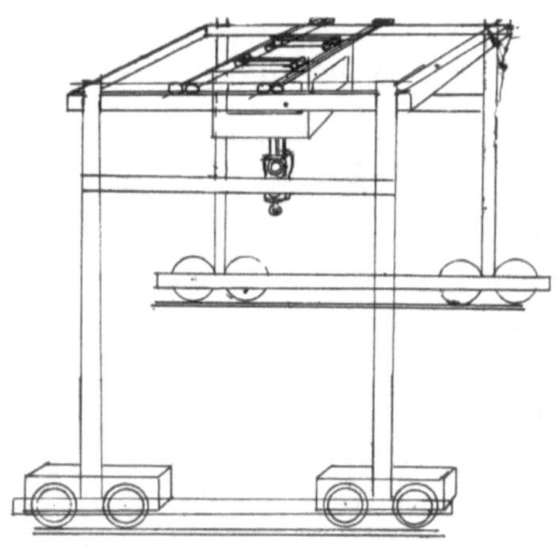

Abbildung 4:
Zeichnung eines Krans, die von Pat Price nach einer Remote-Viewing-Sitzung mit den Koordinaten des sowjetischen Atomlabors in Semipalatinsk angefertigt wurde (Abbildung aus Targ, 1996, S. 85).

Abbildung 5:
Zeichnung des CIA, die auf einer Satellitenaufnahme basiert (Abbildung aus Targ, 1996, S. 85).

Im Jahre 1995, nachdem die Remote-Viewing-Akten von der Geheimhaltung entbunden worden waren, veranlasste die US-Regierung eine Evaluation der Forschungsergebnisse von SRI und SAIC. Die Autor/innen des Berichts waren Jessica Utts, eine Statistikerin aus Kalifornien, und Ray Hyman von der *University of Oregon*, der bereits schon die Ganzfeldexperimente kritisch hinterfragt hatte (siehe Kapitel 5). Jessica Utts (1996) errechnete für die 770 Einzelexperimente, die am

SRI durchgeführt wurden, eine mittlere Effektstärke von ES(*d*) = 0,21 und für 445 Remote-Viewing-Durchgänge am SAIC eine Effektstärke von ES(*d*) = 0,23.

Betrachtet man die Daten im Detail, so zeigt sich in beiden Serien, dass eine kleine Gruppe von Versuchspersonen besser abschnitt als andere. In einer 1988 durchgeführten Zusammenfassung der SRI-Experimente zeigte sich, dass sechs begabte Versuchspersonen bei 196 Einzelexperimenten eine mittlere Effektstärke von ES(*d*) = 0,39 erzielten (May u. a., 1988, S. 11, zitiert nach Utts, 1996). Drei dieser Versuchspersonen nahmen auch an den SAIC-Experimenten teil und zwei erzielten auch hier überdurchschnittliche Effektstärken von ES(*d*) = 0,34 und ES(*d*) = 0,35 (Utts, 1996). Diese herausragenden Leistungen sowie die Replikation dieser Leistungen in anderen Labors mit anderen Bedingungen sind gute Argumente dafür, dass es sich bei den Befunden der Remote-Viewing-Experimente nicht um methodische oder statistische Artefakte handelt. Denn diese müssten alle Versuchspersonen im gleichen Maße betreffen und dürften erst recht nicht in anderen Studien eines anderen Labors wieder auftauchen.

Die Statistikerin Jessica Utts (1996, S. 23) kommt somit zu der Schlussfolgerung:

> "*It is clear to this author that anomalous cognition is possible and has been demonstrated. This conclusion is not based on belief, but rather on commonly accepted scientific criteria.*" (Utts, 1996, S. 23)

Weitere Schlussfolgerungen aus den Daten der Remote-Viewing-Experimente sollen hier in Kürze wiedergegeben werden (Utts, 1996, S. 13).

1. *Free-response*-Experimente waren erfolgreicher als *forced-choice*-Experimente.
2. Sechs ausgewählte Versuchspersonen erzielten weit bessere Ergebnisse als unausgewählte Versuchspersonen. Dies ist ein Beleg für die methodische Qualität der Studien (s.o.).
3. Untersuchungen haben gezeigt, dass 1 % aller Versuchspersonen, die sich freiwillig testen ließen, konsistent erfolgreich in Remote-Viewing-Experimenten waren. Diese Fähigkeit scheint also in unterschiedlichem Ausmaß in der Bevölkerung verteilt zu sein.
4. Weder Übung noch irgendwelche anderen Trainingstechniken zeigten einen Einfluss auf diese Fähigkeit.
5. Es ist nicht klar, ob ein Feedback an die Versuchsperson notwendig ist, aber es scheint, als ob das Feedback als eine Art Verstärker wirkt, der die Leistung verbessern kann.
6. Die Distanz zwischen Ziel und Versuchsperson scheint nicht die Qualität des Remote-Viewing zu beeinflussen.
7. Elektromagnetische Abschirmung kann den Effekt nicht beeinträchtigen.
8. Es gibt zwingende Befunde dahingehend, dass auch präkognitive Remote-Viewing-Experimente erfolgreich sind. Bei diesen Experimenten wird das Ziel erst nach Abschluss der Beschreibung ermittelt.
9. Es gibt keinen Hinweis auf Psychokinese, d.h. auf eine physikalische Interaktion der Versuchsperson mit der Umwelt.

Hyman (1996) gab ein leicht abweichendes Statement. Er stimmte zwar den ermittelten Effektstärken zu und ging ebenfalls davon aus, dass es sich hier nicht um Zufallsschwankungen handeln könne. Er ging aber im Unterschied zu Utts nicht davon aus, dass damit ein Beweis für die Existenz von Psi erbracht sei. Auch vertrat er die Ansicht, dass das Untersuchungsprogramm noch zu neu und zu wenig öffentlich diskutiert sei, um mögliche methodische Unzulänglichkeiten aufzudecken, auch wenn er gleichzeitig zugab, selbst keine solchen methodischen Schwachpunkte gefunden zu haben.

In diesem Zusammenhang ist es auch von Bedeutung, dass Befunde, die von nur einer Forschergruppe oder aus nur einem Labor berichtet werden, auch wenn sie wie im vorliegenden Fall ausreichend repliziert wurden, immer noch nicht das entscheidende wissenschaftliche Kriterium einer *unabhängigen* Replikation erbracht haben. Es stellt sich daher die Frage, ob auch andere Forscher/innen außer den Mitgliedern von SRI und SAIC positive Remote-Viewing-Experimente berichten.

Zwei weitere solche Arbeiten sollen hier noch vorgestellt werden. Zum einen handelt es sich um ein Experiment, das von der Amerikanerin Marilyn Schlitz und von Elmar Gruber vom Institut für Grenzgebiete der Psychologie und Psychohygiene in Freiburg durchgeführt wurde (Schlitz & Gruber, 1980). Hier wurde mehr oder weniger die gleiche Methodik wie in dem oben beschriebenen Experiment mit Pat Price verwendet. Während Gruber an zehn aufeinanderfolgenden Tagen je ein Ziel in Rom für 15 Minuten besuchte, zeichnete und beschrieb Schlitz ihre Eindrücke zeitgleich in Detroit. Fünf unabhängige Gutachter/innen besuchten mit dem Material von Schlitz die entsprechenden Orte. Die daraus resultierende Rangordnung zeigte eine hochsignifikante Übereinstimmung mit den tatsächlichen Zielorten ($p = 5{,}8 \times 10^{-6}$). Aufgrund möglicher Fehler im Protokoll nahmen die Autor/innen später eine Reanalyse des Materials mit zwei neuen Gutachter/innen vor. Hier ergab sich ein etwas schwächerer, aber immer noch hochsignifikanter p-Wert von $p = 0{,}0016$ (Schlitz & Gruber, 1981).

Die andere Studie (Dunne & Jahn, 2007; Jahn, Dunne, & Nelson, 1987) beschreibt mehr ein ganzes Forschungsprogramm als ein einzelnes Experiment. Die Forschungsgruppe *Princeton Engineering Anomalies Research* (PEAR) um Robert Jahn, Brenda Dunne und Roger Nelson bestand von 1979-2007 an der *Princeton University*. Dort wurde vor allem Mikro-PK-Forschung betrieben (siehe Kapitel 11), aber es wurden auch Remote-Viewing-Experimente durchgeführt. Diese Experimente unterscheiden sich in zwei wesentlichen Punkten von den bisher beschriebenen. Zum einen sind ‚Sender/in' und Versuchsperson (‚Empfänger/in'[1]) nicht immer zeitgleich tätig. Experimente, in denen die Sender/in bzw. Versuchsleiter/in erst *nach* der Beschreibung durch die ‚Empfänger/in' das Ziel auswählt und besucht, werden

[1] Die Begriffe Sender/in und Empfänger/in implizieren eine unidirektionale Signalübertragung von einer Person zu einer anderen. Diese ist aber nur eine von vielen denkbaren Möglichkeiten, daher werden die Begriffe in Anführungszeichen gebraucht.

mit dem Begriff *precognitive remote perception* bezeichnet. Hat die Versuchsleiter/in den Ort schon besucht, bevor die Beschreibung angefertigt wurde, sprechen die Autor/innen von *retrocognitive remote perception*. In beiden Fällen wurden ausreichende Sicherheitsvorkehrungen getroffen, so dass es zu keinem konventionellen Informationsaustausch zwischen den beiden Versuchsteilnehmer/innen kommen konnte. Die zweite Änderung betrifft die Auswertungsmethode. Anstatt eine Rangreihe durch unabhängige Beurteiler/innen erstellen zu lassen, verwenden die Forscher/innen in Princeton ein Klassifikationssystem, das jedes Ziel hinsichtlich 30 verschiedener Dimensionen dichotom einstuft (z. B. drinnen oder draußen). Die Einstufung wird von ‚Sender/in' und ‚Empfänger/in' vorgenommen und anschließend auf Übereinstimmung überprüft. Dieses System hat die Vorteile, dass die A-priori-Wahrscheinlichkeiten für bestimmte Eigenschaften der Ziele in der Auswertung berücksichtigt werden können und dass größere Versuchsserien möglich sind, da hier die Beurteiler/innen nicht alle Ziele besuchen müssen, wie dies bei der Rangmethode notwendig ist. Leider präsentieren die Autor/innen keine genauen Details und Resultate der Experimente. Bei insgesamt 334 derartigen Versuchen lag die Zufallswahrscheinlichkeit für die erzielten Resultate bei ca. $p = 1 \times 10^{-11}$. Weiterhin sind keine Unterschiede für die drei Zeitmodalitäten (präkognitiv, gleichzeitig oder retrokognitiv) festzustellen, genauso wenig wie für die Distanz zwischen den beiden Versuchspersonen. Das Phänomen scheint unabhängig von Raum und Zeit zu sein.

Zusammenfassend lässt sich sagen, dass die Befundlage für Remote Viewing eindeutig zu sein scheint. Die statistischen Ergebnisse sprechen eine deutliche Sprache und das zur Verfügung stehende Bildmaterial ist meist sehr eindrücklich. Gegen die Befunde spricht, dass sie schlecht publiziert sind. Es gibt nur wenige einzeln publizierte Experimente, die explizit und nachvollziehbar eine Hypothese testen. Die vorgestellten Publikationen der Forschungsprogramme präsentieren zwar zusammenfassende Daten, aber nicht das Datenmaterial, das diesen Zusammenfassungen zugrunde liegt, oder zumindest eine Beschreibung, wie die Daten aggregiert wurden.

Remote Viewing ist letztendlich nicht sehr verschieden von der Ganzfeldprozedur. Bei beiden handelt es sich um *free-response*-Experimente mit ‚Empfänger/in' und (eventuell) ‚Sender/in' und dem Versuch der Informationsübermittlung. Umso spannender ist der unterschiedliche Umgang mit den Experimenten. Bei den Ganzfeldexperimenten findet sich das eher klassische Vorgehen. Es werden einzelne Experimente durchgeführt, veröffentlicht und dann in größeren Metaanalysen zusammengefasst. Die Remote-Viewing-Forschung präsentiert sich hier eher unkonventionell. Hier gibt es verschiedene Forschungsprogramme an Instituten, die aus Geheimhaltung oder anderen Gründen ihre empirischen Arbeiten nicht umfassend in wissenschaftlichen Zeitschriften publiziert haben. Somit ist es auch eines der wenigen experimentellen Felder der Parapsychologie, in dem keine Metaanalyse existiert.

Eine weitere Besonderheit ist, dass im Kontext von Remote Viewing fast ausschließlich mit begabten Versuchspersonen gearbeitet wird. Die Frage, ob Psi allen offen steht oder ob es dafür einer besonderen Begabung oder Sensitivität bedarf, wird in der Parapsychologie seit langem geführt. Die Mehrzahl der experimentellen Studien rekrutiert ihre Versuchsteilnehmer/innen, wie in der experimentellen psychologischen Forschung üblich, aus der allgemeinen Bevölkerung, ohne bestimmte Bedingungen zu stellen. Viele Parapsychologen/innen gehen allerdings davon aus, dass es so etwas wie eine ‚Psi-Begabung' gibt. Bei Remote Viewing zeigt das bisher vorliegende Material eindeutig, dass nur ein kleiner Prozentteil der untersuchten Probanden/innen über diese Fähigkeiten verfügt und dies auch nicht erlernbar ist. Einer der erfolgreichen Probanden des US-Militärprogramms, Joseph McMoneagle, trat in zahlreichen Fernsehshows auf und demonstrierte sein Können öffentlich. In Kooperation mit dem japanischen Fernsehen zum Beispiel gab er bei insgesamt sieben vermissten Personen Hinweise, die daraufhin zum Auffinden von fünf dieser sieben Personen führte (McMoneagle & May, 2004). Ähnliche Befunde einzelner erfolgreicher Versuchsteilnehmer finden sich auch zum Beispiel bei der Forschung zum Wünschelrutengehen (König & Betz, 1989), wo es unter vielen nicht erfolgreichen Laien einige herausragende Profis gibt, die relativ zuverlässig und wiederholt erstaunliche Leistungen hervorbringen (Betz, 1993, 1995).

7. Präkognition

Seit jeher ist es der Wunsch der Menschen, Informationen über die Zukunft zu erhalten, und in den vielen Kulturen sind die unterschiedlichsten Praktiken dokumentiert, dieses Ziel zu verwirklichen. Parapsychologische Experimente, die die Präkognitionshypothese testen, sind erstaunlich simpel. Man unterscheidet zwei unterschiedliche Experimentalmethoden, *forced-choice* und *free-response* (siehe auch Kapitel 3). In sogenannten *forced-choice*-Experimenten werden die Versuchspersonen in ihrer Wahl eingeschränkt. Sie sollen ein bestimmtes Ereignis vorhersagen, das nur eine begrenzte Anzahl von Ausprägungen annehmen kann. Zum Beispiel: Welche der Zener-Karten (siehe Abb. 1) wird als nächste gezogen? Hier muss die Versuchsperson eine von nur fünf möglichen Antworten auswählen. Bei einem *free-response*-Experiment dagegen kann die Versuchsperson freie Beschreibungen des zukünftigen Ereignisses abgeben oder gegebenenfalls sogar malen. Bei all diesen Präkognitionsexperimenten wird das vorhergesagte Ereignis erst bestimmt, wenn die Vorhersage abgeschlossen ist. Dies macht die experimentelle Prozedur so einfach. Bei Präkognitionsexperimenten müssen keine aufwendigen Sicherheitsvorkehrungen getroffen werden, um sicherzustellen, dass die Versuchspersonen nicht auch auf konventionellem Wege zu ihrem Wissen gelangen.

Beispiel für ein free-response-*Präkognitionsexperiment*

Hans Bender (1907 – 1991), der Gründer des Freiburger Instituts für Grenzgebiete der Psychologie und Psychohygiene (IGPP), berichtet (Bender, 1983), dass sich Anfang der 1950er Jahre die Schauspielerin Christine Mylius am IGPP meldete und angab, dass sie immer wieder Träume habe, die sich später erfüllen. Es wurde vereinbart, dass sie fortan ihre Träume notiere und dem Institut zur Verfügung stelle, das die Aufzeichnungen sicher verwahre. Sollte einer der bereits hinterlegten Träume sich erfüllen, so solle sie dies dem Institut mitteilen. Mylius stellte dem Institut bis zu ihrem Tode mehr als 2800 Träume zur Verfügung. 1959 spielte die Schauspielerin eine Rolle in dem Spielfilm *Nacht fiel über Gotenhafen*. Zwölf ihrer bereits eingesandten Träume bezogen sich auf Ereignisse bei den Dreharbeiten bzw. Szenen des Films, die teilweise detailliert beschrieben wurden. Die Träume waren zwischen einem halben und vier Jahren vor den Ereignissen geträumt worden (Bender, 1971, 1983).

Beispiel für ein forced-choice-*Präkognitionsexperiment*

Wie schon erwähnt, stammen die ersten systematischen experimentellen Ansätze in der Parapsychologie von J. B. Rhine. Er veröffentlichte 1938 im *Journal of Pa-*

rapsychology eine Arbeit zur Präkognitionshypothese (J. B. Rhine, 1938), bei der die Zener-Karten aus Abbildung 1 zur Anwendung kamen. Die Versuchsleiter/in verfügte über ein Päckchen Zener-Karten, mit dem die Versuchspersonen während des Experiments nicht in Kontakt kamen. Das Päckchen bestand aus 25 Karten, je fünf mit einem der fünf Symbole. Die Versuchspersonen waren über diese Verteilung der Symbole informiert und wurden nun aufgefordert, die Abfolge der 25 Karten im Päckchen, wie sie nach dem Mischen zu erwarten sei, anzugeben. Erst nachdem diese Vorhersage niedergeschrieben worden war, mischte die Versuchsleiter/in verdeckt die Karten und notierte dann die Abfolge. Die tatsächliche Abfolge wurde daraufhin mit der vorhergesagten verglichen. Der Erwartungswert unter der Annahme, dass es keine Präkognition gibt, liegt bei fünf Treffern. Das Experiment wurde von 1934 bis 1938 4.523 mal wiederholt, so dass insgesamt 113.075 Vorhersagen ausgewertet wurden. Die mittlere Trefferrate lag mit einem Durchschnitt von 5,14 leicht über der erwarteten. Das Ergebnis ist aber aufgrund der großen Anzahl an Experimenten hochsignifikant ($p = 0{,}000003$). Es wurden insgesamt 614 mehr korrekte Vorhersagen gemacht, als unter Zufallsbedingungen erwartet.

Metaanalyse

Honorton und Ferrari (1989) legten eine exzellente Metaanalyse zu *forced-choice*-Präkognitionsexperimenten vor. Sie verrechneten die Daten von insgesamt 309 Studien von 62 verschiedenen Forscher/innen aus den Jahren 1935-1987. In diesen führten 50.000 Versuchspersonen insgesamt knapp 2.000.000 Einzeldurchgänge (Trials) durch. Insgesamt ergab sich bei der Zusammenfassung all dieser Experimente eine kleine Effektstärke von $ES(r) = 0{,}02$, die allerdings aufgrund der großen Stichprobe hochsignifikant ist ($p = 6{,}3 \times 10^{-25}$). Die Autor/innen berechneten weiterhin, dass es eine Anzahl von 14.268 unveröffentlichten, nicht signifikanten Studien benötigt (sogenanntes *fail-safe N* (R. Rosenthal, 1991), um diesen positiven Befund auszugleichen. Es handelt sich also um einen sehr kleinen Effekt, der auf der anderen Seite jedoch eindeutig bewiesen scheint. Dazu passt auch die Angabe, dass ca. jede dritte Studie signifikant wird und dass größere Studien öfters signifikant werden als kleinere. Hier kann also auch nicht von einem internen Decline- oder auch Absinkungseffekt, wie er den größeren Studien öfters nachgesagt wird, gesprochen werden.

Die Detailanalysen und Moderatorvariablen ergeben weitere interessante Ergebnisse. So wird z. B. eine Varianzanalyse über die Effektstärken der 62 Studienleiter/innen signifikant und zeigt auf, dass es nicht nur darauf ankommt, was untersucht wird, sondern auch, wer es untersucht. Die oft geäußerte Vermutung, dass nicht jede/r Versuchsleiter/in die gleichen Ergebnisse erzielt, erfährt hier empirische Unterstützung (siehe auch Kapitel 13). Die Korrelation des Qualitätsratings zeigt keinen wesentlichen Einfluss der Studienqualität auf die Größe der

Effekte. Bei den weiteren Moderatorvariablen zeigte sich, dass Studien, die bestimmte ausgewählte Versuchspersonen verwendeten, signifikant ($p = 0{,}001$) bessere Resultate erzielten als solche, die mit unausgewählten Probanden/innen arbeiteten. Weiterhin haben Studien, die Versuchspersonen einzeln testeten, signifikant ($p = 0{,}03$) höhere Effektstärken als solche mit Gruppentestung. Auch die Art des Feedbacks für die Versuchspersonen erbrachte einen signifikanten Unterschied ($p = 0{,}009$). Je direkter und unmittelbarer das Feedback, umso besser. Die höchsten Effektstärken wurden dann erzielt, wenn der Versuchsperson direkt nach jedem Durchgang das Ergebnis rückgemeldet wurde. Keine der Studien, in denen die Versuchspersonen gar kein Feedback bekamen, erreichte das Signifikanzniveau. Spannend ist auch die Frage, ob der Zeitabstand zwischen Ereignisvorhersage und der tatsächlichen Ermittlung des Ereignisses eine Rolle spielt. Die Zeitspanne in den 309 Studien reichte von wenigen Millisekunden bis hin zu einem Jahr. Es zeigte sich in der Tat, dass die besten Resultate erzielt werden, wenn die Vorhersage möglichst kurz ist ($p = 0{,}017$).

Zusammenfassend legt diese Metaanalyse also nahe, dass die Vorhersage der Zukunft zumindest in einer künstlichen *forced-choice*-Situation prinzipiell möglich scheint. Insgesamt ist der Effekt gering. Nicht jede Vorhersage ist korrekt, sondern unter vielen Vorhersagen befinden sich einige wenige mehr, als man durch bloßes Raten erklären kann. Dieser Effekt lässt sich, wenn man den Ergebnissen von Honorton und Ferrari Glauben schenkt, dadurch erhöhen, dass man zum Beispiel bestimmte Versuchspersonen und Versuchsleiter/innen auswählt, den Zeitraum der Vorhersage kurz hält, immer nur mit einer einzelnen Versuchsperson arbeitet und nach jedem Durchgang eine Rückmeldung gibt.

Eine weitere Metaanalyse aus dem Jahre 1998 (Steinkamp u. a., 1998) untersuchte alle Experimente, in denen Präkognition und Hellsehen direkt verglichen wurden. Die Autor/innen interessierten sich hier primär für die Fragestellung, ob man Präkognition eventuell durch Hellsehen erklären könnte. Schaut man in dieser Studie nur auf die Auswertung der Präkognitionsexperimente, dann findet sich für 22 Studien aus den Jahren 1935-1997 eine Effektstärke von $ES(r) = 0{,}01$, die mit $p = 4{,}8 \times 10^{-7}$ signifikant ist. Die neueste Metaanalyse, die Daten zu Präkognitionsexperimenten liefert, stammt aus dem Jahr 2012. Storm, Tressoldi und Di Risio (2012) schlossen mit dieser Arbeit gezielt zeitlich an die Metaanalyse von Honorton und Ferrari an und bezogen alle *forced-choice*-Studien aus den Jahren 1987-2010 ein. Unter der Definition *forced-choice*-Studien finden sich allerdings auch Experimente, die nicht auf Präkognition ausgelegt sind. Von den insgesamt 72 Studien der Metaanalyse untersuchten 25 die Präkognition. Es ergab sich eine sehr kleine, aber signifikante Effektstärke von $ES(r) = 0{,}01$ ($p = 0{,}027$) und dieses Ergebnis deckt sich nahezu identisch mit dem der Metaanalyse von Honorton und Ferrari (1989).

Es fragt sich natürlich, ob diese experimentell im Labor gefundenen Effekte sich auch in den Alltag übertragen lassen. Ganz offensichtlich ist Präkognition nichts, was in unserem täglichen Leben regelmäßig vorkommt oder sich gar gezielt einsetzen lässt. Sonst dürfte zum Beispiel das Roulette im Spielkasino (Feedback nach jedem Trial, kurze Vorhersage, jedoch Gruppentestung) keinen Gewinn mehr für die Betreiber/innen abwerfen oder die Lottozahlen würden signifikant überzufällig getroffen. Ein Blick auf die Spontanberichtsammlung von Louisa Rhine zeigt (siehe Kapitel 2), dass die meisten präkognitiven Erlebnisse oder Vorhersagen aus Träumen stammen (75 %), während auf die Kategorie Intuition nur 19 % entfallen (L. E. Rhine, 1954, zitiert nach Irwin & Watt, 2007, S. 86). Es könnte natürlich auch sein, dass wir uns unserer präkognitiven Fähigkeiten, obwohl wir sie gezielt einsetzen, nicht bewusst sind. Einige parapsychologische Theorien beruhen auf der Annahme, dass Menschen unbewusst Psi-Fähigkeiten einsetzen, um die Umgebung und nähere Zukunft zu untersuchen. Mit diesem Wissen wäre es dann möglich, "intuitiv" Entscheidungen zu treffen, die die Wahrscheinlichkeit negativer Ereignisse (z. B. Unfälle) reduzieren und positive Situationen wahrscheinlicher werden lassen. Eine ausführliche Darstellung dieses Ansatzes findet sich in Kapitel 14.

Eines scheint auf jeden Fall klar: Die referierten Befunde sind deshalb überraschend, weil wir die Zeit als linear und unidirektional erleben. Aus dieser Perspektive des menschlichen Zeiterlebens im Wachzustand scheint Präkognition unmöglich. Erstaunlicherweise spricht die naturwissenschaftliche Forschung hier keine so eindeutige Sprache. Die Physik selbst tut sich schwer, diese Unidirektionalität der Zeit zu erklären. Auch dieses Thema soll in Kapitel 14 erneut aufgegriffen werden.

Presentiment-Experimente

Im Jahre 1997 veröffentliche Dean Radin ein Experiment (Radin, 1997b), das die Untersuchung des Themas Präkognition in eine neue Richtung lenkte. Was wäre, so fragte sich Radin, wenn es eine unbewusste Verarbeitung von präkognitiven Informationen gibt, von der wir bewusst gar nichts wahrnehmen? Im Auge hatte er hier vor allem einen auf einen sehr kurzen Zeitraum angelegten Informationstransfer aus der Zukunft, der, da er nicht bewusst ist, auch nicht mehr Prä*kognition* heißen kann. Stattdessen prägte er den Begriff *Presentiment*[1].

Die Idee ist, dass durch eine Wahrnehmung zukünftiger gefährlicher Situationen wenige Sekunden vor deren Eintreffen evolutionsbiologisch ein klarer Vorteil entstehen könnte. Entsprechend ist auch das Experimentalparadigma aufgebaut. Im ersten Experiment wurde bei den Versuchspersonen die Hautleitfähigkeit (Elektrodermale Aktivität, EDA) mittels einfacher Elektroden an den Händen gemessen. EDA ist ein Maß für die Erregung des autonomen Nervensy-

---

1 Ein neuerer Vorschlag lautet, das Phänomen in *predictive anticipatory activity* (PAA) umzubenennen (Mossbridge u. a., 2014).

stems. Den Versuchspersonen wurden nun auf einem Monitor entweder neutrale oder aber erregende bzw. aversive Bilder präsentiert (z. B. eine Schlange), die eine sogenannte Orientierungsreaktion auslösen. Es zeigte sich auch in der Tat nach der Präsentation die typische zu erwartende Erregungskurve in Abhängigkeit von der Art der präsentierten Bilder. Radin wertete nun aber auch die EDA-Daten unmittelbar *vor* der Präsentation der Bilder aus. Er konnte mit diesem Experiment zeigen, dass sich bereits 2-3 Sekunden, bevor die Versuchspersonen das Bild präsentiert bekamen, signifikante Unterschiede zwischen eher neutralen und eher bedrohlichen Bildern ergaben (Abb. 6). Vor der Präsentation eines erregenden Stimulus zeigte sich eine leichte Erhöhung des autonomen Erregungsniveaus, die sich bei neutralen Stimuli nicht fand.

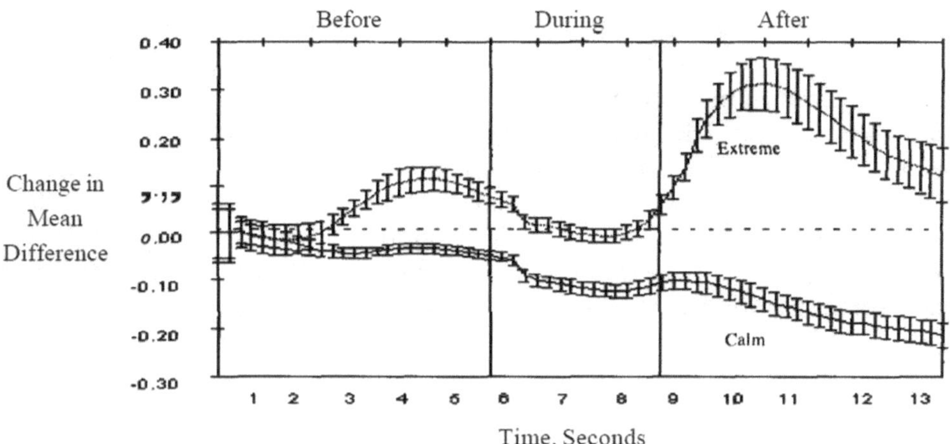

Abbildung 6: Elektrodermale Aktivität von acht Versuchspersonen und insgesamt 260 Versuchsdurchgängen. Der Stimulus (Bild) war in dem Zeitraum zwischen den beiden senkrechten Linien (During) zu sehen (aus Radin 1997, S. 169).

Replikationen des Experimentes ergaben unterschiedliche Ergebnisse. Zum Teil ließ sich der Effekt auch mit anderem Stimulusmaterial in anderen Labors wiederfinden, zum Teil aber auch nicht (Bierman & Radin, 1999; Bierman, 1997). Da Experimente, in denen Versuchspersonen Bilder unterschiedlicher affektiver Qualität dargeboten werden, auch in der gängigen Psychophysiologieforschung häufig durchgeführt werden, untersuchte Bierman (2000) auch post-hoc die bereits erhobenen Daten solcher Studien auf das Vorliegen einer systematischen Reaktion vor der Präsentation der Stimuli. Die drei untersuchten Studien zeigten tatsächlich Tendenzen zu einer solchen Anomalie (p = 0,04-0,08). Alle drei Studien zusammengenommen ergab sich eine signifikante Abweichung ($p = 0,003$).

Das Presentiment-Paradigma birgt einige methodische Schwierigkeiten. So ist zum Beispiel der Zeitpunkt, zu dem der Effekt angenommen wird, für ein konfirmatorisches (i.e. hypothesentestendes) Experiment zentral. Soll dieser nun 1, 3 oder 5 Sekunden vor Stimuluspräsentation liegen? Ein weiteres Problem, das bereits recht umfangreich diskutiert wurde, ist der Ausschluss von Erwartungseffekten durch eine adäquate Randomisierung. Hat die Versuchsperson z. B. aufgrund der Zufallsabfolge bereits fünf neutrale Stimuli gesehen, wird sie vermutlich stark davon ausgehen, dass der nächste ein affektiv Aufgeladener sein könnte, und mit einer entsprechenden Erregung vor der Stimuluspräsentation reagieren, die dann als Presentiment missinterpretiert werden könnte. Ein solches Artefakt kann allerdings durch geeignete Randomisations- und Analysemethoden verhindert werden (Dalkvist, Westerlund, & Bierman, 2002; Wackermann, 2002).

Die erste Metaanalyse zu diesem recht neuen Paradigma wurde 2012 von Mossbridge, Tressoldi und Utts (2012) veröffentlicht (siehe auch Mossbridge u. a., 2014). Die Autor/innen konnten insgesamt 26 Experimente aus den Jahren 1978-2010 in die Analyse einschließen und fanden eine Gesamteffektstärke von ES(r)=0,21, die signifikant ist ($p = 2 \times 10^{-12}$) und auf einem homogenen Datensatz beruht. Die meisten der Studien verwendeten EDA als abhängige Variable. Es gab aber auch Studien mit EEG-Signalen, funktioneller Kernspintomographie (fMRT) und Herzfrequenz. Die weitere Analyse der Effektstärkenverteilung ergab, dass vermutlich nur wenige Studien aufgrund eines Publikationsbias nicht gefunden wurden und diese die Gesamteffektstärke nur unwesentlich verringern würden. Weiterhin zeigte die Studienqualität einen positiven Zusammenhang mit der Effektstärke, qualitativ bessere Studien erzielten die größeren Effekte. Insgesamt kann somit hier von einem sehr soliden Gesamtbefund ausgegangen werden.

Retroaktive Experimente

Eine neue Art von Experimenten, die sich ebenso wie die Presentiment- und Präkognitionsforschung mit dem Thema *zeitliche Anomalien* beschäftigt, wurde im Zuge einer Veröffentlichung von Daryl Bem im Jahr 2011 in der wissenschaftlichen Öffentlichkeit kontrovers diskutiert (Bem, 2011). Der Sozialpsychologe Bem, der bereits in den 1990er Jahren Chuck Honorton geholfen hatte, das Thema Telepathie am Beispiel des Ganzfeldparadigmas in die Schlagzeilen zu bringen (siehe Kapitel 5 Ganzfeld), hatte nun ein eigenes Experimentalparadima entwickelt und erfolgreich durchgeführt. Bems Grundidee war, dass er zahlreiche gut etablierte Standardexperimente der kognitiven Sozialpsychologie benutzte und diese in Präkognitionsexperimente veränderte, indem er den Ablauf des Versuches umkehrte. Ein Beipiel soll dies erläutern: In sogenannten *Affektiven Priming-Experimenten*[2] wird Versuchspersonen für einen sehr kurzen Zeitraum zum Beispiel ein positives oder negatives Wort präsentiert, der sogenannte *Prime-Stimulus.* Direkt danach taucht ein Bild auf, das so schnell als möglich als angenehm oder unangenehm eingestuft werden soll. Dies gelingt schneller, wenn das

2 Das englische Wort *Priming* kann ins Deutsche mit dem Wort *Bahnung* übersetzt werden. Ein Prime ist demnach ein Stimulus, der die darauffolgende Reaktion bahnen kann.

Bild mit dem Prime kongruent ist. Im *Retroactive Priming*-Experiment von Bem ist die Reihenfolge vertauscht. Nun muss zuerst das Bild als angenehm oder unangenehm eingeschätzt werden und erst danach wird das Wort von einem Zufallsgenerator ausgewählt und der Versuchsperson präsentiert. Untersucht wird hier, ob das Bild schneller als angenehm oder unangenehm eingeschätzt wird, wenn es mit dem nachfolgenden Wort kongruent ist. Bei der Standardversion kann man sich diesen Effekt so erklären, dass das zuerst präsentierte Wort die Versuchsperson in eine bestimmte Richtung bahnt. Wird aber das Wort erst danach präsentiert, wie in Bems Experimenten, dann ist diese Erklärung nicht mehr möglich. Bem führte hier beide Versionen mit 100 Studierenden als Versuchspersonen durch. Im Standardexperiment waren die Versuchspersonen wie erwartet im Schnitt 23,6 Millisekunden schneller, wenn das Wort und die Bewertung des Bildes kongruent waren. Dies ergab einen signifikanten Effekt von $ES(d) = 0{,}45$ ($p < 0{,}00001$). Beim sogenannten *retroaktiven Experiment* waren die Versuchspersonen aber auch 15 Millisekunden schneller, wenn die Bewertung des Bildes und das nachfolgende Wort kongruent waren ($p = 0{,}006$, $ES(d) = 0{,}25$).

Insgesamt führte Bem neun unterschiedliche solcher transformierter Experimente mit mehr als 1000 Versuchspersonen durch. Um seiner Arbeit mehr Gewicht zu verleihen, publizierte er nach Jahren des Experimentierens und Datensammelns alle Experimente in einer einzigen Publikation in der hochangesehenen Zeitschrift *Journal of Personality and Social Psychology*. Der Titel der Publikation lautet *Feeling the Future: Experimental Evidence for Anomalous Retroactive Influences on Cognition and Affect*. Mit dem Ausdruck *retroaktiv* ist dabei gemeint, dass zukünftige Daten und Ereignisse quasi im Rückgriff auf die Gegenwart einwirken. Von den neun Experimenten der Arbeit erbrachten acht signifikante Resultate, die Gesamteffektstärke liegt bei $ES(d) = 0{,}22$. Die Publikation löste ein großes Echo aus, die neben der inhaltlichen Debatte wieder auch viele wissenschaftssoziologische Aspekte zur Behandlung von Anomalien in der Wissenschaft zu Tage förderte. Es ist hier sicherlich legitim, die Hypothese zu äußern, dass es einer unbekannten Parapsychologen/in ohne entsprechende akademische Meriten in der etablierten Psychologie, wie Daryl Bem sie vorweisen kann, sicherlich nicht gelungen wäre, das gleiche Datenmaterial in dieser Zeitschrift zu publizieren. Dies zeigt einmal mehr, dass auch hier neben den rein wissenschaftlichen Fakten (Sind die Daten signifikant?) auch soziale Aspekte mitverhandelt werden (Bist du eine/r von uns?). Einer guten Bekannten nimmt man eine ungewöhnliche Geschichte eher ab als einer Fremden.

Die direkteste Kritik wurde noch in derselben Ausgabe direkt im Anschluss an Bems Artikel veröffentlicht. Wagenmakers, Wetzels, Borsboom und van der Maas (2011) argumentieren, dass die Daten von Bem nicht überzeugen, weil sie statistisch unzureichend ausgewertet worden sind. Die Kritik der niederländischen Autor/innen zielt dabei auf prinzipielle Probleme des Hypothesentestens in der Psychologie. Dort gilt die gängige Methode, zu überprüfen, wie wahrscheinlich es ist, dass die Nullhypothese (‚Es gibt keinen Effekt') wahr ist, schon länger als problematisch. Eine Alternative wäre die Bayessche Statistik, die auf Basis einer Ausgangswahrscheinlichkeit für einen Effekt unter Berücksichtigung der erhaltenen Daten berechnet, als wie wahrscheinlich der Effekt dann nach dem Experiment angesehen werden kann. Auf die parapsychologische Forschung angewandt, hieße das grob vereinfacht: Ungewöhnliche Behauptungen erfordern auch einen ungewöhnlichen Beweis. Dieser Argumentation ist zunächst zuzustimmen, sie scheint evident. Die spannende Frage ist nun aber natürlich: Wer bestimmt was als wie unwahrscheinlich? Wer legt die Kriterien für die Erbringung eines wissenschaftlichen Beweises fest? Bisher gibt es die sozial getroffene Übereinkunft, dass man ab einem p-Wert von 0,05 von einem signifikanten Effekt spricht. Aber wie die Psychologen Rosnow und Rosenthal (1989) korrekt anmerken, ist dieser Wert nicht gottgegeben.

Wagenmakers u. a. (2011) nehmen in ihrer Arbeit basierend auf diesen Überlegungen nun eine Reanalyse von Bems Daten mit der Bayesschen Statistik vor. Es zeigt sich dabei, dass die Evidenz der Bemschen Experimente so gut wie gegen Null geht. Der Effekt scheint verflogen bzw. nicht besonders strenge Kriterien für Evidenz zu erfüllen.

Spannend ist hier, zu sehen, dass Bem die Daten nach den gängigen Regeln der Kunst mit den Verfahren ausgewertet hat, die alle Studierenden als den unumstößlichen Standard erlernen und die in 99 % aller publizierten medizinischen und psychologischen Arbeiten verwendet werden. Sprich, das Werkzeug, das geeignet ist, unser ganzes medizinisches und psychologisches Wissen aufzubauen, soll nun in diesem Einzelfall nicht genügen. Bem reagierte auf diese Kritik mit einer Veröffentlichung, die er gemeinsam mit den beiden Statistiker/innen Jessica Utts und Wesley Johnson von der *University of California, Irvine* verfasste (Bem, Utts, & Johnson, 2011). Die beiden sind ausgewiesene Experten/innen für die Bayessche Statistik und hatten schon mehrere Arbeiten dazu veröffentlicht. Sie konnten zeigen, dass Wagenmakers u. a. ihr verwendetes statistisches Modell unterspezifiziert hatten. Sie hatten keine Effektstärkenverteilung für Psi-Effekte zugrunde gelegt. Bem u.a. (2011) setzten realistische, aber immer noch konservative Werte in das Modell ein. Diese neue Berechnung nach der Bayesschen Statistik zeigt, dass fünf der neun Experimente eine starke oder substantielle Evidenz aufweisen. Insgesamt ergab sich eine Wahrscheinlichkeit für die Nullhypothese nach der Analyse der experimentellen Daten von $7{,}3 \times 10^{-5}$. In anderen Worten, auch im anspruchsvolleren Bayesschen Ansatz zeigte es sich, dass Bems Daten nur sehr schwer durch Zufall zu erklären sind. Das Problem der experimentellen Daten, die für einen präkognitiven Effekt sprechen, bleibt also bestehen.

Mittlerweile werden diese Experimente in vielen Labors wiederholt. Eine der ersten Arbeiten, die veröffentlicht wurden, stammt von Stuart Ritchie und den bekannten Kritikern der Parapsychologie Richard Wiseman und Christopher French (Ritchie, Wiseman, & French, 2012). Sie trägt den Titel *Failing the Future: Three Unsuccessful Attempts to Replicate Bem's 'Retroactive Facilitation of Recall'* und die Autoren haben hier eines der Experimente von Bem dreimal repliziert, insgesamt ohne signifikante Effekte. Bem, Tressoldi, Rabeyron, & Duggan (2014) haben mittlerweile eine Metaanalyse durchgeführt und konnten 90 Studien identifizieren, die zwischen 2002[3] und 2013 in 33 verschiedenen Labors mit insgesamt 12.406 Versuchspersonen durchgeführt wurden. Als Effektstärke ergab sich ES(*g*)[4] = 0,09, der Signifikanzwert nach der gängigen Statistik liegt bei $p = 1{,}2 \times 10^{-10}$, nach der Bayesschen Statistik ergibt sich eine sehr eindeutige Bestätigung des Effektes im Sinne einer sehr gesicherten Evidenz.

Die lebhafte Diskussion und die zahlreichen Replikationsversuche haben hier auch eine interessante Debatte wiederbelebt. Sollen parapsychologische Experimente vor Beginn registriert, also quasi angekündigt werden? Durch ein Register der durchgeführten Studien könnte man kontrollieren, dass in einer Metaanalyse auch *alle* durchgeführten Studien berücksichtigt werden. Denn die Erfahrung lehrt, dass kleine Studien, häufig auch Master- und Diplomarbeiten, oft nur dann publiziert werden, wenn sie positive Resultate erbringen. Durch dieses Vorgehen entsteht eine Verzerrung in Metaanalysen (Publikationsbias, siehe Kapitel 4), dem man durch Studienregister versucht, beizukommen. Ende der 1990er Jahre stellte sich heraus, dass die Wirksamkeit vieler Medikamente in der öffentlichen Meinung überschätzt wurde oder gar nicht gegeben war, weil die pharmazeutische Industrie systematisch negative Daten unter Verschluss hielt. Damals entschieden sich die Herausgeber/innen großer medizinischer Zeitschriften dazu, eine verbindliche Studienregistrierung für klinische Studien einzuführen (De Angelis u. a., 2004).

3 Bem hatte die Daten einzelner Experimente schon vor der Publikation 2011 auf Konferenzen präsentiert und viele Interessierte begannen daher schon früher mit Replikationen.

4 ES(*g*), auch Hedges *g* genannt, lässt sich wie ES(*d*) interpretieren.

8. Traumtelepathie

Eine besondere Art von Psi-Experimenten wurde von 1966-1972 am *Maimonides Medical Center* in Brooklyn, New York durchgeführt. Der Psychiater Montague Ullman und die Psychologen Stanley Krippner und Charles Honorton führten dort sogenannte *Traumtelepathie-Experimente* durch. Diese Experimente stehen ähnlich wie die Ganzfeldexperimente für den Umbruch innerhalb der parapsychologischen Experimentalmethodik Ende der 1960er bzw. Anfang der 1970er Jahre. Bis zu diesem Zeitpunkt war in der experimentellen Parapsychologie vor allem die Experimentalmethode von J. B. Rhine vorherrschend, wie sie exemplarisch bereits an einem Experiment In Kapitel 7 beschrieben wurde. Das Rhine'sche Rateparadigma war gekennzeichnet durch einfache kurze und leicht wiederholbare *forced-choice*-Trials, bei denen die Versuchspersonen die richtige Alternative erraten sollten. Den meist geringen Effektstärken wurde mit elaborierter Statistik, vor allem aber mit einer hohen Anzahl an Einzeldurchgängen begegnet. Aber gerade diese hohe Zahl von Einzeldurchgängen mit den eingeschränkten Auswahlmöglichkeiten, die schnell zu bestimmten Rategewohnheiten führten, wurden von der neuen Forscher/innen-Generation als nicht sehr Psi-förderlich kritisiert (Honorton, 1974). Sie führten stattdessen *free-response*-Techniken ein, die meist zu sehr aufwändigen Einzeldurchgängen führten, dafür aber die Bedingungen für einen Psi-Effekt günstig gestalten konnten, z.B. durch veränderte Bewusstseinszustände wie bei der Ganzfeldstimulation oder wie hier durch das Träumen.

In den Maimonides-Experimenten wurde versucht, träumenden Versuchspersonen Trauminhalte zu übermitteln. Die Versuchspersonen schliefen in einem akustisch und elektromagnetisch abgeschirmten Schlaflabor. Da während des Schlafes kontinuierlich EEG (elektrische Gehirnaktivität) und EOG (Augenbewegungen) gemessen wurden, konnte der Versuchsleiter erkennen, wann bei der Versuchsperson eine REM-Schlafphase begann. Diese mit Träumen verbundene Schlafphase ist durch eine rasche Bewegung der Augäpfel unter den geschlossenen Lidern gekennzeichnet. Über einen Summer signalisierte er dies einer sogenannten ‚Sender/in', die sich in einem separaten Raum befand. Diese versuchte nun, der schlafenden Versuchsperson ein Bild, das zufällig aus einem Pool von acht oder zwölf Bildern ausgewählt worden war, zu ‚senden'. Sobald die REM-Phase zu Ende war, weckte der Versuchsleiter die Versuchsperson auf und fragte sie, was sie soeben geträumt habe. So entstanden je Nacht und Versuchsperson mehrere Traumprotokolle, die schließlich zusammen mit allen acht oder zwölf Bildern des Target Pools einer Gruppe von unabhängigen Gutachter/innen übergeben wurde. Diese sollten nun, ähnlich wie in den Remote-Viewing-Experimenten, die Bilder des Pools nach dem Kriterium der besten Übereinstimmung mit dem Traumprotokoll in eine Rangreihe bringen. Befand sich das

Target in der oberen Hälfte der Rangreihe, wurde es als Treffer gewertet, andernfalls als Fehler (Radin, 1997a; Ullman, Krippner, & Vaughan, 1989).

Dieses Design wurde mehrfach variiert. Irvine Child, Professor an der *Yale University*, hat 1985 in der Zeitschrift *American Psychologist* eine Übersichtsarbeit über die Maimonides-Experimente veröffentlicht (Child, 1985). Er teilte die publizierten Daten je nach Design in fünf unterschiedliche Gruppen auf (Child, 1989):

1. Sender/in sendet in jeder REM-Phase, während die Versuchsperson schläft (ASW-Bedingung).
2. Sender/in sendet am Tag, *nach* dem die Träume der Versuchsperson aufgezeichnet wurden (Präkognitionsbedingung).
3. Sender/in sendet nur einmal oder nur sporadisch, während die Versuchsperson schläft (ASW-Bedingung).
4. Keine Sender/in. Target wird lediglich ausgewählt und bleibt im verschlossenen Umschlag (Hellseh-Bedingung).
5. Sender/in sendet nur in einer REM-Phase, während die Versuchsperson schläft.

Child stellt auch eine Übersicht der Ergebnisse einzelner Studien je Design dar und vergleicht die Werte zwischen den unabhängigen Gutachter/innen und den Angaben, die von der Versuchsperson selbst gemacht wurden. Man kann aus seinen Angaben Effektstärken errechnen, um so die unterschiedlichen Bedingungen besser vergleichen zu können. Auch ist es dadurch möglich, die Ergebnisse zu denen anderer parapsychologischer Experimente in Beziehung zu setzen. Es ist allerdings zu beachten, dass es sich dabei um eine Ad-hoc-Berechnung der Effektstärken handelt. Da nicht alle Detailangaben vorlagen, kann es gut sein, dass die Berechnung kleinere Fehler enthält. Die Angaben sollten daher eher als eine Art Orientierungsrahmen betrachtet und nicht überinterpretiert werden. Die Berechnungen beruhten ausschließlich auf den Urteilen der unabhängigen Gutachter/innen und nicht auf den manchmal ebenfalls vorliegenden Schätzungen der Versuchsperson selbst. Pilotstudien wurden nicht eingerechnet, mit Ausnahme bei Design 4, zu dem insgesamt nur eine Pilotstudie vorliegt.[1]

Hinsichtlich der Frage nach der Signifikanz der insgesamt 302 (379 inklusive Pilotstudien) Traumtelepathieversuche aus der Maimonides-Serie bietet es sich zum einen an, die Treffer gegen die Fehler auszuzählen. Das Treffer-Fehler-Verhältnis beträgt 173:129 (233:146 inklusive Pilotversuche) und erreicht einen p-Wert von $p = 0{,}013$ ($p < 0{,}001$ mit Pilotstudien)[2]. Child (1989, S. 198) kommt hinsichtlich des Gesamtergebnisses zu der Schlussfolgerung, dass der hier gefun-

---

1 Child berichtet vor allem t-Werte und z-Werte als Teststatistiken. Bei den berechneten Effektstärken handelt es sich um Rosenthals *r* (für die genauen Formeln siehe R. Rosenthal, 1991, S. 19). Die gemittelten Effektstärken sind die ungewichteten Mittelwerte über die einzelnen Studien.

2 Binomialtest

Tabelle 3: Mittlere Effektstärken ES(*r*) für verschiedene Designs der Maimonides-Traumtelepathie-Experimente

Design	*Experimente*	*N*	*mittlere ES(r)*
1	7	63	0,41
2	2	16	0,73
3	2	20	0,64
4	1	8	0,35
5	1	203	0,04

dene Trefferüberhang nicht mehr mit dem Zufall erklärbar ist und dass sich eine nicht-zufällige Ähnlichkeit von Träumen und Zielbildern (Targets) zeigt.

Dieser Schlussfolgerung ist allerdings anzufügen, dass auch diese Daten, wie so oft in der Parapsychologie, aus demselben Labor mit denselben Forschern stammen. Die Schlüsselfrage ist auch hier die Frage nach den Ergebnissen von unabhängigen Replikationen. Leider wurde dieses spannende Paradigma nicht so häufig aufgegriffen und wiederholt wie zum Beispiel die Ganzfeldexperimente.

Im Jahre 2003 wurde die erste und bisher einzige Metaanalyse zur Traumtelepathie veröffentlicht (Sherwood & Roe, 2003). Die beiden Autoren fassten zunächst noch einmal die Maimonides-Studien zusammen und berichten eine mittlere Effektstärke von ES(*r*) = 0,33. Seit der Schließung des Maimonides-Labors bis zur Durchführung der Metaanalyse wurden weitere 21 Traumtelepathiestudien mit insgesamt 604 einzelnen Durchgängen durchgeführt. Für diese ergab sich eine Effektstärke von ES(*r*) = 0,14, die knapp signifikant wurde. Die Effektstärke der Post-Maimonides-Studien ist damit weniger als halb so groß wie die der Maimonides-Experimente selbst. Die beiden Datensätze unterscheiden sich demnach auch signifikant voneinander.

Insgesamt zeigen sich also auch hier durchgängig kleine Befunde. Die größeren Effektstärken des legendären Maimonides-Labors wurden nicht erreicht, aber die Gesamtheit der Studien berichtet Daten, die mit dem Zufall nicht vereinbar scheinen. Insgesamt fristet die Traumtelepathie selbst im Rahmen der Parapsychologie ein Schattendasein. Es gibt so gut wie kein systematisches Forschungsprogramm oder Labor, das auf diese Studien spezialisiert ist. Die Daten, die seit 1977 erhoben worden sind, entstammen in der Mehrheit versprengten Einzelstudien.

9. Blickwahrnehmung

Fast jeder Mensch kennt das subjektive Gefühl, angeschaut oder beobachtet zu werden. Oft stellt sich dieses Gefühl auch ein, während man direkt niemanden sehen kann, der oder die einen anschaut. Man spürt ‚Blicke im Rücken' und oft wird berichtet, dass sich diese Wahrnehmung, wenn man sich umdreht, bestätigt. Können also Menschen ‚spüren', wenn sie von anderen angeschaut werden, obwohl ihnen keine konventionelle sensorische Information dazu zur Verfügung steht? Im Englischen benennt sich die Forschungstradition, die sich mit dieser Frage beschäftigt, oft mit dem Begriff *the sense of being stared at,* der vor allem von dem Biologen Rupert Sheldrake (2003) benutzt wird. Allerdings ist der Begriff ‚das Gefühl angeschaut zu werden' nicht sehr glücklich gewählt. Ein anderer häufig verwendeter Begriff ist *Remote Staring*, das man mit ‚Anschauen aus der Ferne' übersetzen kann. William Braud (2005, S. 66) schlägt den Ausdruck *Staring Detection* vor, da hier eine implizite Hypothese auf einen ‚Sinn' (sense) oder ein ‚Gefühl' vermieden werde. Ein anderer Vorschlag lautet, das Phänomen *Scopesthesie* zu nennen (R. H. S. Carpenter, 2005, S. 76); dieser Ausdruck wurde jedoch in der Literatur nicht aufgegriffen. Im Deutschen scheint mir der Begriff der *Blickwahrnehmung* am passendsten für eine kurze neutrale Beschreibung des Phänomens. Zentral ist dabei die Fragestellung, inwieweit diese Blickwahrnehmung konventionell erklärt werden kann oder ob es Belege für eine außersinnliche (Blick-)Wahrnehmung gibt.

Konventionelle Blickwahrnehmung

Die Erforschung konventioneller Blickwahrnehmung betrachtet dieses Phänomen vor allem im Zusammenhang mit sozialen Kognitionen und Interaktionen (Frith, 2008). Ein anhaltender direkter Blick(kontakt) kann, je nach Kontext, als Ausdruck von Feindseligkeit oder Ärger oder aber auch als Zeichen von freundlicher Zuwendung oder Verliebtheit interpretiert werden. Unabhängig, ob das Signal positiv oder negativ intendiert und interpretiert wird, etabliert sich hier aber auf jeden Fall eine soziale Interaktion (Macrae, Hood, Milne, Rowe, & Mason, 2002). Die erhöhte Sensitivität für Blicke und Blickrichtungen anderer (Frith, 2008) zeigt sich bereits bei Neugeborenen in den ersten Lebensmonaten (Macrae u. a., 2002), und die Gabe, Blicke zu erkennen und aus ihnen auf mentale Prozesse des Anblickenden zu schließen, die sogenannte *theory of mind*, wird sogar in einem Test für soziale Kognitionen, unter anderem im Zusammenhang mit Autismus, verwendet (Baron-Cohen, Wheelwright, Hill, Raste, & Plumb, 2001). Neurobiologisch weisen mehrere Befunde auf einen Zusammenhang mit dem (Anterioren) Superioren Temporalen Sulkus (STS) hin (Emery, 2000). Simon Baron-Cohen (1995) postuliert ein spezielles kognitives Modul, das für den Prozess, aus den Blicken anderer auf bestimmte mentale Zustände zu schließen, verantwortlich ist. Er nennt dies den *eye direction detector* (EDD), mit den drei Funktionen (1) Blickdetektion, (2) Berechnung der Blickrichtung und (3) Zuschreibung von mentalen Zuständen.

Unkonventionelle Blickwahrnehmung

Eine derartige konventionelle Blickwahrnehmung setzt voraus, dass der Blick des oder der anderen direkt wahrnehmbar ist. Dies ist jedoch bei der unkonventionellen Blickwahrnehmung nicht der Fall. Hier ist der Blick verdeckt, sei es, weil die anschauende Person außerhalb des Sehfeldes ist (z. B. Anschauen von hinten), oder weil die anschauende Person selbst verdeckt ist (z. B. Anschauen durch einen Mauerspalt oder einen Einwegspiegel) oder weil sogar technische Hilfsmittel verwendet werden (z. B. ein Fernglas). Weiterhin kann man hier auch den Fall des indirekten Anschauens einschließen, wie er z. B. über eine Überwachungskamera, völlig räumlich separiert, stattfinden kann.

Für die Darstellung von Forschungsergebnissen zum Phänomen *außersinnliche oder unkonventionelle Blickwahrnehmung* sollen unter diesem Begriff alle Situationen zusammengefasst werden, in denen eine Person eine andere Person entweder direkt oder indirekt zeitgleich beobachtet. Die zeitversetzte Beobachtung, die Beobachtung eines Fotos der Person oder eine nicht an ein Bild der Person gebundene Intention, wie sie zum Beispiel in den im nächsten Kapitel beschriebenen DMILS-Experimenten zur Anwendung kommen, werden dagegen nicht berücksichtigt.

Phänomenologie der Blickwahrnehmung

Eine solche Blickwahrnehmung, die nicht auf direktem Augenkontakt beruht, ist den meisten Menschen bekannt. Das ‚Spüren von Blicken', auf das diese Wahrnehmung Bezug nimmt, ist ein fester Bestandteil unseres Sprachgebrauchs. In diesem Ausdruck zeigt sich, dass die Wahrnehmung nicht direkt von einem bestimmten Sinneskanal zu stammen scheint, sondern in einem unbestimmten Spüren oder auch intuitiven Erkennen wurzelt. Ebenso verbreitete Ausdrücke wie ‚bohrende Blicke im Rücken' oder ‚stechende Blicke von hinten' geben der Art des Blickes dazu noch eine taktile Qualität, als könne das Auftreffen eines entfernten Blickes auf den Körper tatsächlich gespürt werden. Das Thema wird auch in der Belletristik bemerkenswert oft aufgegriffen. J. J. Poortman (1959) berichtet von einer Sammlung mit entsprechenden Textstellen bei verschiedenen Autoren, darunter auch Leo Tolstoi, Fjodor Dostojewski, Victor Hugo, Thomas Mann, Aldous Huxley, Franz Werfel und D. H. Lawrence. Erlebnisse eines plötzlichen Unbehagens im Rücken, das zum Umdrehen und dann auch zur Entdeckung einer Beobachters/in führt, sind zahlreich und werden von vielen Menschen berichtet. Da die Entdeckung des Blickes aber eigentlich nur visuell erfolgen kann, haben viele Menschen den Eindruck, dass es sich bei diesem ‚Blickespüren' um eine außersinnliche Wahrnehmung handelt, die mit dem bestehenden Wissen nicht erklärt werden kann. Symmetrisch zu dieser Beschreibung wird das Phänomen der Blickwahrnehmung auch von Beobachter/innen beschrieben. Hier wird analog geschildert, dass es durch längeres Anschauen einer Person von hinten dazu kommen kann, dass diese Person sich umdreht und direkten Blickkontakt mit dem/der Beobachter/in aufnimmt.

Konventionelle Erklärung

Es gibt mehrere konventionelle Erklärungen, warum man Blicke im Rücken scheinbar spüren kann. Zwei verschiedene Erklärungsmodelle sollen hier kurz vorgestellt werden: *subliminale Hinweisreize* und *selektive Erinnerung.* Mit dem Ausdruck *subliminale Hinweisreize* ist gemeint, dass die angeschaute Person in ihrer Umwelt mehrere Hinweisreize wahrgenommen hat, die auf eine Beobachtung, die außerhalb ihres Sehfeldes liegt, hinweisen. Dies kann ein ungewohntes Geräusch im Rücken sein oder eine Spiegelung in einer Fensterscheibe. Diese Hinweisreize erreichen jedoch nicht den Status einer bewussten Wahrnehmung, werden aber trotzdem als sogenannte *perception without awareness* verarbeitet und erzeugen so den (intuitiven) Eindruck, dass sich im Rücken der Person etwas Relevantes abspielt. Da die sensorischen Quellen dieser Information nicht das Bewusstsein erreichen, entsteht der Eindruck des unbestimmten Spürens. Der zweite Mechanismus ist mit dem ersten eng verbunden. Hier geht es darum, dass vor allem die Ereignisse, in denen ein solches Spüren durch eine Kontrolle (sich umdrehen und nachsehen) bestätigt wurde, besser erinnert werden. Durch *selektive Erinnerung* ist man aber auch in der Lage, selbst ohne Hinweisreize die Illusion einer außersinnlichen Blickwahrnehmung zu erzeugen. Evolutionsbiologisch ist es für den aufrecht gehenden Menschen sicherlich von Vorteil, sich immer wieder durch Umdrehen davon zu überzeugen, dass von hinten keine Gefahr droht. Daher ist es nur logisch, dass die Menschen sich auch heute noch, wenn auch individuell verschieden häufig, aus einer unbestimmten Anspannung heraus umdrehen, um zu überprüfen, was hinter ihrem Rücken geschieht. In den meisten Fällen gehen diese Überprüfungen negativ aus und werden sofort wieder vergessen. Sollte nun aber doch zufällig eine andere Person herüberschauen, so wird dieses Ereignis mit einer gewissen Wichtigkeit und Bedeutung versehen und daher gut erinnert. Das zufällige Ereignis wird somit in der Erinnerung deutlich überschätzt. Edward B. Titchener (1898), der als erster eine wissenschaftliche Abhandlung über das Phänomen der Blickwahrnehmung verfasst hat, erklärt das Phänomen unter anderem auch damit, dass ein Mensch, der sich in einer großen Menge (z. B. in einem Konzertsaal) umdreht, als bewegter Stimulus in einer unbewegten Menge eine starke Aufmerksamkeit auf sich zieht. Anders formuliert: Erst der kontrollierende Blick nach hinten, um zu überprüfen, ob man beobachtet wird, löst die entsprechende Beobachtung der anderen aus.

Auf Basis dieser konventionellen Erklärungen wird klar, dass die Überprüfung, ob es eine außersinnliche Blickwahrnehmung gibt, nur unter kontrollierten Bedingungen in einem Experiment stattfinden kann.

Geschichte der Blickwahrnehmungsexperimente

Im Unterschied zu vielen anderen in diesem Buch berichteten Experimenten reicht die Forschung zur Blickwahrnehmung zwar historisch weit zurück, wurde aber erst sehr spät in einem etablierten Paradigma systematisch erforscht. Der erste bekannte Bericht stammt von dem schon oben erwähnten Psychologen Edward B. Titchener, der an der *Cornell University* unterrichtete. Allerdings schildert er keine Daten, sondern erwähnt lediglich, dass mehrere Laborexperimente mit Personen, die sich als sensibel für Blickwahrnehmung beschrieben hatten, negativ ausgegangen seien. Folgt man dem Duktus seiner gesamten Ausführungen, so ist hier allerdings auch kein anderer Versuchsausgang zu erwarten. „*No scientifically-minded psychologist believes in telepathy*", schreibt Titchener (1898, S. 897) und merkt an, dass die Experimente lediglich die Funktion hatten, die Studierenden auf den rechten wissenschaftlichen Pfad zu führen „*.... and the time spent may thus be repaid to science a hundredfold*" (ebd., siehe auch Mauskopf & McVaugh, 1980).

Die ersten berichteten Experimentaldaten zu diesem Phänomen stammen aus dem Jahre 1913 von John E. Coover, *Stanford University* (Coover, 1913). Er führte je 100 Durchgänge mit zehn Versuchspersonen durch. Die Versuchsperson saß mit geschlossenen Augen auf einem Stuhl und hielt sich zusätzlich eine Hand vor die Augen. Auf ein akustisches Signal hin wurde sie entweder für 15 Sekunden vom Versuchsleiter von hinten angeschaut oder nicht. Ein zweites Signal zeigte das Ende des Durchganges an, worauf die Versuchsperson laut mit ‚Ja' oder ‚Nein' antwortete, je nachdem, ob sie den Eindruck hatte, dass sie gerade angeschaut worden war oder nicht. Die Abfolge der Durchgänge ermittelte der Versuchsleiter im jeweiligen Moment mit einem Würfel. Insgesamt ergab sich bei 1000 Durchgängen eine Trefferrate von 50,2 %. Die Trefferraten der einzelnen Versuchspersonen schwankten zwischen 44 % und 56 %. Coover schlussfolgert dementsprechend, dass sich für den weit verbreiteten Glauben an eine außersinnliche Blickwahrnehmung keine empirische Bestätigung finden konnte.

Der nächste Bericht stammt aus dem Jahre 1939, wurde aber erst 1959 auf Englisch publiziert. J. J. Poortman ließ sich von einem Mitglied des Den Haager Stadtrates anschauen bzw. auch nicht anschauen. Poortman saß auf einem Stuhl in einem Nachbarzimmer und wurde von der Stadträtin, die angab, mit ihrem Blick Menschen zum Umdrehen veranlassen zu können, angeschaut. Ähnlich wie bei Coover wurde über ein akustisches Signal Anfang und Ende der zwei- bis fünfminütigen Perioden über ein akustisches Signal signalisiert. In 89 Durchgängen ergaben sich 53 korrekte Antworten, was einer Trefferrate von 59,6 % entspricht ($p = 0{,}04$, Binomialtest, eigene Berechnung).

Im Jahre 1978 führte der oder die Student(in) D. M. Peterson für eine Masterarbeit an der Universität Edinburgh Experimente mit Einwegspiegeln durch (zitiert nach Braud, Shafer, & Andrews, 1993b, S. 375). In diesen Experimenten hörte die angeschaute Person über Kopfhörer Weißes Rauschen und signalisierte ihre Wahrnehmung über das Drücken eines Knopfes. In insgesamt 36 Durchgängen ergab sich laut Braud et al. ein signifikantes Ergebnis mit $p = 0{,}01$. Leider gelang es in mehreren Versuchen nicht, die Originalarbeit aufzufinden. In der Bibliothek der Psychologischen Abteilung an der Universität Edinburgh ist diese Arbeit leider vermisst.

Systematisierung

Mit Beginn der 1990er Jahre nahmen dann die experimentellen Arbeiten zu, so dass heute, gut 20 Jahre später, ein sehr reiches Datenmaterial zu dieser Fragestellung vorliegt. Zur Systematisierung der unterschiedlichen Experimentaldesigns bieten sich zwei Dimensionen an: die Art der Beobachtung und die Wahl der abhängigen Variablen. Bei der Art der Beobachtung kann man *direktes Anschauen* von *indirektem Anschauen* unterscheiden. In letzterem Fall wurde in allen Studien eine Videokamera eingesetzt und die Beobachter/in sah die Versuchsperson auf einem Monitor. Bei der abhängigen Variable haben sich zwei unterschiedliche Traditionen herausgebildet. Zum einen das bereits von Coover gewählte Vorgehen, die angeschaute Versuchsperson zu befragen (verbaler Bericht oder auch das Drücken eines Knopfes), zum anderen die Messung physiologischer Veränderungen, wie sie als erstes von William Braud und Kollegen eingeführt wurde (Braud, Shafer, & Andrews, 1993a; Braud u. a., 1993b). In diesen Fällen ist die abhängige Variable fast immer die Elektrodermale Aktivität (EDA), die schon bei den Presentiment-Effekten in Kapitel 7 kurz beschrieben wurde. In der folgenden Vierfeldertafel sind diese beiden Dimensionen nochmals dargestellt.

Tabelle 4: Vierfeldertafel zur Systematisierung von Experimenten zur außersinnlichen Blickwahrnehmung

		Art der Beobachtung	
		Direktes Anschauen	Kamera + Monitor
Abhängige Variable	Verbaler Bericht	A	B
	Physiolog. Reaktion	C	D

Es ergeben sich vier Typen von Untersuchungsdesigns, die hier mit den Buchstaben A-D bezeichnet werden. Interessanterweise sind die allermeisten Experimente entweder vom Typ A oder vom Typ D. Es gibt meines Wissens nur eine Arbeit vom Typ B (Evans & Thalbourne, 1999) und keine Studie vom Typ C. Zwei Studien kombinieren die Designs B und D (Lobach & Bierman, 2004a; Müller, Schmidt, & Walach, 2009). Dieses Kapitel wendet sich vor allem den Experimenten vom Typ A zu. Die Experimente vom Typ D sind historisch aus den sogenannten DMILS-Experimenten entstanden und werden zusammen mit diesen im nächsten Kapitel ausführlich behandelt.

Experimente vom Typ A: Direktes Anschauen und verbaler Bericht

Studien mit diesem Design folgen prinzipiell dem Vorgehen von Coover (1913), wie es oben skizziert wurde. Eine Person beobachtet systematisch und nach einer Zufallsfolge randomisiert eine weitere Person von hinten (bzw. beobachtet sie nicht). Am Ende des Beobachtungsintervalls muss die angeschaute Person kurz berichten, ob sie gerade angeschaut wurde oder nicht. Wie oben dargestellt, wurde dieser Phänomenbereich in der Parapsychologie bis in die 1990er Jahre nur vereinzelt und unsystematisch adressiert. Die Wende folgte durch den englischen Biologen Rupert Sheldrake, der 1994 das Buch „Sieben Experimente, die die Welt verändern können“ publizierte (Sheldrake, 1994a, 1994b), in dem wissenschaftliche Laien dazu anregt werden, selbst einfache Experimente zu ungeklärten Fragestellungen durchzuführen. Eines dieser Experimente ist auch ein Blickwahrnehmungsexperiment.

Sheldrake verlagert in vielen parapsychologischen Experimenten den Ort des Geschehens vom parapsychologischen Labor in die Öffentlichkeit. Experimente werden in Schulen oder im Fernsehen durchgeführt und die Ergebnisse dieser Studien richten sich meist nicht nur an die wissenschaftliche Fachwelt, sondern auch an die Öffentlichkeit. Dazu passt auch der Ansatz, Laien via Internet zum Experimentieren anzuregen. Auf Sheldrakes Homepage www.sheldrake.org können die Anleitungen zu vielen verschiedenen parapsychologischen Experimenten heruntergeladen werden. Andere Experimente können direkt online durchgeführt werden.

Hinsichtlich Blickwahrnehmungsexperimenten publiziert Sheldrake Daten aus drei Kategorien (Sheldrake, 2005): (1) Daten aus Experimenten, die er selbst durchgeführt hat (meist in Schulen), (2) Daten aus Experimenten, die in seinem Auftrag (z. B. von Lehrer/innen) durchgeführt wurden, (3) Daten von Experimenten, die Laien zu Hause mit einer Anleitung durchgeführt und dann die Ergebnisse via Internet in eine Datenbank eingegeben haben.

Die Experimente von Sheldrake (2003, 2006) haben viele methodische Schwachstellen und Angriffspunkte. Sheldrake reagiert aber auf die meiste Kritik konstruktiv und pragmatisch, indem er die Experimente methodisch verbessert. Die Entwicklung dieser Studien eignet sich daher hervorragend, um die methodischen Aspekte von direkten Blickwahrnehmungsexperimenten mit verbalen Berichten zu diskutieren, und stellt auch ein gutes Beispiel dafür da, wie sich parapsychologische Experimentalparadigmen durch eine öffentliche Diskussion kontinuierlich entwickeln und verbessern.

Methodische Details in Blickwahrnehmungsexperimenten

Sensorische Abschirmung

Es ist wichtig, die zu beobachtende Versuchsperson sensorisch von der anschauenden Versuchsperson abzuschirmen. Andernfalls kann es Hinweisreize geben, die die Versuchsperson entweder bewusst oder auch unbewusst wahrnimmt und aus denen sie schließen kann, ob sie gerade angeschaut wird oder nicht. Hier ist vor allem an visuelle und akustische Hinweisreize zu denken. So kann die Versuchsperson eventuell durch Reflexionen oder auch aus dem Augenwinkel bei einer kleinen Bewegung erkennen, ob die beobachtende Person gerade herschaut oder nicht. Auch ist denkbar, dass das Hin- oder Abwenden der beobachtenden Person bestimmte Geräusche macht (z. B. Rascheln der Kleidung, Geräusch der Schuhe auf dem Boden), die der Versuchsperson einen Hinweisreiz liefern. Daher ist es unbedingt erforderlich, die angeschaute und die anschauende Versuchsperson (1) entweder räumlich zu trennen (Anschauen durch Fensterscheibe oder Einwegspiegel) oder (2) alternativ die angeschaute Versuchsperson durch Gehörschutz und Augenbinden abzuschirmen. In einer Studie ohne sensorische Abschirmung erzielte Rupert Sheldrake (1998) Trefferraten von 56,8 %, die Zufallserwartung würde bei 50 % liegen. In den beiden folgenden Studien wurde eine Abschirmung eingeführt und auch das direkte Feedback (s.u.) nach jedem Durchgang abgeschafft. Die Trefferraten fielen auf 54,9 % (Sheldrake, 1999) und 53,0 % (Sheldrake, 2000). Ein direkter Vergleich abgeschirmter und nicht-abgeschirmter Versuche in einer anderen Studie zeigte allerdings keine signifikanten Differenzen (Sheldrake, 2001a).

Implizites Lernen und direktes Feedback

Von *implizitem Lernen* spricht man, wenn die angeschaute Versuchsperson unbewusst Hinweisreize hinsichtlich der Versuchsbedingungen wahrnimmt und dadurch ihr Antwortverhalten beeinflusst wird. Dieser Mechanismus wurde bereits oben angesprochen. Implizites Lernen kann schon bei wenigen Versuchsdurchgängen zu einer positiven Verfälschung der Versuchsergebnisse führen, wenn die Versuchsperson direkt nach jedem Durchgang eine Rückmeldung bekommt, ob sie gerade angeschaut wurde oder nicht (direktes Feedback). Der menschliche Wahrnehmungsapparat kann unter solchen Bedingungen sehr schnell die relevanten Hinweisreize herausfiltern und verarbeiten. Zwar kann implizites Lernen auch ohne direktes Feedback stattfinden, aber erst mit Feedback kann es seine Wirkung auch schon in kurzen Sequenzen entfalten. Daher sollten Experimente zur Blickwahrnehmung immer auf direktes Feedback verzichten. Colwell, Schröder & Sladen (2000) verglichen in einem Blickwahrnehmungsexperiment die Bedingungen *Feedback* gegen *kein Feedback*. Nur bei der Feedbackbedingung fand sich ein signifikanter Blickwahrnehmungseffekt.

Zufallssequenzen

Es ist wichtig, wie in jedem anderen parapsychologischen Experiment auch, dass jede Versuchsperson eine andere Zufallssequenz erhält und nicht mehrere Versuchspersonenpaare mit derselben Sequenz getestet werden. Dies ist notwendig, um zu verhindern, dass bestimmte menschliche Antworttendenzen (z. B. beim ersten Durchgang mit ‚Ja' zu antworten) Artefakte hervorrufen. Dies ist in der parapsychologischen Literatur unter dem Schlagwort *stacking effect* bekannt (Greville, 1944; J. B. Rhine, 1973, siehe auch Kapitel 4). Sheldrake veröffentlichte auf seiner Homepage Zufallssequenzen, die für Blickwahrnehmungsexperimente verwendet werden sollten, und lief somit Gefahr, entsprechende Artefakte zu produzieren. Hier wurde die Situation nun so gelöst, dass zu jeder einzelnen Sequenz auch die invertierte Sequenz veröffentlicht wird. Ein möglicher *stacking effect* müsste sich durch dieses Vorgehen herausmitteln. Natürlich müssen die Sequenzen auch ansonsten relativ hohe Ansprüche an Zufälligkeit erfüllen, um eine mögliche Korrelation mit menschlichem Antwortverhalten zu verhindern. Würfeln mit einem geeigneten hochwertigen Casinowürfel scheint hier nicht die schlechteste Lösung zu sein. Colwell, Schröder & Sladen (2000) kritisierten die Sheldrakeschen Sequenzen als nicht zufällig genug und konnten nachweisen, dass vor allem die Anzahl von drei gleichen Bedingungen hintereinander (Tripel) weniger oft vorkam als unter Zufall erwartet. Der Mensch selbst ist ein äußert schlechter Zufallsgenerator. Bittet man Versuchspersonen, ‚Zufallssequenzen' zu generieren, zeigt sich ein ähnliches Muster (zu wenig Paare, Tripel und Quadrupel etc.) und so könnte es zu einer Korrelation zwischen den Rateergebnissen der Versuchspersonen und den Zufallssequenzen kommen, die einen Blickwahrnehmungseffekt vortäuschen, der jedoch nicht vorhanden ist.

Ein bisher wenig beachteter Punkt ist die Balancierung der Sequenzen. In den meisten Experimenten führen die Versuchspersonen 20 Durchgänge unmittelbar hintereinander durch. Es könnte nun sein, dass die angeschaute Versuchsperson ihre Antworten balanciert, sprich darauf achtet, dass sie ungefähr gleich oft ‚Anschauen' wie ‚Nicht-Anschauen' angibt. Die verwendeten Zufallssequenzen sind meist ebenfalls balanciert und die Bedingungen sind in der Regel 10:10 oder 11:9 verteilt. Was würde passieren, wenn die Verteilung der Zufallssequenz von diesem Muster abweicht? Oder würde sich das Antwortverhalten der Versuchsperson ändern, wenn sie im Vorhinein nicht weiß, wieviele Durchgänge absolviert werden sollen? Diese Fragestellungen sind bisher noch nicht untersucht worden.

Datenregistrierung

Wichtig ist auch zu beachten, wie das Antwortverhalten der angeschauten Versuchsperson registriert wird. Das meist von Sheldrake angewandte Verfahren, dass die beobachtende Versuchsperson die Antworten notiert, ist aus mehreren Gründen nicht ausreichend. Zum einen ist es wichtig, Fehler bei der Registrierung zu vermeiden. Daher ist es entweder notwendig, das Antwortverhalten mit einem technischen Hilfsmittel aufzuzeichnen (z. B. angeschaute Versuchsperson drückt einen bestimmten Knopf) oder das Antwortverhalten mittels Videokamera oder Tonaufnahme zu protokollieren, so dass im Nachhinein der Versuchsablauf nachvollzogen werden kann. Dies ist auch ein Schutz gegen Betrug, für den Fall, dass sowohl die angeschaute als auch die anschauende Versuchsperson angeworbene Versuchspersonen sind und nicht die Versuchsleiter/in selbst anschaut und aufzeichnet. Zum anderen ist es unabdingbar, das Antwort*verhalten* direkt aufzuzeichnen und nicht nur zu notieren, ob der Durchgang ein Treffer oder Fehler war. Nur im ersten Fall können die Daten auf eine Antworttendenz (s.u.) überprüft werden.

Antworttendenz (Response Bias)

In fast allen Arbeiten, die Sheldrake zum Thema Blickwahrnehmung veröffentlicht hat, erwähnt er, dass *Anschauen* besser erkannt wird als *Nicht-Anschauen*. Dies sei ein durchgängiges Muster in allen Versuchen, das sich viele Male bestätigt habe. Damit ist gemeint, dass, wenn man die Durchgänge, in denen angeschaut wurde, und die Durchgänge, bei denen nicht angeschaut wurde, separat auswertet, die höheren und signifikanten Trefferraten meistens aus den *Anschauen*-Durchgängen stammen, nicht aber aus den *Nicht-Anschauen*-Durchgängen. Für Sheldrake ist dieses Muster auch evolutionsbiologisch plausibel. Ist es doch sinnvoll, wenn man bemerkt, dass einen z. B. ein Tiger beobachtet, während die Tatsache, dass man gerade nicht beobachtet wird, keinerlei Überlebensvorteil verspricht. Leider beruht dieses Ergebnis jedoch auf einer falschen Auswertungsmethode, die die Antworttendenzen der Versuchspersonen ignoriert. Denn in fast allen Blickwahrnehmungsexperimenten geben die angeschauten Versuchspersonen in mehr als 50 % der Fälle an, dass sie angeschaut worden seien. Diese Antworttendenz ist geeignet, eine ungleiche Verteilung der Trefferraten auf die *Anschauen-* und *Nicht-Anschauen*-Bedingung, wie sie von Sheldrake berichtet wird, hervorzurufen. Ein einfaches Gedankenexperiment kann dies deutlich machen. Angenommen, die Versuchsperson antwortet in 20 Durchgängen jedes Mal „Ja, ich bin angeschaut worden“, und weiterhin angenommen, die 20 Durchgänge enthielten zehn Mal die Bedingung *Anschauen* und zehn Mal *Nicht-Anschauen*, dann hätte die Versuchsperson für die *Anschauen*-Bedingung eine Trefferrate von 100 % und eine Trefferrate von 0 % für *Nicht-Anschauen*. Daraus sollte man aber nicht schlussfolgern, dass die Versuchsperson zuverlässig erkennen kann, dass sie angeschaut wird. Die Lösung für diese Verzerrung bei der Auswertung ist, dass man nicht die *Bedingung* (Anschauen Ja/Nein) der Auswertung zu Grunde legt, sondern die *Antwort der Versuchsperson* (bin angeschaut worden Ja/Nein).

In Abbildung 7 sind beide Auswertungen für die Daten eines der Sheldrake'schen Experimente (Sheldrake, 1999) gegenübergestellt.

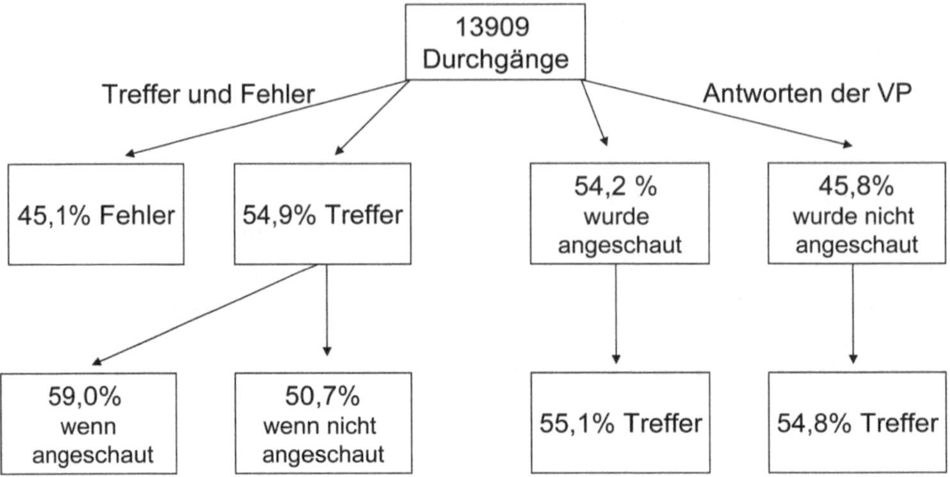

Abbildung 7: Vergleich zweier verschiedener Detailauswertungsmethoden für die Daten aus Sheldrake (1999)

Insgesamt erbrachte das Experiment bei 13.909 Einzeldurchgängen 54,9 % korrekte Antworten, während man unter Zufall nur 50 % Treffer erwarten würde. Dieses Ergebnis ist hochsignifikant. Bei der hier vorgenommenen Detailauswertung sind auf der linken Seite die Angaben von Sheldrake dargestellt. Dieses Vorgehen ignoriert die Antworttendenz der Versuchspersonen. Es ergibt sich in der Tat ein Muster, wie es von Sheldrake betont wird. Die meisten korrekten Antworten stammen aus Durchgängen, bei denen die Versuchsperson angeschaut wurde. Im rechten Teil sieht man oben, wie sich die Antworten der Versuchspersonen verteilen. In knapp 55 % der Fälle antworteten sie mit ‚wurde angeschaut' bzw. mit ‚Ja'. Es gibt also eine klare Antworttendenz hin zur Einschätzung *Angeschaut*. Wertet man nun die Trefferzahl für die jeweilige Antwort aus, sieht man, dass die Versuchspersonen, wenn sie glauben angeschaut zu werden, nicht besser sind, als wenn sie glauben nicht angeschaut zu werden. Die Behauptung von Sheldrake, dass Anschauen besser erkannt wird als Nicht-Anschauen, stellt sich daher als falsch heraus. Zu beachten ist, dass es hierbei lediglich um die interne Verteilung der Antworten und Treffer auf die Bedingungen geht und das insgesamt positive Gesamtergebnis dieser Studie von dieser Detailanalyse nicht betroffen ist.

Die spannende Frage ist nun, warum die Versuchspersonen eine Antworttendenz hinsichtlich *Anschauen* zeigen. Zwei Erklärungsmuster sind hier denkbar und sollen miteinander verglichen werden. Zum einen könnte es sein, dass diese Antworttendenz von der eigentlichen Aufgabe unabhängig ist und hier einfach zum Ausdruck gebracht wird, dass Menschen prinzipiell eher geneigt sind, auf Fragen mit *Ja* als mit *Nein* zu antworten. Hier ist es wichtig zu untersuchen, wie die Versuchspersonen nach ihrer jeweiligen Antwort gefragt wurden. In den meisten Studien lautet die Frage „Wurden Sie gerade angeschaut?" und die Versuchsperson muss dann mit *Nein* oder *Ja* oder entsprechendem Knopfdruck antworten. Zur

Untersuchung dieser Hypothese wäre es interessant, andere Antwortkategorien im Vergleich zu erproben. Ein zweites Erklärungsmuster, das von Rupert Sheldrake vertreten wird, ist, dass die Antworttendenz sich direkt aus der Aufgabe ergibt. Da die Versuchspersonen in diesen Experimenten viel angeschaut werden und darüber auch informiert sind, erhöht sich auch die Antwortfrequenz der Aussage *Ja* bzw. *Ich wurde angeschaut.* Diese Hypothese lässt sich leicht untersuchen, indem man in einem Experiment die Anzahl der *Anschauen*-Durchgänge variiert. Also in einem Set mit 20 Durchgängen könnten die Versuchspersonen zum Beispiel entweder 18, 19 oder 20 Mal angeschaut werden und in einem weiteren Set nur 2, 1 oder kein Mal. Gemäß Sheldrake müsste sich die Anzahl der *Ja*-Aussagen in diesen beiden Sets dann unterscheiden. Ist die Antworttendenz jedoch von der Aufgabe unabhängig, müsste sie wie gewohnt in beiden Sets auftreten.

Dass die Versuchspersonen jedoch überhaupt nach Aufforderung eine von zwei ausgewählten Antworten geben müssen (*forced-choice*), ist einer der markantesten Unterschiede zwischen der experimentellen Situation und dem Alltagsphänomen, bei dem sich der Eindruck, angeschaut zu werden, ja unaufgefordert aufdrängt. Wie dieses Dilemma experimentell anders angegangen werden kann, soll im übernächsten Abschnitt bei einer unserer eigenen Arbeiten gezeigt werden.

Metaanalyse

Interessanterweise gibt es zu den vielen durchgeführten Blickwahrnehmungsexperimenten keine hochwertige Metaanalyse. Dean Radin hat 2005 eine vorläufige Ad-hoc-Zusammenfassung von Studien dieses Typs in einem Kommentar zu Sheldrake publiziert (Radin, 2005). Die Arbeit ist jedoch lediglich eine kurze statistische Zusammenfassung der Experimente zu dieser Fragestellung und lässt einige wichtige Qualitätsmerkmale einer Metaanalyse vermissen (z. B. systematische Literaturrecherche). Radin schließt insgesamt 60 Experimente mit 33.357 einzelnen Durchgängen in seine Metaanalyse ein. Leider wird aus der Publikation nicht klar, welche Arbeiten eingeschlossen wurden. Geht man von den Zitaten im Literaturverzeichnis aus, so wurden mehrere Arbeiten nicht berücksichtigt (z. B. Evans & Thalbourne, 1999; G. T. Rosenthal, Tabony, Soper, & Rosenthal, 1997; Schwartz & Russek, 1999). 30.803 der insgesamt 33.357 Durchgänge, also 92,3 %, stammen von Rupert Sheldrake (1998, 1999, 2000, 2001a, 2001b, 2003, 2005). Somit handelt es sich also fast ausschließlich um eine Metaanalyse der Arbeiten von Sheldrake. Insgesamt ermittelt Radin für alle Studien eine Trefferrate von knapp über 54 %. Es ergibt sich eine Effektstärke von $ES(r) = 0{,}09$ mit einem p-Wert von 10^{-232} Allerdings zeigt sich bei verschiedenen statistischen Modellen zur Zusammenfassung der Experimente eine starke Heterogenität der Studien. Anders ausgedrückt, kann man hier nicht davon ausgehen, dass alle Experimente den gleichen zugrundeliegenden Effekt messen. Bei der Suche nach der Quelle für diese Heterogenität zeigt sich, (1) dass Studien vermutlich selektiv berichtet wurden und einige Studien mit negativem Ausgang eventuell nicht publiziert oder nicht gefunden wurden (*Publikationsbias*, siehe auch Kapitel 4); (2) weiterhin, dass Studien mit direktem Feedback nach jedem Durchgang und einer engen räumlichen Nähe der beiden Versuchspersonen vermutlich Artefakte enthalten (implizites Lernen) und dadurch den wahren Effekt überschätzen. Eine Unterstichprobe von 10 Studien, bei denen die beiden Versuchspersonen räumlich getrennt waren (durch ein Fenster), zeigte eine signifikante Effektstärke von $ES(r) = 0{,}06$ ($p = 0{,}02$). Somit kann also bis zum Vorliegen einer ausführlichen Metaanalyse von einem kleinen, aber signifikanten Effekt bei diesem Studiendesign ausgegangen werden.

Die Größe eines solchen Effektes kann man unter zwei verschiedenen Aspekten beurteilen. Zum einen unter der Fragestellung, ob der Effekt ein Widerspruch zur gegenwärtigen wissenschaftlichen Auffassung ist, nach der es eine solche außergewöhnliche Blickwahrnehmung nicht geben dürfte. Zum anderen aber auch unter der Frage der Bedeutsamkeit einer solchen Wahrnehmung im Alltag. Hinsichtlich der ersten Fragestellung spielt die Größe des Effektes keinerlei Rolle. Hier reicht zumindest theoretisch gesehen der Nachweis eines zuverlässigen, wenn auch verschwindend kleinen Effektes, um den Beweis zu führen. So wie bereits bekanntlicherweise ein schwarzer Schwan genügt, um die Aussage „Alle Schwäne sind weiß“ als falsch zu beweisen. Hinsichtlich der Alltagstauglichkeit des Effektes muss man von der tatsächlichen Effektgröße ausgehen. Die Frage lautet hier, wie oft gelingt es, so es den Effekt überhaupt gibt, via außersinnlicher Blickwahrnehmung korrekt festzustellen, ob man gerade beobachtet wird. Unter der Annahme, dass es den Effekt nicht gibt, kann man dabei von einer zufälligen Trefferrate von 50 % ausgehen. Wenn Radin von einer Trefferrate von ca. 54 % ausgeht (die vermutlich auf der Basis von Artefakten und nicht berichtigten Studien noch nach unten korrigiert werden muss), dann ist dies eher ein kleiner Effekt. Im Durchschnitt kommt dieses Phänomen in nur 4 von 100 Fällen zum Tragen, während gleichzeitig in 46 Fällen immer noch ein Fehler gemacht wird und in weiteren 50 Fällen richtig geraten wird (siehe auch Atkinson, 2005 für eine vertiefte Diskussion).

Methodische Weiterentwicklung: Das Freiburger Experiment

In einem eigenen Experiment, das in den Jahren 2005 und 2006 in Freiburger durchgeführt wurde, wurde versucht, einige Aspekte des bestehenden Paradigmas methodisch weiterzuentwickeln. Die Studie (Müller u. a., 2009) wurde unter der Federführung von Susanne Müller durchgeführt und von der portugiesischen Bial-Stiftung finanziell gefördert. In diesem Experiment wurden die beiden bisherigen Traditionen in einem Design vereint. Konkret handelt es sich um ein Experiment vom Typ B und Typ D gemäß Tabelle 4. Die Versuchspersonen wurden durch eine seitlich angebrachte Videokamera beobachtet, und das Bild war während der Anschauen-Phasen auf einem Monitor in einem vom Versuchsraum weit entfernt gelegenen Büro zu sehen. Als abhängige Variable wurde sowohl die physiologische Variable Elektrodermale Aktivität (EDA) der Versuchsperson aufgenommen als auch ein bewusstes Verhalten aufgezeichnet. Bei der bewussten Variable wurde im Unterschied zum klassischen Paradigma vom Typ A jedoch die *forced-choice*-Situation vermieden und durch eine Prozedur mit höherer externer Validität ersetzt. Das Problem der erzwungenen Antwort (raten, Antworttendenz) wurde weiter oben bereits kurz beschrieben. Wir hielten es für lebensnaher, der Versuchsperson einen Schalter in die Hand zu geben, der auf die beiden Positionen „Ich werde angeschaut" und „Ich werde nicht angeschaut" gestellt werden konnte. Wann immer die Versuchsperson während des Experimentes das Gefühl hatte, angeschaut zu werden, konnte sie diesen Schalter betätigen. Ein direktes Abfragen und das Provozieren einer *Ja*- oder *Nein*-Antwort zu einem bestimmten Zeitpunkt konnte so vermieden werden. Außerdem konnte dieses Vorgehen auch Informationen darüber liefern, wie oft und wie lange die Versuchspersonen eine Blickwahrnehmung haben. Diese Daten liefern einen interessanten Beitrag zur Einschätzung der weiter oben diskutierten Antworttendenzproblematik.

Ein weiterer bisher vernachlässigter Bereich dieser Experimente betraf die Frage, was die anschauende Person während einer Nicht-Anschauen-Periode genau tut, besonders wenn diese länger ist als nur wenige Sekunden, wie dies bei den im nächsten Kapitel beschriebenen Experimenten vom Typ D der Fall ist. In den meisten Studien heißt es dazu nur lapidar: „wendete sich vom Bildschirm ab" oder „beschäftigte sich mit anderen Dingen". Das Problem hier ist aber, dass der indirekte Blick durch den Monitor immer mit der *Intention* des Betrachters kombiniert ist. Geht man nun davon aus, dass eventuell die Intention des/der Beobachter/in der entscheidende Faktor ist, da das Phänomen der außersinnlichen Blickwahrnehmung sowohl bei direktem Anschauen (Typ A) als auch bei indirektem Anschauen (Typ D) aufzufinden ist, so ist es von Bedeutung, was die anschauende Versuchsperson während der Nicht-Anschauen-Perioden gedanklich tut. Hier kommt es zum bekannten Paradox der *Gedankenunterdrückung* (Abramowitz, Tolin, & Street, 2001). Wird man aufgefordert, an etwas Bestimmtes *nicht* zu denken, z. B. an den berühmten rosa Elefanten, dann drängt sich dieser gedankliche Inhalt geradezu auf. Wird also die anschauende Versuchsperson aufgefordert, nicht an die angeschaute Versuchsperson zu denken bzw. sie anzuschauen, so gelingt es ihr vermutlich nur sehr schlecht, die gedankliche Aufmerksamkeit von der anderen Versuchsperson abzuziehen. Dies könnte dazu führen, dass die angeschaute Versuchsperson auch während der Nicht-Anschauen-Perioden die Intention der anschauenden Versuchsperson fühlt und so ein eventueller Blickwahrnehmungseffekt in diesen Studien verwässert wird.

Zur Überprüfung dieser Hypothese kontrastierten wir zwei Bedingungen. In der *Standardbedingung* wurden die Experimente wie bisher durchgeführt. Das heißt, entweder konnte die anschauende Versuchsperson die Anzuschauende auf dem Monitor sehen und damit anschauen, oder das Bild auf dem Monitor verschwand. Stattdessen erschien ein kleines Symbol auf dem Bildschirm und die anschauende Versuchsperson hatte die Aufgabe, an etwas anderes zu denken. In der *Ablenkungsbedingung* erschien während der Nicht-Anschauen-Periode eine Aufmerksamkeits- und Konzentrationsaufgabe. Eine Zahlenmatrix musste möglichst schnell auf die An- oder Abwesenheit von zwei zweistelligen Zahlen untersucht werden. Die Aufgabe war so beschaffen, dass sie die Aufmerksamkeit der anschauenden Versuchsperson während dieser Phase komplett binden konnte. Daher gingen wir davon aus, dass die anschauenden Versuchspersonen nun nicht mehr an die angeschauten Versuchspersonen dachten.

Insgesamt nahmen 50 Versuchspersonen an dieser Studie teil. Das Experiment bestand aus einer Serie von insgesamt 20 randomisierten, einminütigen Phasen (zehn Mal *Anschauen*, zehn Mal *Nicht-Anschauen*). Die angeschaute Versuchsperson verfügte über keinerlei Information hinsichtlich des zeitlichen Ablaufs dieser Sequenz. Sie wurde gebeten, einfach wach und entspannt auf eine sich kontinuierlich bewegende Lavalampe zu schauen und den Schalter zu betätigen, wann immer sie das Gefühl hatte, gerade angeschaut zu werden. Von den 50 Versuchspersonen betätigten sieben Personen den Schalter kein einziges Mal. Die verbleibenden 43 Personen drückten den Schalter im Schnitt 9,9 Mal. Neben der Häufigkeit untersuchten wir auch, wie lange die Versuchspersonen den Schalter in der *Ich werde angeschaut*-Position ließen. Insgesamt war dies in 23,9 % der gesamten Zeit der Fall. Dieser Wert liegt deutlich unter dem Wert von ca. 55 % an positiven Antworten, der unter *forced-choice*-Bedingungen berichtet wird. Basierend auf diesem Ergebnis kann man davon ausgehen, dass die vielfach gefundene positive Antworttendenz durch das wiederholte Fragen provoziert wird. Hinsichtlich einer korrekten Zuordnung der Schalterbetätigung und Schalterstellung zeigte sich kein signifikanter Zusammenhang zur jeweiligen Experimentalphase. Es konnte also kein außergewöhnlicher Blickwahrnehmungseffekt bezüglich der bewussten Antwort gefunden werden.

Ganz ähnlich verhielt es sich bei der physiologischen Aktivierung, die mittels der elektrodermalen Aktivität gemessen wurde. Auch hier zeigte sich kein signifikanter Unterschied zwischen den *Anschauen*- und *Nicht-Anschauen*-Phasen. Die dritte Auswertung bezog sich auf die Ablenkungsbedingung in den Nicht-Anschauen-Perioden. Auch hier zeigte sich kein signifikanter Effekt. Bei der Schalterstellung zeigte sich jedoch eine Tendenz in Richtung unserer Hypothese. Wenn die anschauende Person aktiv abgelenkt wurde, zeigte sich ein mittelgroßer Blickwahrnehmungseffekt (ES(d) = 0,43), der beinahe signifikant war ($p = 0{,}08$). Auch im Unterschied dieser Bedingung zur Standardbedingung zeigte sich ein annähernd signifikanter Effekt ($p = 0{,}07$). Hierbei muss man sicherlich zuallererst an einen Zufallsbefund denken. Da der Effekt jedoch in der vorhergesagten Richtung ist, kann man ihn auch dahingehend interpretieren, dass die Ablenkung der anschauenden Versuchsperson tatsächlich zu einem deutlicheren Blickwahrnehmungseffekt führt und in unserer Studie die Fallzahl zu gering war.

Alles in allem kann in dieser Studie nochmals das typische Dilemma dieser sogenannten prozessorientierten Fragestellungen in der Parapsychologie gezeigt werden. Da der Primäreffekt, hier die außergewöhnliche Blickwahrnehmung, aus was für Gründen auch immer, nicht in jedem Experiment gefunden wird, bleibt es ein Lotteriespiel, ob die prozessbezogenen Fragestellungen überhaupt beantwortet werden.

Abschließende Bewertung

Es ist bereits an mehreren Stellen dieser Übersichtsarbeit deutlich geworden, dass viele interessante Fragestellungen zur außergewöhnlichen Blickwahrnehmung bisher noch nicht untersucht worden sind. Das Feld ist dominiert von den Arbeiten von Rupert Sheldrake und von den simplen Experimenten vom Typ A. Diese vielen homogenen Experimente sind sicherlich eine gute Voraussetzung für Metaanalysen, vor allem, wenn es sich, wie es hier der Fall ist, um sehr kleine Effektstärken handelt. Auf der anderen Seite wäre es aber auch wünschenswert, mehr Variationen und mehr prozessbezogene Fragestellungen zu untersuchen. Gary Schwartz und Linda Russek (1999) haben in einem Blickwahrnehmungsexperiment untersucht, ob ein Blick aus der Ferne auf den Hals von einem Blick auf den Rücken unterschieden werden kann, und fanden in der Tat einen signifikanten Unterschied in einem von zwei Experimenten. Solche Experimente können dem Feld neue Impulse geben und eventuell auch zu interessanten Entdeckungen führen. Rupert Sheldrake setzt in letzter Zeit vermehrt auf Internetexperimente. Im Hinblick auf Blickwahrnehmungsexperimente ist dieser Ansatz nicht sinnvoll. Diese Experimente bedürfen, wie hier sicherlich deutlich wurde, einiger Kontrollen und eines sorgfältigen Aufbaus und sind daher, auch wenn es auf den ersten Blick nicht so scheint, nicht für Laien geeignet. Die Daten aus den Internetexperimenten sind daher nicht belastbar und können nicht metaanalytisch verwertet werden.

Eine wichtige und bisher noch annährend unbearbeitete Frage ist, ob es für das Phänomen überhaupt des Blickes bedarf oder ob dieser nur ein Aufhänger für eine gedankliche und damit intentionale Zuwendung ist. Leider ist diese Frage bisher nicht ausreichend empirisch untersucht worden. In einem entsprechenden Experiment könnte man z. B. die Bedingung nur Intention (Vorstellung der Person mit geschlossenen Augen oder Anschauen eines Fotos der Person) mit der Bedingung Intention plus indirekter Blick (indirekte Beobachtung über Monitor und Kamerasystem) vergleichen. Eine ähnliche Frage wurde bisher nur einmal ebenfalls von Schwartz und Russek (1999) exploratorisch geprüft. Die anschauende Versuchsperson schaute dabei einmal direkt die andere Versuchsperson an und schloss in der anderen Bedingung die Augen und stellte sich das Anschauen nur vor. Der Unterschied zwischen diesen Bedingungen war nicht signifikant, aber in beiden Bedingungen wurden signifikante Trefferraten erzielt (56 % für direktes Anschauen und 60 % für vorgestelltes Anschauen). Außerdem wurden bisher noch keine Untersuchungen hinsichtlich der Qualität des Blickes vorgenommen. Wird ein liebevoller sorgender Blick anders wahrgenommen als ein aggressiver oder als ein abwertender Blick? In diesem Zusammenhang wäre es sicherlich auch interessant zu untersuchen, wann eine Blickwahrnehmung zu einer physiologischen Beruhigung oder Erregung führt.

Hinsichtlich der Gesamtbewertung fehlt hier eine qualitativ hochwertige Metaanalyse, die Aspekte wie Publikationsbias und Studienqualität adäquat berücksichtigt. Die vorliegenden Einzelstudien und Zusammenfassungen weisen auf einen kleinen Effekt hinsichtlich außergewöhnlicher Blickwahrnehmung hin.

10. Experimente zur Direkten Mentalen Interaktion (DMILS)

Beschreibung

Unter *Experimenten zur Direkten Mentalen Interaktion* gruppiert man Studien, bei denen eine Person versucht, mit einer anderen Person aus der Ferne zu interagieren. Das Besondere ist, dass diese Interaktion nicht über bewusste Inhalte erfolgt, sondern über *physiologische* oder *verhaltensbezogene* Maße. Diese Art von Studien wird auch oft unter dem Akronym *DMILS* zusammengefasst. Diese Abkürzung wurde 1991 zum ersten Mal von William Braud und Marilyn Schlitz (Braud & Schlitz, 1991, S. 3) verwendet. *DMILS* stand damals für *„...direct mental influence of living systems...“*. Da diese Beschreibung die Behauptung einer kausalen Beeinflussung aufstellte und diese Behauptung im Widerspruch zu verschiedenen parapsychologischen Erklärungsmodellen steht (siehe auch Kapitel 14), hat Braud (1994, S. 79) den Begriff *influence* durch *interaction* ersetzt. DMILS steht nun also für *direct mental interaction of living systems*.

Heute wird unter diesem Namen eine Serie von parapsychologischen Experimenten zusammengefasst, die untersuchen, ob eine Person mit bestimmten, vorher festgelegten Eigenschaften eines anderen lebenden Systems aus der Ferne interagieren kann. So wurden z. B. Experimente durchgeführt, in denen eine Versuchsperson versuchte, die Elektrodermale Aktivität (EDA) einer zweiten Versuchsperson zu aktivieren, sprich den allgemeinen Erregungszustand dieser Person (der mit EDA assoziiert wird) zu erhöhen. In anderen DMILS-Experimenten versuchten Versuchspersonen, das Verhalten einer mongolischen Wüstenspringmaus im Laufrad (Braud, 1979), die räumliche Orientierung eines Messerfisches (Braud, 1979), die Hämolyserate einer Blutkonserve (Braud, 1990) oder die Konzentrationsfähigkeit eines Menschen (Braud, Shafer, McNeill, & Guerra, 1995) zu beeinflussen. Mit diesem Forschungsansatz wurde eine Vielzahl unterschiedlicher Experimente durchgeführt. Ein Überblick über alle veröffentlichten Arbeiten zeigt, dass sich innerhalb dieser DMILS-Experimente vor allem drei Paradigmen herausgebildet haben, die häufig und an verschiedenen Orten wiederholt wurden. Bei dem am häufigsten durchgeführten Experiment versucht die eine Versuchsperson, die EDA einer zweiten Versuchsperson intentional zu verändern. Diese Studien werden hier als *EDA-DMILS-Experimente* bezeichnet. Dazu gesellen sich seit Anfang der 1990er Jahre eine Anzahl von Experimenten, die meist unter der Überschrift *Remote Staring* (Braud u. a., 1993b) zusammengefasst werden. Diese Studien untersuchen die Fragestellung, ob eine Person spürt, wenn sie aus der Ferne angeschaut wird, dies jedoch selbst nicht sehen kann. Gemäß der im vorigen Kapitel vorgenommenen Charakterisierung von Blickwahrnehmungsexperimenten handelt es sich dabei um Experimente vom Typ D (indirektes Anschauen via Kamera und Monitor und Messung einer physiologischen Reaktion). Ein drittes Paradigma, das ebenfalls von William Braud angestoßen wurde, untersucht die Frage, ob man einer Person aus der Ferne bei einer Konzentrationsaufgabe helfen kann. Dieser Studientyp wird als *Attention Focusing Facilitation Experiment* (AFFE) bezeichnet. Im Folgenden sollen die drei Experimentalaufbauten und -abläufe genauer dargestellt werden.

Die Experimente

EDA-DMILS

Untersucht wird die Fragestellung, ob es einen Zusammenhang zwischen einer gerichteten, intentionalen Anstrengung einer Versuchsperson und einer der autonomen Erregung einer zweiten Versuchsperson, gemessen über die Elektrodermale Aktivität (EDA), gibt. Dazu werden zwei Versuchspersonen in zwei verschiedene, idealerweise akustisch und elektromagnetisch abgeschirmte Räume separiert. Dann wird die eine Versuchsperson (‚Sender/in') gebeten, in aufeinanderfolgenden Perioden von meist 30-60 Sekunden Länge, die zweite entfernte Versuchsperson (‚Empfänger/in') entweder zu aktivieren oder zu beruhigen. Bei dieser zweiten Versuchsperson wird zeitgleich kontinuierlich die elektrodermale Aktivität aufgezeichnet. Ein DMILS-Versuch dauert ca. 20-30 Minuten. Der ‚Sender/in' werden in der Regel auf dem Bildschirm die jeweiligen Instruktionen (z. B. Aktivieren oder Beruhigen) in einer randomisierten und balancierten Reihenfolge präsentiert. Eine Periode dauert für gewöhnlich zwischen 30-60 Sekunden und eine DMILS-Sitzung besteht meist aus 12-20 solcher Perioden. Die Anzahl und Dauer der Perioden für jede der beiden Bedingungen muss identisch sein. Oft werden der ‚Sender/in' auf dem Bildschirm auch noch die momentanen physiologischen Daten der ‚Empfänger/in' zurückgemeldet (Feedbackbedingung), so dass sie ungefähr abschätzen kann, ob ihre Bemühungen erfolgreich sind. Zur Auswertung werden verschiedene EDA-Kennwerte für beide Bedingungen separat berechnet und diese gegeneinander auf signifikante Unterschiede geprüft. Ein signifikanter Unterschied kann bei einem gut kontrollierten Experiment lediglich dahingehend interpretiert werden, dass der Organismus der einen Person und die intentionale Anstrengung der anderen Person gemeinsam variieren, ein Umstand, der mit dem gängigen dominanten wissenschaftlichen Weltbild nicht zu erklären ist. Dieser Zusammenhang zwischen Intention und tatsächlicher physiologischer Veränderung ist der Grund, warum DMILS-Experimente oft mit dem Phänomen der Fernheilung in Verbindung gebracht werden. Hier wird die prinzipielle Frage untersucht, ob eine Person aus der Ferne mit den körperlichen, physiologischen oder gesundheitlichen Aspekten einer anderen Person interagieren kann. DMILS-Experimente können also als vereinfachte Laborsimulationen von Kontexten wie Fürbitten, Geistheilung, Voodoo oder ähnlichem interpretiert werden (S. Schmidt, 2002, im Druck).

Remote Staring

Beim *Remote-Staring*-Experiment wird, wie gesagt, untersucht, ob Menschen es merken, wenn sie aus der Distanz angeschaut werden. Auch hier werden zwei Versuchspersonen in getrennten Räumen platziert. Die eine Versuchsperson (beobachtete Versuchsperson) erhält die Aufgabe, sich während des Experimentes wach, aber entspannt zu verhalten. Bei ihr wird die Elektrodermale Aktivität als physiologische Zielvariable aufgezeichnet. Die Versuchsperson wird während des Experiments mit einer Kamera gefilmt und das Bild wird in den Raum der zweiten Versuchsperson (beobachtende Versuchsperson) auf einen Monitor übertragen. In einer randomisierten und balancierten Reihenfolge soll diese beobachtende Versuchsperson nun wahlweise die andere Versuchsperson für die Dauer einer Periode (30-60 Sekunden) auf dem Monitor anschauen bzw. nicht anschauen. Meist werden zehn Perioden mit der Bedingung Anschauen mit zehn Perioden der Bedingung Nicht-Anschauen gemischt. Nach Abschluss dieser Experimentalphase werden die physiologischen Werte der beiden Bedingungen miteinander verglichen und auf signifikante Unterschiede geprüft. Ein signifikanter Unterschied der EDA bei diesen Bedingungen kann auch hier unter gut kontrollierten Bedingungen nur dahingehend interpretiert werden, dass der Organismus der beobachteten Versuchsperson und das Beobachten aus der Ferne gemeinsam variieren (S. Schmidt, 2002, 2008).

Attention Focusing Facilitation Experiment (AFFE)

Bei diesem dritten Experiment wird im Unterschied zu den beiden vorherigen kein psychophysiologisches Maß als abhängige Variable eingesetzt, sondern stattdessen eine verhaltensbezogene Variable verwendet. Auch hier werden zwei Personen auf zwei Räume verteilt. Beide Räume verfügen über eine Sitzgelegenheit und über eine Kerze, die vor dem Stuhl steht. Die Aufgabe der ersten Versuchsperson ist es nun, sich auf diese Kerze zu konzentrieren und die Aufmerksamkeit dort zu halten. Bemerkt die Person, dass sie diesen Aufmerksamkeitsfokus verloren hat und in Gedanken abgeglitten ist, dann soll sie jedes Mal kurz einen Knopf drücken. Es handelt sich hier um eine Aufgabe, die einer einfachen Meditation oder Aufmerksamkeitsregulationsübung ähnlich ist. Die Intention der zweiten Person besteht nun darin, die Zielperson bei deren Aufgabe wechselweise zu unterstützen oder nicht zu unterstützen. Dies tut sie, indem sie sich entweder auch auf ihre gleich aussehende Kerze konzentriert und sich dabei mental mit der Zielperson verbindet oder dies unterlässt. Auch hier wechseln Perioden von 60-120 Sekunden Länge in einer randomisierten und balancierten

Reihenfolge miteinander ab, die jeweilige Bedingung wird auf einem Monitor angezeigt. Die abhängige Variable ist die Anzahl der Knopfdrücke. Eine hohe Anzahl von Knopfdrücken steht dabei für eine schlechtere Konzentration. Verglichen werden die Knopfdrücke während der Unterstützungs- und Nicht-Unterstützungsphasen und es wird statistisch getestet, ob die Knopfdrücke der einen Person mit den Unterstützungsanstrengungen der anderen gemeinsam variieren. Wegen des unterstützenden Charakters des Experiments wird es gelegentlich auch als *Remote Helping*-Experiment, also Helfen aus der Ferne bezeichnet. Im Unterschied zu den beiden vorherigen ist es technisch einfacher zu realisieren (Braud u. a., 1995; S. Schmidt, 2012a).

Historischer Überblick

Vorläuferstudien

Beim Aufkommen der ersten DMILS-Experimente Ende der 1970er Jahre war die Verwendung von psychophysiologischen Maßen anstelle bewusster Antworten als abhängige Variable das Besondere. Damit rückte der Aspekt der unbewussten Psi-Vermittlung und -Verarbeitung in den Fokus des Interesses. Es könnte ja sein, so die Argumentation, dass die Versuchsperson selbst die Interaktion mit einer entfernten Versuchsperson gar nicht bewusst bemerkt, aber ihr Körper, insbesondere ihre Physiologie trotzdem darauf reagiert. Die Tendenz, sich auf physiologische Korrelate und Maße in der Psi-Forschung zu konzentrieren, war bereits in den 1960er Jahren aufgekommen (Tart, 1963). Erste psychophyisologische Psi-Studien finden sich bei Tart (1963), Beloff, Cowles, & Bate (1970) und Dean (1971). Eine Übersicht findet sich auch bei Morris (1977) und Schmidt (2002).

Doch die Geschichte DMILS-ähnlicher Experimente reicht noch weiter zurück. Denn Studien mit verwandter Fragestellung wurden bereits von dem Russen Leonid. L. Vasiliev (1891 – 1966) in den 1920er und 1930er Jahren im damaligen Leningrad durchgeführt. Ein Buch über diese Experimente erschien unter dem Titel *Experiments in Mental Suggestion* erstmals 1963 in englischer Sprache (Vasiliev, 1963). Die Entdeckung des EEGs durch Hans Berger 1924 sowie die Wirkung der Hypnose hatten, laut Vasiliev, einige Forscher auf die Idee gebracht, dass bestimmte Phänomene, zum Beispiel die Beeinflussung durch Hypnose oder Telepathie, eventuell über elektromagnetische Felder übertragen werden könnten (‚radio brainwaves'). Angeregt durch die Experimente des Italieners Cazzamalli, begann Vasiliev 1926 mit den ersten Experimenten zur Fernbeeinflussung. Dazu wurde eine Versuchsperson in tiefe Hypnose versetzt. Der Versuchsleiter, der hinter der Versuchsperson stand, bekam auf einem Blatt Papier die Beschreibung einer Körperbewegung genannt (z. B. linken Arm heben). Anschließend imaginierte er intensiv und konzentriert, dass die Versuchsperson diese Bewegung ausführt. Andere anwesende Personen kontrollierten den Ablauf des Experimentes und notierten, ob die Versuchsperson sich tatsächlich gemäß der mentalen Suggestion verhielt.

In den folgenden Jahren führten Vasiliev und seine Kollegen diese Art von Experimenten in zahlreichen Variationen durch. Aus den Übersichtstabellen geht hervor, dass in den meisten, wenn auch nicht in allen Experimenten, die Versuchspersonen dazu gebracht wurden, das entsprechende Zielverhalten auszuführen. Variationen bestanden darin, dass die Versuchspersonen sich in einem elektromagnetisch abgeschirmten Raum befanden, die Distanz zwischen der sendenden Versuchsleiter/in und der Versuchsperson vergrößert oder das erwünschte Zielverhalten variiert wurde.

Im Folgenden soll eine von Vasilievs Versuchsserien näher beschrieben werden, die vielleicht die größte Ähnlichkeit zum heutigen DMILS-Aufbau hat. Es handelt sich dabei um Experimente, in denen die Versuchsleiter/in mit Mitteln der ‚mentalen Suggestion' versuchte, die Versuchsperson zum Einschlafen oder Aufwachen zu bringen. Bei diesen Experimenten lag die Versuchsperson auf einem Bett und hatte die Aufgabe, einen Ballon in ihrer Hand rhythmisch zu drücken. Über den variierenden Luftdruck wurde der Stift eines Polygraphen bewegt, der diese Bewegungen aufzeichnete. Ein Ausbleiben der Bewegung wurde mit Einschlafen, ein Wiedereinsetzen mit Aufwachen gleichgesetzt. Die ‚Sender/in' befand sich in einem anderen Raum. Eine gewisse Zeit nach Beginn des Experimentes imaginierte sie, dass die Versuchsperson einschlafe, einige Zeit später wiederum befahl sie der Versuchsperson, wieder zu erwachen. Vasiliev berichtet, dass sich in 260 solcher Experimente die Versuchsperson bei knapp 90 % der Versuche gemäß der Suggestion verhielt. Die Mittelwerte für das Zeitintervall zwischen Suggestion und Zielverhalten (Einschlafen oder Aufwachen) betragen dabei 3-4 Minuten.

In einer weiteren Serie von Kontrollexperimenten überprüften Vasiliev und seine Kollegen kritisch ihre Experimente und versuchten, Schwachstellen und andere Übertragungswege auszuschließen. So versuchten sie z. B. zu überprüfen, ob der beobachtete Effekt tatsächlich über ein elektromagnetisches Signal vermittelt wird, indem sie die Distanz zwischen Sender/in und Versuchsperson systematisch variierten und verschiedene elektromagnetische Abschirmungen aufbauten. Nachdem das Experiment auch über die Distanz Leningrad-Sebastopol (1.700 km) erfolgreich war, und die Versuchsperson einmal nach einer und einmal nach 3,5 Minuten nach der mentalen Suggestion eingeschlafen war, kam Vasiliev zu der Schlussfolgerung, dass diese Art der Telepathie ähnlich wie Radiowellen über weite Strecken funktioniert, dass sie sich aber in Abgrenzung zu diesen nicht durch eine metallische Abschirmung behindern lassen (Vasiliev, 1976, S. 156).

Der Beginn der DMILS-Forschung: San Antonio

Die Wiege der DMILS-Forschung liegt im Forschungslabor der *Mind Science Foundation*, San Antonio, Texas und geht auf William Braud (1942-2012) zurück. Das erste DMILS-Experiment wurde im Jahre 1977 berichtet (Braud, 1978). Diese Studie untersucht gleich drei für die Parapsychologie interessante Fragestellungen. Den Versuchspersonen dieses Experimentes wurde mitgeteilt, dass untersucht werde, inwieweit sich Entspannung auf die Fähigkeit, *hellzusehen*, auswirke. Die Versuchspersonen wurden dazu in den sogenannten Ganzfeldzustand (siehe Kapitel 5) versetzt. Während dieses Vorgangs wurde auch eine kontinuierliche Messung der Elektrodermalen Aktivität (EDA) vorgenommen, angeblich um den Grad der Entspannung zu überprüfen. In Wirklichkeit saß jedoch William Braud in einem anderen Versuchsraum vor dem EDA-Polygraphen und versuchte, die Versuchsperson in unterschiedlichen Perioden aus der Entfernung zu aktivieren oder zu entspannen. Alle 30 Sekunden begann eine neue Periode. Ob Braud innerhalb dieser Periode zu aktivieren oder beruhigen versuchte, wurde von einem echten Zufallsprozess mittels *Random Event Generator* (REG) entschieden. Diese Entscheidung wurde Braud durch anregende oder entspannende Musik mittels Kopfhörer signalisiert. Nach Abschluss dieser DMILS-Phase, von der die Versuchspersonen nichts wussten, wurden sie aufgefordert, ein Experiment zum Hellsehen auszuführen. In einem versiegelten Briefumschlag auf ihrem Schoß befand sich ein Dia, das aus einem Target Pool mit 1024 Bildern per Zufall ausgewählt worden war. Die Versuchsperson sollte sich auf den Umschlag konzentrieren und versuchen, einen Eindruck des Bildes zu erlangen. Dieser Eindruck wurde nach Beendigung der Ganzfeld-Stimulation anhand eines speziellen Systems kodiert. Braud führte dieses Experiment zweimal mit jeweils zehn Versuchspersonen durch. Der einzige Unterschied zwischen dem ersten und zweiten Experiment bestand darin, dass die Versuchspersonen im zweiten Experiment über die versuchte ‚Fernbeeinflussung' informiert wurden. In beiden Experimenten ergab sich ein signifikanter Unterschied in der EDA zwischen *Aktivieren* und *Beruhigen* Phasen ($p < 0{,}02$ und $p < 0{,}01$).

In den folgenden Jahren variierte Braud dieses Design weiter und versuchte sich an verschiedenen Zielsystemen, unter anderem auch mit Tieren und Blutkonserven (siehe oben). Ab dem Jahre 1982 wirkte die Medizinanthropologin Marilyn Schlitz bei diesen Experimenten mit. Bis zur Schließung des Labors im Jahre 1991 führten sie insgesamt 39 DMILS-Experimente durch (Braud & Schlitz, 1989a, 1991). Eine detaillierte Beschreibung und Übersicht dieser Arbeiten findet sich bei Schmidt (2002).

Dabei fokussierten sie sich nach und nach immer mehr auf das meist erfolgreiche EDA-DMILS-Paradigma. Diese verwendeten sie, um zahlreiche prozessorientierte Fragestellungen zu untersuchen. So experimentierten sie zum Beispiel mit Heiler/innen als Sender/innen (Schlitz & Braud, 1985), untersuchten, ob die Empfänger/innen den Prozess blockieren konnten (Braud, Schlitz, Collins, & Klitch, 1985) oder ob Versuchspersonen mit unterschiedlich aktiver EDA im Experiment unterschiedlich reagierten (Braud & Schlitz, 1983).

In einer weiteren Variation im Jahre 1990 wurde die EDA-Kurve auf dem Monitor der ‚Sender/in' durch ein mittels Kamera aufgenommenes Echtzeitbild der zweiten Versuchsperson ersetzt (Braud, Shafer, & Andrews, 1990). Nun lautete die Aufgabe, die andere Versuchsperson entweder anzuschauen (meist für eine Minute) oder sich vom Monitor abzuwenden und sich mit etwas anderem zu beschäftigen. Damit war das *Remote Staring*-Paradigma geboren. Braud und Kollegen führten in San Antonio vier eigene Studien zu dieser Fragestellung durch (Braud u. a., 1993a, 1993b). Im allerersten Experiment zeigten 16 Versuchspersonen in den Perioden, in denen sie angeschaut wurden, im Vergleich zu den Kontrollperioden signifikant *stärker* erregte EDA-Daten. In einer darauf folgenden Studie absolvierten weitere 16 Versuchspersonen vor Beginn des Experiments ein zwanzigstündiges ‚Verbundenheitstraining', an dem auch die Person teilnahm, die in allen Durchgängen die Rolle der anschauenden Person übernahm. In dieser Studie hatten die Versuchspersonen während der Perioden, in denen sie angeschaut wurden, eine signifikant *ruhigere* EDA; der Effekt aus dem ersten Experiment hatte sich ins Gegenteil verkehrt. Die beiden nächsten Experimente waren als Replikation der ersten beiden geplant. Beide erzielten Ergebnisse um das Signifikanzniveau von $p = 0{,}05$. Interessanterweise wurden die Versuchspersonen hier ebenfalls ruhiger, während sie angeschaut wurden, obwohl hier kein Verbundenheitstraining stattfand. An eines dieser Replikationsexperimente wurde noch eine Kontrollbedingung angeschlossen, bei der die anschauende Person in keiner der beiden Bedingungen auf den Monitor schaute. Dieses Kontrollexperiment erbrachte die unter Zufallsbedingungen erwarteten Resultate.

Das erste AFFE-Experiment wurde 1995 publiziert und beruht ebenfalls auf den Arbeiten in San Antonio (Braud u. a., 1995). Braud hatte bereits vorher einige Experimente durchgeführt, bei denen verhaltensbezogene Maße zum Einsatz kamen. In einer Studie wurde eine Versuchsperson gebeten, ein Pendel mit geschlossenen Augen zu halten, während eine zweite Person versuchte, mittels intentionaler Anstrengung das Pendel entweder im Kreis oder in einer Linie zu schwingen (Braud & Jackson, 1982). In einem weiteren Experiment musste der/die Empfänger/in einen Metallstab ruhig in einem Loch in einer Metallplatte halten, ohne die Platte dabei selbst zu berühren (Braud, Schlitz, & Schmidt, 1989). Im Jahre 1991 mussten Braud und Schlitz ihr Labor aus finanziellen Gründen schließen. Die DMILS-Forschung wurde nun in anderen parapsychologischen Laboren fortgeführt.

Weiterführung der DMILS-Forschung

Im Jahre 1993 reiste Braud nach Edinburgh und besuchte das dortige parapsychologische Labor, die *Koestler Parapsychology Unit* (KPU), die durch das Legat des Schriftstellers Arthur Koestler (1905 – 1983) gegründet und finanziert wurde. Leiter dieser Abteilung war der amerikanische Psychologe Robert Morris (1942 – 2004). Zusammen mit den Forscher/innen vor Ort baute Braud hier ein neues DMILS-Labor auf und brachte dazu eigens Hard- und Software für die EDA-Aufzeichnung mit. So wurde das erste DMILS-Experiment außerhalb von San Antonio durchgeführt (Radin, Taylor, & Braud, 1995). Zu dieser Zeit befand sich auch Dean Radin in Edinburgh, der später zwei EDA-DMILS- Experimente am *Consciousness Research Laboratory* in Las Vegas durchführte (Rebman, Radin, Hapke, & Gaughan, 1996; Wezelman, Radin, Rebman, & Stevens, 1996). In Edinburgh wurde die EDA-DMILS-Forschung vor allem von Deborah Delanoy weitergeführt (Delanoy & Sah, 1994). Delanoy und Morris wurden zwischen 1996 und 1998 wiederholt nach Freiburg in das dortige Institut für Grenzgebiete der Psychologie und Psychohygiene (IGPP) eingeladen. Das Institut war ebenfalls durch ein Legat zu Geld gekommen und war nun bestrebt, in neuen Räumlichkeiten ein hochwertiges Versuchslabor einzurichten. Morris und Delanoy waren mit der Aufgabe betraut, dort einen EDA-DMILS-Aufbau einzurichten. Sie kauften zwei neue identische Aufnahmeeinheiten für die EDA-Messung, eine für Edinburgh und eine für Freiburg. Allerdings blieb unbemerkt, dass die beiden neuen Geräte lediglich die sich langsam ändernde *tonische* EDA- Komponente maß, während Braud eine reaktivere und sich schneller ändernde Variable, die *phasische* EDA, verwendet hatte. In diesen beiden Labors wurden von 1998-1999 insgesamt neun Studien mit 331 Sitzungen durchgeführt (Delanoy, Morris, Brady, & Roe, 1999a, 1999b; Schneider, Binder, & Walach, 2000; Watt, Ravenscroft, & McDermott, 1999).

Qualität der EDA-Forschung in EDA-DMILS- und Remote Staring-Studien

Nach Fertigstellung der Experimentalaufbauten und Durchführung der ersten Experimente in Freiburg wurde das Labor hinsichtlich der Angemessenheit seiner EDA-Messeinrichtung untersucht. In Zusammenarbeit mit zwei EDA-Experten der Universität Wuppertal konnte herausgefunden werden, dass der Versuchsaufbau nicht den international in der Forschung üblichen Standards (Boucsein, 1988; Fowles u. a., 1981; Lykken & Venables, 1971) entspricht. Dies traf insbesondere auf die verwendeten Elektroden, das Elektrodengel und die Spannung, die an die Elektroden angelegt wurde, zu. Außerdem zeigte sich, wie bereits oben erwähnt, dass das Gerät nicht in der Lage war, die phasische EDA auszukoppeln, die Braud in San Antonio als Zielvariable verwendet hatte. Als Resultat dieser Analyse wurde das Freiburger und das Edinburgher Labor erneut umgebaut und mit einer adäquaten EDA-Messanlage versehen. Außerdem wurde eine kritische Reanalyse der bisherigen DMILS-Studien vorgenommen, die untersuchte, ob die verwendeten EDA-Methoden dem Stand der Technik entsprachen (S. Schmidt & Walach, 2000a, 2000b). Dazu wurden die Beschreibungen der EDA-Messungen in allen bisherigen DMILS-Publikationen analysiert und mit den Beschreibungen konventioneller EDA-Studien, wie sie in zwei führenden Zeitschriften zwischen 1995 und 1999 publiziert wurden, verglichen. Es zeigte sich, dass in allen 25 parapsychologischen Publikationen die EDA-Messung nur unzureichend beschrieben war und dass nicht eine Studie nachweisen konnte, dass ihre Messung dem aktuellen Standard entspricht. Die Autor/innen hatten oft nur ein unzureichendes Verständnis von den Charakteristiken und Dynamiken der EDA und welche unterschiedlichen Variablen sich aus den Rohdaten ableiten lassen. Es wurden die falschen Elektroden verwendet, Elektrodengel, das nicht für EDA-Messung geeignet ist, und die Daten wurden mit einer ungenügenden Datenrate aufgezeichnet. Ob diese Unzulänglichkeiten direkt in falsch positive Resultate führten oder aber auch verhinderten, dass eventuelle Unterschiede gefunden wurden, ist im Nachhinein nur schwer zur beurteilen. Bei der Metaanalyse der DMILS-Experimente wurde jedoch daraufhin die Qualität der EDA-Messung miterhoben (siehe unten).

Neuere Arbeiten

Im Freiburger und Edinburgher Labor wurde nach Aufdeckung der Probleme mit der EDA-Messung im Jahre 1999 eine neue, adäquatere EDA-Messeinheit installiert. In Freiburg wurde dazu zunächst eine Pilotstudie durchgeführt, bei der alle Prozeduren erprobt und auch verschiedene unterschiedliche statistische Auswertungsstrategien verglichen wurden (S. Schmidt, Schneider, Binder, Bürkle, & Walach, 2001). Die Pilotstudie war mit einer Effektstärke von ES(*d*)=0,41 überraschend erfolgreich. Interessanterweise hatten wir vor Beginn der Studie im Team festgelegt, dass diese Studie aufgrund ihres Pilotcharakters nicht als eine konfirmatorische Studie zu betrachten sei und daher auch explizit nicht in Metaanalysen berücksichtigt werden solle. Mit dem so erfolgreich geprüften Versuchsaufbau folgten nun in Freiburg und Edinburgh elf weitere Studien, die verschiedene prozessorientierte Fragestellungen untersuchten (Delanoy, Roe, & Brady, 2001; Schneider, Binder, & Walach, 2001; Schneider, 2002). In einer eigenen Studie (S. Schmidt, 2002) wurde die Fragestellung untersucht, ob Personen, die einander nahe stehen, bessere Resultate in DMILS-Experimenten erzielen als solche, die sich kaum oder gar nicht kennen. Um dies zu untersuchen, wurde extra ein Fragebogen entwickelt, der die Verbundenheit zwischen zwei Personen erfassen sollte, der *Fragebogen zur Einschätzung einer Beziehung* (FEB) (S. Schmidt, 2002; Tippenhauer, 2000). In der folgenden DMILS-Studie untersuchten wir dann mit exakt demselben Versuchsaufbau, wie in der erfolgreichen Pilotstudie, 48 Versuchspersonenpaare, die auf dem Fragebogen einen unterschiedlichem Grad an Verbundenheit aufwiesen. Ein Studienprotokoll, das jede Einzelheit des Versuchsaufbaus und auch der Auswertung detailliert darlegte, wurde vor dem Beginn des Experiments hinterlegt. Die Studie zeigte keinerlei DMILS-Effekte. Die Daten bildeten mehr oder weniger exakt die Normalverteilung ab, so wie man sie unter Zufallsbedingungen erwarten würde.

William Braud und Marilyn Schlitz verfassten zwei Übersichtsarbeiten über die große Serie von DMILS- und Remote Staring-Experimenten, die sie an der Mind Science Foundation in San Antonio durchführten (Braud & Schlitz, 1989a, 1991). Hierbei handelt es sich jedoch um simple Aufaddierungen von Effektstärken, ohne prinzipielle methodische Überlegungen, die bei einer Metaanalyse bedeutsam sind, zu berücksichtigen. Die bisher einzigen vollständigen Metaanalysen aller verfügbaren Studien zu *EDA-DMILS* und zu *Remote Staring*, die bis einschließlich Ende 2000 abgeschlossen worden waren, wurden von mir im Rahmen meiner Promotion durchgeführt (S. Schmidt, Schneider, Utts, & Walach, 2004; S. Schmidt, 2002). Nachdem in den 2000er Jahren vermehrt Experimente des AFFE-Typs durchgeführt worden waren, wurden diese in einer dritten Metaanalyse 2012 zusammengefasst (S. Schmidt, 2012a).

Im Rahmen der *EDA-DMILS-* und *Remote Staring*-Metaanalyse wurde auch detailliert die methodische Qualität der Primärstudien berücksichtigt. Dies geschah, indem alle Studien hinsichtlich ihrer methodischen Aspekte detailliert kodiert wurden. Aus dieser Merkmalsliste wurden dann drei Qualitätsindices gebildet. Einer für Sicherheitsvorkehrungen mit 5 Items, einer für die Qualität der EDA-Erfassung (7 Items) und ein Dritter für die allgemeine methodische Qualität (5 Items). Alle drei Indices wurden dann noch zu einem Gesamtindex kombiniert. Insgesamt konnten bei einer ausführlichen Literatursuche, die explizit auch unpubliziertes Material einschloss, 40 *EDA-DMILS* und 15 *Remote Staring*-Studien gefunden werden. Aus dieser Menge mussten vier EDA-DMILS-Studien ausgeschlossen werden, da die Randomisation der Abfolgen nicht ausreichend balanciert war.

Bei den verbleibenden 36 *EDA-DMILS*-Studien (1015 Einzelsitzungen) zeigte sich ein sehr heterogenes Qualitätsspektrum. Die Gesamtqualität der Studien korrelierte negativ mit den jeweiligen Effektstärken ($r = 0{,}40$). Das bedeutet, dass mit steigender methodischer Qualität der Studien die Effekte kleiner werden. Dies kann als ein Hinweis darauf gewertet werden, dass eventuell Artefakte in den Daten enthalten sind. Daher wurden in der Metaanalyse die Studien mit ihrem Qualitätsindex gewichtet. Insgesamt ergab sich eine Effektstärke von $ES(d) = 0{,}11$, die sich als signifikant erwies ($p = 0{,}001$) siehe Tabelle 5.

Bei den 15 *Remote Staring*-Studien (379 einzelne Durchgänge) zeigten sich keine so großen Qualitätsunterschiede. Diese Arbeiten sind im Aufbau und im Design alle sehr ähnlich, da sie sich stark an den Experimenten von William Braud und Kollegen orientierten. Es zeigte sich eine nicht-signifikante, schwach positive Korrelation mit Studienqualität und so musste keine Gewichtung vorgenommen werden. Die mittlere Effektstärke lag bei $ES(d) = 0{,}13$ ($p = 0{,}013$) und war damit fast identisch mit der mittleren Effektstärke der EDA-DMILS-Studien.

Zum Zeitpunkt dieser beiden Metaanalysen lagen noch kaum Studien zum AFFE-Paradigma vor. Diese wurden erst in den 2000er Jahren vermehrt durchgeführt. Dies war zum einen eine Reaktion auf die Kontroversen um die korrekte Messung der EDA, die dazu führte, dass Forscher/innen auf einfachere, nicht-physiologische Maße auswichen, zum anderen aber auch das Ergebnis der Bemühungen von Bob Morris und Hoyt Edge, das DMILS-Paradigma in einem anderen kulturellen Umfeld durchzuführen. Morris und Edge führten mehrere AFFE-Experimente auf Bali durch. Nach dem plötzliche Tod von Bob Morris im Jahre 2004 wurde diese Arbeit von Hoyt Edge mit seiner balinesischen Kooperationspartnerin Luh Ketut Suryani weitergeführt und insgesamt entstanden so sechs Studien in einem balinesischen Hotel (Edge, Suryani, & Morris, 2007; Edge, Suryani, Tiliopoulos, Bikker, & James, 2008; Edge, Suryani, Tiliopoulos, & Morris, 2004). Eine Metaanalyse des AFFE-Paradigmas wurde 2012 publiziert (S. Schmidt, 2012a). Insgesamt fanden sich 11 Studien mit 576 Einzelsitzungen. Die Studien waren in ihrem Versuchsaufbau sehr einheitlich. Insgesamt ergab sich eine mittlere Effektstärke von ES(*d*) = 0,11, die ebenfalls signifikant war (*p* = 0,03).

Tabelle 5: Übersicht über die Ergebnisse der drei Metaanalysen zur direkten mentalen Interaktion (*k* = Anzahl der Studien, *N* = Anzahl der Einzelversuche, ES(*d*) = mittlere gewichtete Effektstärke, *p* = Signifikanzniveau, *95 %-KI* = 95 %-Konfidenzintervall von ES(*d*))

Experiment	*k*	*N*	*ES(d)*	*p*	*95 % KI*
DMILS	36	1015	0,106	0,001	0,043 - 0,169
Remote Staring	15	379	0,128	0,013	0,027 - 0,229
AFFE	11	576	0,114	0,029	0,011 - 0,217
Insgesamt	62	1970			

Die drei Metaanalysen fassen die Resultate von insgesamt 62 Einzelstudien mit 1.970 Versuchsdurchgängen und geschätzten 3.000 Versuchspersonen zusammen. Seit der Veröffentlichung der ersten beiden Metaanalyen im Jahre 2004 wurden so gut wie keine EDA-DMILS- Studien mehr durchgeführt und nur noch einige wenige Remote Staring-Studien. Eine systematische Übersicht neuerer Arbeiten findet sich bei (S. Schmidt, im Druck). Die ermittelten Effektstärken der drei Paradigmen sind nahezu identisch. Man kann hier schlussfolgern, dass sich diese überraschend ähnlichen Resultate wechselseitig validieren, und könnte sie jeweils als eine konzeptionelle Replikation betrachten. Daraus könnte man auch weiterhin folgern, dass die drei Metaanalysen eher einen einheitlichen Effekt abbilden als drei verschiedene Effekte. Wäre dem so, dann lassen sich die Befunde hier in zwei Richtungen interpretieren. Eine konventionelle Interpretation wäre, dass sich in diesem experimentellen Zugang bestimmte Artefakte als Effekte niederschlagen, die bisher niemand identifizieren konnte. Da die vorliegenden Daten aber aus doch recht verschiedenen Experimenten mit verschiedenen abhängigeren Variablen in verschiedenen Kontexten und Labors stammen, müsste dieser Fehler in dem experimentellen Grundmuster liegen, das all diesen Studien gemein ist. Hierzu gibt es jedoch gut etablierte Standards und Richtlinien (Schlitz u. a., 2003) und das Vorgehen wurde in den letzten knapp 40 Jahren immer wieder geprüft. Somit ist diese Interpretation zwar prinzipiell möglich, erscheint aber eher unwahrscheinlich.

Die andere Interpretationsrichtung wäre, hier von einem realen Effekt auszugehen, also einer Anomalie, die zunächst theoretisch nicht erklärt werden kann. Wenn wir weiterhin schließen, dass es sich bei den drei Experimenten um denselben Effekt handelt und dass es daher gar keinen Unterschied macht, ob die Versuchspersonen die jeweils anderen Personen anschauen oder ihnen versuchen zu helfen oder sie zu aktivieren, dann scheint diese Anomalie mit der *intendierten Absicht* bezüglich der anderen Versuchsperson zu tun zu haben. Es scheint also, dass diese intentionale Zuwendung zu einer anderen Person hier ihre Spuren in den Daten hinterlässt. Man könnte also auch von einem *Intentionseffekt aus der Ferne* sprechen (engl. *distant intention*). Diese Intentionen sind in unserem Alltag häufig gegenwärtig. Wir denken an andere Menschen in schwierigen Situationen oder halten die Daumen gedrückt, sei es bei einer Operation oder einer Prüfung, wir senden gedanklich gute Wünsche oder versuchen, uns mit heilsamen Absichten Menschen zuzuwenden. Die hierzu aufwändig über viele Jahre hinweg durchgeführten Untersuchungen legen den Verdacht nahe, dass diese Absichten und Intentionen nicht nur innere mentale Akte sind, sondern in der entfernten Person eine Entsprechung finden.

11. Psychokinese

Wurden in den DMILS-Experimenten des vorherigen Kapitels absichtsvolle Intentionen hinsichtlich anderer Menschen untersucht, so wollen wir uns nun gerichteter Intentionen bezüglich unbelebter Materie zuwenden. Unter Psychokinese (PK) versteht man dementsprechend eine mentale Einwirkung auf die materielle Welt. Kann ein Mensch ausschließlich mit der Kraft seiner Gedanken Veränderungen physikalischer Natur bewirken? Bei diesen Experimenten wird, wie schon erwähnt, zwischen Makro-PK und Mikro-PK unterschieden. Von Makro-PK spricht man, wenn die Veränderung in der physikalischen Welt offensichtlich und sichtbar ist, von Mikro-PK, wenn der intendierte Effekt nicht mit dem bloßen Auge erkennbar ist.

Würfelexperimente

Nach Irwin und Watt (2007) begann die Geschichte der experimentellen PK-Forschung 1934, als ein junger, professioneller Spieler in J. B. Rhines Büro kam und behauptete, dass er den Fall eines Würfels mit seinem puren Willen beeinflussen könne. Rhine griff diese Idee auf und führte das erste PK-Würfelexperiment durch. In den darauffolgenden Jahren wurde dieses immer weiter verbessert. So konstruierte Rhine zum Beispiel Maschinen, in denen der Würfel automatisch fiel, ohne dass ihn jemand mit der Hand berühren musste. Bei einem PK-Würfelexperiment kommt es nicht wie in einem Präkognitionsexperiment darauf an, die nächste fallende Zahl vorherzusagen. Die Aufgabe besteht vielmehr darin, durch intentionale Anstrengungen zu erreichen, dass der Würfel auf eine vorbestimmte Zahl fällt. Das bedeutet, dass in einem erfolgreichen PK-Würfelexperiment, in dem zum Beispiel die Zahl sechs ausgewählt wurde, der Würfel signifikant häufiger als unter Zufall erwartet auf die sechs fällt. Im Gegensatz zu allen vorher beschriebenen Experimenten findet also bei einem PK-Experiment notwendigerweise eine Einwirkung des Geistes (Bewusstsein, Intention) auf die materielle Welt statt, zumindest theoretisch.

Eine Metaanalyse von (Radin & Ferrari, 1991) zu PK-Würfelexperimenten fasst die Ergebnisse aus 148 Experimenten von 52 Forscher/innen aus den Jahren 1935-1987 zusammen. Insgesamt versuchten 2.569 Personen, 2,6 Millionen Würfe zu beeinflussen. Die Metaanalyse enthält auch 31 Kontrollstudien mit 150.000 Würfen, in denen der Fall des Würfels explizit nicht beeinflusst werden sollte. Für die Experimentalstudien ergab sich insgesamt eine Effektstärke von $ES(r) = 0{,}012$, das Ergebnis ist mit $p < 10^{-70}$ signifikant. Bei den 31 Kontrollstudien ergab sich eine Effektstärke von $ES(r) = 0{,}001$, die jedoch nicht signifikant ist. Die Autor/innen reduzierten mittels einer speziellen Analyse die Experimentalstudien auf eine Gruppe mit 96 Studien, die eine homogene Verteilung aufwiesen und damit eine zuverlässigere Effektstärkenberechnung erlauben. Die Effektstärke dieser Experimente beträgt $ES(r) = 0{,}005$ ($p < 10^{-7}$). Damit, so die Autor/innen, sei gezeigt, dass der sehr schwache Effekt sich in voneinander unabhängigen Replikationen zeigt.

Random Event Generator (REG)

Ein Meilenstein in der Mikro-PK-Forschung bedeutete im Jahr 1970 die Entwicklung eines auf einem radioaktiven Zerfallsprozess beruhenden Zufallsgenerators durch den deutsch-amerikanischen Physiker Helmut Schmidt (1928 - 2011). Diese neue Generation von Zufallsgeneratoren oder *Random Event Generator* (REG)[1] produzieren eine sogenannte *echte* Zufallsfolge. Dabei macht man sich die Unvorhersagbarkeit eines Quantenereignisses zunutze. Mikroskopische Ereignisse auf atomarer Ebene, wie der radioaktive Zerfall eines Atoms, sind nur mit einer statistischen Wahrscheinlichkeit vorhersagbar. Dies bedeutet, dass bei diesen Quantenprozessen lediglich Aussagen der Form ‚Innerhalb der nächsten Minute wird dieses Atom mit einer Wahrscheinlichkeit von 50 % zerfallen' möglich sind. Ob das Atom nun tatsächlich zerfällt, und wenn ja, wann, entzieht sich jeglicher Vorhersagbarkeit. Auch ist das Verhalten des Quantenprozesses durch Veränderung der äußeren Bedingungen wie Temperatur oder Druck nicht beeinflussbar. Derartige echte Zufallsprozesse werden nun zur Generierung einer Zahlenfolge von zum Beispiel Einsen und Nullen herangezogen. Bei Experimenten mit diesen Zufallsgeneratoren werden die Versuchspersonen in der Regel gebeten, in drei Durchgängen den Zufallsgenerator durch intentionale Anstrengung dahingehend zu beeinflussen, dass er (1) mehr Einsen als Nullen, (2) mehr Nullen als Einsen oder (3) gleichviele Nullen wie Einsen (Kontrollbedingung) produziert. Da dabei nicht unbedingt von einer mentalen Beeinflussung ausgegangen werden kann und auch korrelative Modelle denkbar sind, lautet die Fragestellung dieser Experimente: Gibt es einen Zusammenhang zwischen den Ergebnissen eines Zufallsgenerators und den mentalen Intentionen einer Versuchsperson?

Das Design des Experimentes kann hinsichtlich mehrerer Punkte variiert werden. Schmidt machte unter anderem Experimente, in denen er verschiedene Formen von Feedback verglich (H. Schmidt, 1976). Feedback bedeutet hier, dass der Versuchsperson das primär nicht beobachtbare Verhalten des Zufallsgenerators deutlich gemacht wird. Helmut Schmidts bekanntester REG hatte einen Kreis von Lampen auf der Frontseite. Jeweils eine Lampe leuchtete. Produzierte der Zufallsgenerator eine Eins, ging die nächste Lampe im Uhrzeigersinn an, produzierte er eine Null, dann leuchte die nächste Lampe im Gegenuhrzeigersinn. Andere REGs zeigten das Auftreten von Nullen oder Einsen durch höhere oder tiefere Töne an. Die Frage des Feedbacks ist auch deshalb wichtig, weil die Instruktion an die Versuchsperson sich oft auf die Darstellung des Feedbacks bezieht. So soll diese zum

1 Manchmal auch *Random Number Generator* (RNG) genannt.

Beispiel versuchen, durch ihre intentionale Anstrengung eine Reihe von Leuchtdioden nach oben bzw. nach untern abzulenken (Jahn u. a., 1987).

Eine weitere Variationsquelle besteht im Zeitverhältnis von Zufallsfolge und intentionaler Anstrengung. In der Regel sitzen die Versuchspersonen vor dem Zufallsgenerator, während dieser die Zufallsfolge erzeugt. Schmidt hat aber auch Versuche durchgeführt, bei denen die Zufallsfolge *vorher* aufgezeichnet worden war und der Versuchsperson während des Experimentes wieder vorgespielt wurde (H. Schmidt, 1976). In diesem Fall spricht man von *prerecorded targets*. Während die Versuchsperson also glaubt, den Zufallsgenerator durch ihre intentionale Anstrengung beeinflussen zu können, sind die entsprechenden Zufallsfolgen jedoch längst festgelegt und aufgezeichnet. Geht man von der Idee des direkten Einflusses aus, dann dürfte in diesem Fall die Zufallsfolge keine Abweichung zeigen, die mit der Intention der späteren Beobachter/in korreliert. Schmidts Experiment weist jedoch für beide Bedingungen, vorher aufgenommen und gleichzeitig aufgenommen, die gleiche Signifikanz auf ($p = 0{,}001$), während ein Kontrolldurchgang keine signifikanten Ergebnisse erbrachte.

PEAR

Die größte Serie von REG-Experimenten wurde von der PEAR-Gruppe in Princeton um Robert Jahn, Brenda Dunne und Roger Nelson durchgeführt (Dunne, Dobyns, Jahn, Nelson, & Thompson, 1994; Dunne & Jahn, 2007; Dunne, 1991; Jahn u. a., 1987; Jahn, Dunne, Nelson, Dobyns, & Bradish, 1997; Jahn & Dunne, 1987, 2006; Jahn, 1995). PEAR steht für *Princeton Engineering Anomalies Research*. Das PEAR-Programm wurde 1979 gestartet und bestand bis in das Jahr 2007. In diesem Rahmen wurden zahlreiche Zufallsgeneratoren mit verschiedenen Feedbackdarstellungen entwickelt. Auch mechanische Prozesse, wie ein Pendel, ein Wasserstrahl und ein riesiges Galton'sches Brett wurden als Zielsysteme für PK-Versuche eingesetzt (siehe z. B. Jahn u. a., 1987; oder Nelson, Bradish, Jahn, & Dunne, 1994).

In einem Übersichtsartikel (Jahn u. a., 1997) werden die Ergebnisse eines über 12 Jahre geführten Forschungsprogramms dargestellt. Insgesamt wurden mit 91 Versuchspersonen 522 Einzelexperimente mit den drei Intentionen *mehr Einsen, mehr Nullen* und *keine Veränderung* durchgeführt. Insgesamt wurden 2,5 Millionen Zufallszahlen erzeugt. Je erwarteter 100.000 Einsen kamen unter der Bedingung *mehr Einsen* 26 mehr ($p = 3{,}77 \times 10^{-4}$); unter der Bedingung mehr Nullen 16 weniger ($p = 0{,}02$) und bei der Kontrollbedingung kamen 13 Einsen mehr ($p = 0{,}09$) als erwartet. Somit betrug die Differenz zwischen *mehr Einsen* und *mehr Nullen* 42 je 100.000 Ereignissen ($p = 7 \times 10^{-5}$). Die Abweichung ist also sehr gering, aber durch die große Anzahl an Versuchen hochsignifikant. Detailanalysen des Datenmaterials zeigten, dass der Effekt unabhängig vom räumlichen Abstand zwischen Versuchspersonen und REG ist und auch der von Schmidt entdeckte Effekt der zeitlichen Unabhängigkeit (hier sogar vorwärts und rückwärts) wurde repliziert.

In einem großangelegten Projekt versuchte ein sogenanntes *Mind-Machine-Konsortium*, das vom Institut für Grenzgebiete der Psychologie und Psychohygiene, Freiburg, vom Psychophysiologischen Institut der Universität Gießen und von der PEAR-Gruppe in Princeton gebildet wurde, die oben beschriebenen Ergebnisse aus 12 Jahren REG-Forschung der PEAR-Gruppe zu replizieren (Jahn, Mischo, u. a., 2000). An jedem der drei Institute wurden insgesamt 250 Experimentalserien bestehend aus je drei Durchgängen (mehr Einsen, mehr Nullen, Kontrolle) mit jeweils 1.000 Einzelentscheidungen durchgeführt. Die Aufsummierung aller 750 Serien der Replikation ergab kein signifikantes Resultat. Die Daten der Originalstudie konnten nicht repliziert werden. In der Publikation der Daten (Jahn, Dunne, u. a., 2000) rechnen die Autor/innen neben der vorab spezifizierten Analyse eine aufwändige Monte-Carlo-Simulation über alle 124 einzelnen Versuchsbedingungen. In dieser Berechnung zeigt sich, dass sich die Verteilung der Ergebnisse von der Verteilung, die unter Zufall zu erwarten wäre, signifikant unterscheidet ($p = 0{,}022$). Für die Autor/innen ist dies ein Beweis für eine ungewöhnliche Datenstruktur. Diese Interpretation muss aber kritisch hinterfragt werden. Es entsteht der Eindruck, dass so lange mit den Daten gerechnet wurde, bis sich letztlich doch eine Signifikanz finden ließ. Die Monte-Carlo-Analyse war, auch wenn dies nicht in der Publikation vermerkt wird, keine vorab geplante Auswertungsmethode (Holger Bösch, persönliche Mitteilung 15.05.2001).

Metaanalysen

Hinsichtlich metaanalytischer Zugänge wurde das Feld lange von einer frühen, methodisch jedoch nicht ausgereiften Metaanalyse von Radin und Nelson (1989) geprägt, die insgesamt positive Daten des REG-Paradigmas berichtet. Sie fanden bei ihrer Literatursuche insgesamt 597 Studien, von denen 43 % von der PEAR-Gruppe stammen. Die mittlere Effektstärke der Experimentalstudien ergab $ES(r) = 0{,}0003$ und war hochsignifikant. Im Jahre 2006 wurde dann von Bösch, Steinkamp und Boller (2006) im *Psychological Bulletin* sicherlich die bisher aufwändigste Metaanalyse der Parapsychologie publiziert. Die Metaanalyse umfasst insgesamt 380 Studien, wobei Größe und Umfang sehr stark variierten. Insgesamt ergab sich eine signifikante Effektstärke von $ES(\pi) = 0{,}500035$ ($p = 0{,}01$, beim Effektstärkemaß $ES(\pi)$ steht 0,5 für keinen Effekt). Hier ergab sich allerdings ein spannender Umstand. Dobyns, Dunne und Nelson hatten 2004 eine Studie mit drei Einzelexperimenten publiziert, bei der sie untersuchten, inwieweit die Geschwindigkeit, mit der der REG die Einzelereignisse generiert, eine Rolle spielt. Dazu verglichen sie einen Standardversuchsaufbau mit einem sogenannten *MegaREG*, der einer einzelnen Feedbackveränderung für die Versuchsperson 2.000.000 Einzelereignisse zugrunde legte. Da bei der Berechnung der Studiengröße die Anzahl der Einzelereignisse berücksichtigt wurde, ergab es sich nun, dass von den insgesamt 788 Millionen Einzelereignissen der Metaanalyse 784

Millionen aus diesen drei Experimenten kamen, während die anderen 377 Studien auf nur insgesamt 3,7 Millionen Ereignisse kamen. Daher rechneten die Autor/innen die Metaanalyse auch ohne diese drei großen Experimente und es ergab sich dann $ES(\pi) = 0{,}500286$ ($p < 0{,}001$).

Allerdings zeigte sich bei Sammlung all dieser Studien eine sehr *inhomogene* Verteilung der Effektstärken. Das bedeutet, dass sich die Effektstärken der einzelnen Studien nicht so verteilen, wie man es eigentlich statistisch erwarten würde. Die Verteilung aller Studien ist in Abbildung 8 zu sehen.

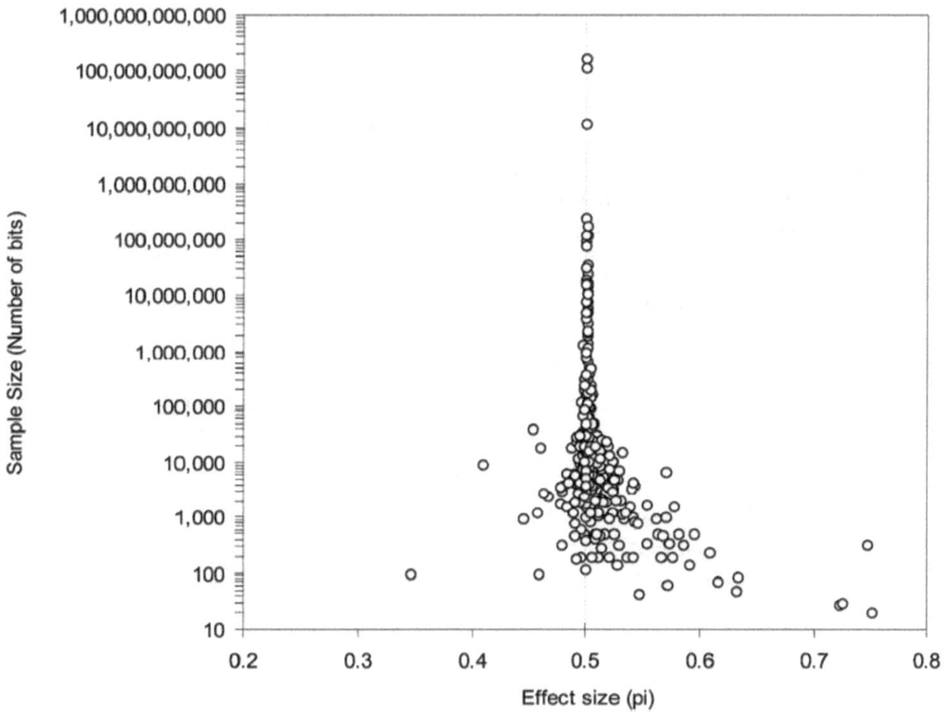

Abbildung 8: Verteilung der Effektstärken nach Studiengröße der Mikro-PK Metaanalyse von Bösch u. a. (2006, S. 508)

Auf der x-Achse ist die Effektstärke, hier $ES(\pi)$, abgetragen, auf der y-Achse die Studiengröße. Man erwartet, dass je größer eine Studie ist, umso besser die angenommene wahre Effektstärke geschätzt werden kann. Daher müsste die Verteilung nach oben immer schmäler werden und es müsste sich somit das Bild eines symmetrischen Trichters ergeben. Die Abweichung von dieser Erwartung ist hier gut graphisch zu sehen. Der Trichter hat unten links ein Loch. Da links von $ES(\pi) = 0{,}5$ Studien mit negativem Ausgang verortet sind, heißt dies konkret, dass vor allem kleine und nicht-signifikante oder sogar signifikant negative Studien fehlen. Das ist ein klarer Hinweis auf einen Publikationsbias (siehe Kapitel 4). Bösch u. a. haben eine aufwändige Simulationsrechnung durchgeführt, in der die Annahme eines solchen Publikationsbias berücksichtigt wurde, und in der Tat ergab sich eine Verteilung, die der obigen ähnelte. Somit gibt es gute Gründe zu der Annahme, dass bei den gefundenen publizierten Daten einige negative Studien fehlen, und es ist daher weiterhin anzunehmen, dass die ohnehin sehr kleine und nur knapp signifikante Effektstärke bei Einbeziehung weiterer negativer Studien nicht mehr signifikant wäre.

Diese Publikation führte natürlich zu lebhaften Diskussionen innerhalb der Szene. In einer direkten Antwort auf die Publikation (Radin, Nelson, Dobyns, & Houtkooper, 2006) argumentieren die Autoren, dass die zugrundeliegende Auswertungsidee, nämlich nach einer Veränderung der Anzahl der Nullen und Einsen im Verhältnis zur Gesamtzahl der generierten Ereignisse überdacht werden muss. Schon seit längerem beobachtete man, dass Studien mit mehr Einzelereignissen kleinere Effektstärken hervorbrachten als kleinere Studien. Auch eine der prominenteren Theorien der Parapsychologie, die *Decision Augmentation Theory* (DAT, (May, Utts, & Spottiswoode, 1996), macht auf Basis ihrer Annahmen die Voraussage, dass die Effektstärke sich nicht aus den Einzelereignissen ergibt, sondern aus den Freiheitsgraden, die die Versuchsperson hat, Entscheidungen in diesem Versuch zu treffen (siehe auch Kapitel 14). Diese Freiheitsgrade nehmen natürlich ab, wenn der REG im Hintergrund binnen Millisekunden große Mengen an Einzelereignissen generiert.

Wie man auch immer diese Diskussion um Modelle und Verteilungen bewerten mag, die Metaanalyse von Bösch et al. hat mehr oder weniger klar bestätigt, was sich schon bei den Resultaten des Mind-Machine-Konsortiums gezeigt hat. Das klassische Modell der Verschiebung der Anzahl von Einsen und Nullen des REG in Zusammenhang mit der Intention der Versuchspersonen hat sich nicht bestätigt. Wenn sich also in diesen Daten hinsichtlich PK anomale Strukturen befinden, dann erfordert deren Aufdeckung andere Grundannahmen und Analysestrategien als in einem klassischen psychologischen Experimentalparadigma. Es gibt schon seit längerem mehrere Modelle, die sich dieser Thematik widmen, aber bisher kann keines einen soliden Datenkorpus oder sogar eine Metaanalyse hinter sich vereinigen.

Global Consciousness Project

Das *Global Consciousness Project* ist ein weltweites Netzwerk von kontinuierlich laufenden Zufallsgeneratoren (REG). Entstanden ist die Idee des Global Consciousness Projects aus der Entwicklung einfacher, tragbarer REGs. Damit war es möglich geworden, bei bestimmten Ereignissen einfach einen Zufallsgenerator laufen zu lassen, ohne dass die Teilnehmer/innen darüber informiert sein müssen bzw. ohne dass gezielt bestimmte intentionale Anstrengungen unternommen werden. Grundidee dieses Vorgehens ist es, dass ein gewisses Ausmaß an Gruppenkohäsion oder auch an gemeinsamen Bewusstseinsinhalten zu Abweichungen bei einem

REG führen kann. Diese Hypothese entstand vermutlich aus der Beobachtung, dass das Verhalten des REGs bei zwei Versuchspersonen, die zusammen versuchen, einen PK-Effekt zu erzielen, sich von der normalen Bedingung mit einer Versuchsperson unterscheidet (Dunne, 1991). Verschiedene Forscher/innen versuchen seither, bestimmte Ereignisse im Vorhinein als geeignet für einen Mikro-PK-Gruppeneffekt zu definieren und diese Hypothese anschließend mittels eines REGs zu testen (Nelson, Bradish, Dobyns, Dunne, & Jahn, 1996; Nelson u. a., 1996; Nelson, 1997; Radin, Rebman, & Cross, 1996). Bei den untersuchten Ereignissen handelt es sich meist um für die Teilnehmer/innen bedeutsame Gruppenmeetings, Kongresse, Gottesdienste oder Meditationen. Es wurden aber auch Ereignisse ausgewählt, die die öffentliche Aufmerksamkeit erregen, wie das Superbowl-Finale oder eine im Fernsehen übertragene Preisverleihung.

Die Studien erbrachten teils signifikante Ergebnisse, teils Zufallsresultate. Das interessante Problem dieser Forschung ist sicherlich, wie das ausgewählte Ereignis mit den Resultaten des Zufallsgenerators verknüpft wird. Die bisherigen Arbeiten der PEAR-Gruppe mit positiven Resultaten zeigen, dass die Distanz zwischen REG und Versuchsperson, ähnlich wie bei anderen Experimentalparadigmen, scheinbar keine Rolle spielt (Jahn, 1995). Somit ist zum Beispiel nur schwer zu erklären, warum eine signifikante Abweichung eines REG während einer Meditationssitzung ausgerechnet auf diese und nicht zum Beispiel auf ein im entfernten Japan stattfindendes Fußballfinale zurückzuführen ist. Die einzige Verbindung zwischen dem hypothetisierten Ereignis und dem Ergebnis des REG besteht lediglich im Bewusstsein der Versuchsleiter/in. Dies wirft zwar einige interessante Aspekte für die Versuchsleitereffekt-Debatte in der Parapsychologie auf (siehe Kapitel 13), macht aber die Ergebnisse nicht einfacher zu interpretieren.

Beim Global Consciousness Project unterhalten die Verantwortlichen an 65-70 Orten in der Welt kontinuierliche laufende REGs. Die meisten dieser REGs sind in den USA und Europa platziert, aber es finden sich auch REGs in Afrika, Asien und Australien.[2] Die REGs übertragen ihre Daten alle an einen gemeinsamen Server, der diese dann wiederum im Internet zugänglich macht. So stehen jeder interessierten Nutzer/in die Daten dieses weltweit laufenden Netzwerkes zur Verfügung (http://noosphere.princeton.edu/). Auf der Homepage des Projektes kann man sich auch die momentan eingehenden Daten in verschiedenen Visualisierungen oder sogar als Tonfolge ansehen bzw. anhören.

Die Grundidee des Projektes ist, dass entweder lokale oder sogar globale Ereignisse ein kohärentes Bewusstsein erzeugen und dieses sich dann wiederum in einer lokalen oder sogar globalen Abweichung der Zufallsgeneratoren von ihrem erwarteten Verhalten spiegelt. Ausgewertet werden die Daten auf der Basis von Hypothesen, die ebenfalls von jeder interessierten Person gestellt werden können. Dabei sind zweierlei Hypothesen möglich. Zum einen vorhersagbare Erei-

---

[2] Eine Übersichtskarte findet sich bei http://noosphere.princeton.edu/egghosts/index.htm

gnisse, die eine (welt)weite Aufmerksamkeit auf sich ziehen, zum Beispiel das Finale einer Fußball-WM, zum anderen unvorhergesehene Ereignisse, die von großer öffentlicher Relevanz sind, zum Beispiel ein Erdbeben, Flugzeugabsturz oder terroristischer Anschlag. Im ersten Fall kann die Hypothese vor dem Ereignis niedergelegt werden, im zweiten Fall kann die Hypothese zwar erst nach dem Ereignis eingegeben werden, aber immer noch, bevor eine Person die Daten, die während dieses Ereignisses aufgenommen wurden, analysiert.

Die aktuellen Auswertungen sind ebenfalls auf der Homepage verfügbar. Im August 2014 lagen Daten aus den letzten 16 Jahren vor. Insgesamt wurden 471 Hypothesen in das Register eingegeben. Dabei fanden sich zahlreiche Abweichungen von den erwarteten Werten. Die Gesamtauswertung für alle 471 Ereignisse wird mit einer Signifikanz von $p = 3{,}5 \times 10^{-13}$ angegeben. Das entspricht einer Wahrscheinlichkeit von 1 : 2,8 Billiarden (siehe auch Nelson & Bancel, 2011).

12. Zusammenfassung: Elusivität und Replikationsproblem

In Tabelle 6 sind die Resultate aller Metaanalysen aus den vorherigen sieben Kapiteln nochmals zusammengefasst. Gab es zu einem Paradigma mehrere Metaanalysen, so wurde jeweils die Neuere in die Tabelle eingetragen. Die Angaben zur Größe stammen aus Tabelle 1 (Kapitel 4).

Tabelle 6: Übersicht über die Ergebnisse von Metaanalysen parapsychologischer Experimente

Experiment	*Metaanalyse*	*Effektstärke*	*p-Wert*	*Größe*	*Bemerkung*
Ganzfeld	Storm u. a. 2010	ES(r) = 0,13	10^{-16}	klein	
Remote Viewing	Utts 2006	ES(r) = 0,21	k.a.	klein bis mittel	Keine Metaanalyse
Präkognition	Storm u. a. 2012	ES(r) = 0,01	0,03	sehr klein	
Presentiment	Mossbridge u. a. 2012	ES(d) = 0,21	2×10^{-12}	klein	
Retroaktive Experimente	Bem 2011	ES(r) = 0,22	k.a.	klein bis mittel	Keine vollständige Metaanalyse
Traumtelepathie	Sherwood & Roe 2003	ES(r) = 0,14	$< 0,05$	klein	Keine vollständige Metaanalyse
Blickwahrnehmung	Radin 2005	ES(r) = 0,09	10^{-232}	klein	Keine vollständige Metaanalyse
EDA-DMILS	Schmidt u. a. 2004	ES(d) = 0,11	0,001	klein	
Remote Staring	Schmidt u. a. 2004	ES(d) = 0,13	0,01	klein	
Attention Facilitation	Schmidt 2012	ES(d) = 0,11	0,03	klein	
Mikro-PK	Bösch u. a. 2006	ES(π) = 0,500035	0,01	sehr klein	

Das erste, was einem auffällt, wenn man diese Synopsis betrachtet, ist, dass alle Effektstärken signifikant sind. Legt man dabei lediglich das Augenmerk auf die korrekt durchgeführten Metaanalysen, dann liegen die *p*-Werte im Bereich von 0,03, also gerade signifikant bis hin zu 10^{-16}, was einer Irrtumswahrscheinlichkeit von 1:10 Billarden entspricht. Aus dieser Perspektive scheint der Beweis für Psi erbracht, selbst wenn man ein ungewöhnlich hohes Niveau anlegt. Oder andersherum formuliert, diese Daten lassen sich nicht durch Zufall so gut wie gar nicht erklären. Könnte man eine ähnliche Datenlage aus einer ähnlichen internationalen ca. 40-jährigen Forschungsaktivität für eine Fragestellung aus dem Bereich der konventionellen Wissenschaft darlegen, so würde sich jeglicher Zweifel an der Existenz des Phänomens verbieten. Die spannende Frage ist, ob das auch in diesem Fall so ist?

Zunächst soll aber noch ein Blick auf die Effektstärken geworfen werden. Legt man nochmals die Faustregel aus Kapitel 4 zugrunde, wie sie in der letzten Spalte abgebildet sind, dann sieht man, dass neun Effekte als *klein* oder sogar *sehr klein* (PK, Präkognition) und 2 als *klein bis mittel* einzuschätzen sind. Dies ist für den *prinzipiellen* Nachweis einer Anomalie keine Einschränkung, frei nach dem Motto, dass ein einziger schwarzer Schwan ausreicht, um den Satz ‚Alle Schwäne sind weiß' zu widerlegen. Die Effektstärken verraten uns mehr darüber, wie alltagsrelevant diese Effekte, so es sie denn wirklich gibt, sind. Auch hier bietet sich zur Illustration wieder der Vergleich zur klinischen Forschung an. Was kann hier von kleinen oder sehr kleinen Effektstärken erwartet werden? Berühmt geworden ist die *Physicians' Health Study* (Steering Committee of the Physicians' Health Study Research Group, 1989). Bei dieser Studie wurde Aspirin gegen Placebo zur Herzinfarktprävention getestet. Die Überlegenheit des Aspirins gegenüber Placebo war so deutlich, dass die Studie vorzeitig abgebrochen wurde, weil man es ethisch nicht mehr für vertretbar hielt, den Probanden in der Placebogruppe das wirksamere Aspirin vorzuenthalten. Die zugehörige Effektstärke lag bei ES(d) = 0,068 (R. Rosenthal, 1991, S. 135). Man muss allerdings auch wissen, dass an dieser Studie 22.071 Patienten teilgenommen haben. In einer so großen Stichprobe zeigt sich dann im Gesamtkollektiv eine Abnahme des Infarktrisikos.

Es zeigt sich folglich, dass auch kleine Effektstärken innerhalb einer großen Population oder über einen längeren Zeitraum hin einen deutlichen Effekt entfalten können. Aber für die Frage nach der Alltagsrelevanz für Einzelpersonen sollte man trotzdem von der Faustregel ausgehen, dass erst Effektstärken ab einer Größenordnung von ES(r) = 0,12-0,15 (oder auch ES(d) = 0,25-0,30) eine nachvollziehbare Wirkung entfalten. Die berichteten Psi-Effektstärken liegen alle am unteren Bereich dieser Schwelle. All diese Einschätzungen beruhen aber immer auf der Idee, dass der Effekt für alle Menschen immer gleich groß ist, denn hier wird immer von Mittelwerten ausgegangen. Die Parallele zur klinischen Forschung kann hier aber auch falsch sein. Dort wird davon ausgegangen, dass jedes Medikament bei allen Menschen mehr oder weniger gleich wirkt, aber ist das auch bei Psi so? Wenn wir hier von mittleren Effektstärken sprechen, legen wir die Annahme zugrunde, dass der Effekt gleichmäßig auftritt. Dies deckt sich aber nicht mit dem anekdotischen Wissen und den Erkenntnissen aus den Fallsammlungen. Demnach ist das Auftreten von Psi-Effekten selten Alltag, sondern meist eine auffällige und seltene Ausnahme. Für das statische Modell heißt das aber, dass, wenn der Effekt aufgrund bestimmter uns unbekannter Bedingungen vielleicht nur jedes zehnte oder zwanzigste Mal auftritt, dann müsste er in diesem Fall zehn- oder zwanzigmal so groß sein und hätte damit eine gewisse Alltagsrelevanz erreicht. Diese Überlegungen decken sich mit der Sichtweise, dass Telepathie oder Interaktion über die Ferne in unserem gewöhnlichen Alltagsleben eigentlich keine Rolle spielen, aber dann vereinzelt doch Berichte über ungewöhnliche, schwer zu erklärende Wahrnehmungen auftauchen. Führt man diese Hypothese weiter, dann stellt sich folgerichtig die Frage, unter welchen Bedingungen denn Psi wahrscheinlicher auftaucht und unter welchen nicht. Damit kommen wir von der beweisorientierten zur prozessorientierten Forschung.

Doch zuvor soll noch einmal ein Blick auf die oben bereits benannte Frage geworfen werden, warum der scheinbar so deutliche Beweis aus den Metaanalysen nicht ausreicht, Psi den Status einer gesicherten, allgemein akzeptierten Erkenntnis zuzubilligen? Dafür gibt es zwei gewichtige Einschränkungen. Die erste Einschränkung ist, dass es kein theoretisches Modell gibt, das diese Befunde widerspruchsfrei in unsere bestehenden Theoriegebäude integriert und sie somit auch erklärbar und plausibel macht. In Kapitel 14 wird auf die parapsychologische Theoriebildung näher eingegangen. Es zeigt sich dort, dass es zwar zahlreiche gute Theorieansätze gibt, die diese Effekte erklären können. Aber keine dieser Theorien kann bisher die Brücke zwischen etabliertem Weltbild und Parapsychologie in einer Art knüpfen, dass dies plausibel erscheint. Es zeigt sich hier am Wissenschaftsdiskurs folglich, dass es nicht ausreicht, experimentelle Anomalien aufzuzeigen, man muss auch eine schlüssige Erklärung für sie parat haben.

Die zweite Einschränkung ergibt sich aus der *Elusivität* der Effekte und aus dem *Replikationsproblem* (S. Schmidt, 2012c). Dieses Problem der dargestellten Befunde wird von den Metaanalysen verschleiert. Mit dem Begriff der Elusivität wird die Flüchtigkeit dieser Effekte beschrieben. Gemeint ist damit, dass immer wieder der Eindruck entsteht, dass sich die Effekte dem wissenschaftlichen Zugriff entziehen. Mal tauchen sie überraschend auf, aber wenn man sie dann mit einem besonders ausgeklügelten Versuchsaufbau und ganz besonderen Kontrollen dingfest machen will, sind sie wieder verschwunden oder tauchen an anderen, ganz unerwarteten Stellen auf.

Mit Elusivität oder auch Replikationsproblem ist also gemeint, dass die Effekte nicht stabil sind, sich nicht zuverlässig herbeiführen lassen. Ein Kriterium für die Akzeptanz eines Effektes als wissenschaftliche Tatsache ist aber, dass er, wenn bestimmte (Rand-)Bedingungen gegeben sind, auch zuverlässig auftritt. Das heißt, jede/r, der bzw. die einen DMILS- oder Präkognitionsversuchsaufbau auf eine bestimmte Art und Weise präpariert, sollte den Effekt finden können. Genau diese Bedingung wird aber von keinem der parapsychologischen Experimente erfüllt. Die Tatsache, dass ein Experiment einen Psi-Effekt demonstriert hat, sagt offensichtlich nichts darüber aus, ob er sich das nächste Mal wieder zeigen wird, unabhängig davon, ob es sich um dasselbe Labor oder ein anderes handelt.

Nun sind Schwankungen in den Effektstärken nichts Ungewöhnliches, im Gegenteil, sie werden sogar erwartet. Nach den gängigen Modellannahmen steht dem untersuchten Effekt eine wahre Effektstärke gegenüber. Aufgrund der Stichprobenschwankung, besonders bei kleinen Studien, wird dieser Effekt in empirischen Arbeiten mal besser und mal schlechter getroffen. Fasst man alle gefundenen Effektstärken jedoch zusammen, dann sollte sich die wahre Effektstärke recht gut abbilden. Ein Problem mit kleinen Effektstärken, wie sie sich hier zeigen, ist jedoch, dass es relativ großer Studien bedarf, um die Effekte auch signifikant nachzuweisen. Dies war gut am Beispiel der Aspirin-Studie zu erkennen. Parapsychologische Studien sind aber meist klein. Das heißt, aus Perspektive der sogenannten *statistischen Power*, also der Frage, ob die Studie groß genug ist, einen bestimmten Effekt auch tatsächlich zu finden, muss davon ausgegangen werden, dass die allermeisten experimentellen Psi-Studien schlicht und einfach zu klein waren.

Es entsteht aber darüber hinaus der Eindruck, dass die Schwankungen und Inkonsistenzen in den parapsychologischen Experimenten weit über die statistisch zu erwartenden Schwankungen hinausgehen. Ein Beispiel ist der großangelegte, multizentrische Replikationsversuch für die PEAR-Daten (siehe Kapitel 11). Was könnte es also noch für Interpretationen für diese Unbeständigkeit geben? Drei weitere Ansätze sollen hier kurz erwähnt werden.

Die erste Interpretation wäre, dass es Psi-Effekte tatsächlich nicht gibt und die vielen positiven Daten einen großen Irrtum darstellen, der sich aus Faktoren wie Publikationsbias, Artefakten und Interpretationsfehlern erklären lässt. Diese Option muss immer wieder auf ihre Wahrscheinlichkeit hin überprüft werden, das ist das Grundgebot jeglichen Forschens in diesem Feld. Die zweite Interpretation ist, dass es unbekannte Bedingungen gibt, die den Psi-Effekt und sein Auftauchen beeinflussen. Man spricht hier von sogenannten Moderatorvariablen. Im folgenden Kapitel 13 zur prozessorientierten Forschung werden einige Kandidaten für diese Position vorgestellt. Es sei aber schon jetzt verraten, dass eine eindeutige Moderatorvariable, die die hier vorliegenden Schwankungen erklären kann, bisher nicht identifiziert werden konnte. Die dritte Interpretation geht schließlich davon aus, dass die Elusivität eine prinzipielle Eigenschaft der Psi-Effekte ist. Damit ist gemeint, dass man es bei Psi nicht mit einer Kategorie von Effekten zu tun hat, wie man es sonst gewohnt ist. Schaut man sich noch einmal das Replikationskriterium für eine wissenschaftliche Tatsache an, wird man schnell feststellen, dass die zugrunde liegende Idee einen kausalen Effekt beschreibt (S. Schmidt, 2012c). Wenn alle Bedingungen, die zu spezifizieren sind, erfüllt sind, dann tritt dieser Effekt ein (Sachsse, 1979). Die Elusivitätsinterpretation entzieht sich also der kausalen Denkfigur, die eine Grundannahme unseres wissenschaftlichen Weltbildes ist (Walach & Schmidt, 2005). Das Spannende an diesen Grundannahmen wissenschaftlichen Vorgehens ist jedoch, dass diese selbst nicht beweisbar sind und im Sinne eines Axioms via sozialen Konsens ihre Gültigkeit entfalten. Somit ist es legitim, eine solche unbewiesene Grundannahme in Frage zu stellen und ein Modell zu skizzieren, in dem neben den gängigen kausal vermittelten Effekten noch eine weitere Effektkategorie wirksam ist. Dass das etablierte wissenschaftliche Vorgehen mit dieser Art von Effekten viele Probleme hat, wäre dann eine natürliche Folge dessen, dass das Wissenschaftsmodell vollständig auf den Nachweis kausaler Effekte ausgerichtet ist. Auf diese Ideen wird im Kapitel 14 näher eingegangen.

Nimmt man also abschließend die Befunde der Metaanalysen und das Replikationsproblem zusammen, dann wird klar, warum die Antwort auf die Frage nach der Existenz der Psi-Effekte nicht eindeutig mit *Ja* oder *Nein* beantwortet werden kann. Versucht man die Erkenntnislage der Disziplin verbal zu beschreiben, so würde meiner Meinung nach folgende Aussage die Sachlage gut kennzeichnen: *In den Daten parapsychologischer Experimente finden sich Unregelmäßigkeiten, die nicht mittels Zufalls erklärt werden können; über die Natur dieser Unregelmäßigkeiten ist nur wenig bekannt.*

13. Prozessorientierte Forschung: Was bedingt Psi?

Schon früh haben die parapsychologischen Forscher/innen erkannt, dass sich viele ihrer Ergebnisse nicht zuverlässig replizieren lassen. Daher war es naheliegend, nach geeigneten Bedingungen, den sogenannten Moderatorvariablen, zu suchen, die für die Inkonsistenz der Befunde verantwortlich sein könnten. Die bisherigen Bemühungen waren bisher vergebens. Eine bestimmte Moderatorvariable, die die große Varianz der Resultate zwischen fast identischen Experimenten umfassend aufklären kann, wurde bisher nicht gefunden. Nichtsdestotrotz gibt es interessante Befunde, die zumindest einen kleinen Teil der Varianz in Psi-Effekten aufklären können, und einige dieser Variablen sollen hier vorgestellt werden.

Persönlichkeitsvariablen

Die prominentesten und am häufigsten untersuchten Persönlichkeitsvariablen für Versuchspersonen sind *Extraversion* und das sogenannte *Sheep-Goat-Konstrukt.* Zu beiden Variablen liegen auch Metaanalysen vor. Die Extraversionsmetaanalyse stammt von Honorton, Ferrari und Bem (1998). Sie fanden 60 parapsychologische Experimente aus den Jahren 1945 bis 1983, in denen Daten zur Extraversion der Versuchspersonen vorlagen. Die Operationalisierung der Extraversion bleibt dabei weitestgehend unklar, es kamen unterschiedliche Fragebögen zur Anwendung. Insgesamt lagen die Daten von 2.963 Versuchspersonen vor. Es ergab sich eine sehr kleine, aber hochsignifikante Korrelation zwischen Psi-Effekten und Extraversion von $r = 0{,}09$ ($p = 4 \times 10^{-6}$) in einem jedoch nicht-homogenen Datensatz. Auf der Suche nach einem Moderator für die Schwankungen in dem gesamten Datensatz zeigte es sich, dass für die Gruppe der *forced-choice*-Experimente die Reihenfolge der Messung von Extraversion und Psi-Effekt einen signifikanten Unterschied machte. Fand das Psi-Ergebnis zuerst statt, ergab sich eine Korrelation von $r = 0{,}17$ ($p = 0{,}0002$). Für die Gruppe der *free-response*-Experimente kann ein homogener Datensatz erreicht werden, wenn die Studien mit Einzeltestung von Studien mit Gruppentestung unterschieden werden. Die 12 Studien mit Einzeltestung ergeben eine mittlere, gewichtete Korrelation von $r = 0{,}20$ ($p = 8 \times 10^{-6}$).[1]

Die Metaanalyse zum *Sheep-Goat-Konstrukt* stammt von Tony Lawrence (1993). Das Sheep-Goat-Konstrukt wurde von der Psychologin Gertrud Schmeidler (1912 - 2009) in den vierziger Jahren eingeführt. Schmeidler beobachtete, dass Versuchspersonen, die an Psi-Effekte glaubten, in einem *forced-choice*-Kartenexperiment besser abschnitten als Versuchspersonen mit einer skeptischen Einstellung gegenüber paranormalen Phänomenen. Während die Gläubigen als Schafe (sheep) bezeichnet wurden, nannte man die skeptisch Eingestellten Böcke (goats)

---

[1] Für eine detaillierte Diskussion der Befunde siehe auch Palmer und Carpenter (1998).

(Mischo, 1979). Seither ist es bei parapsychologischen Experimenten üblich, die sogenannte *paranormale Überzeugung* der Versuchspersonen mittels eines Fragebogens zu erfassen (siehe auch Brednich, 1993; George, 1984; Hartman, 1999; Irwin, 2009; Lay & Mischo, 1985; Thalbourne & O'Brien, 1999). Lawrence fand 73 Studien aus den Jahren 1947 bis 1993 mit den Daten von mehr als 4.500 Versuchspersonen. Der Autor berechnete für jede Studie eine Effektstärke aus der Differenz der Resultate für die Sheep und die Goats. Es ergab sich eine kleine, aber hochsignifikante Differenz für die beiden Gruppen ($ES(r) = 0{,}03$, $p = 10^{-16}$), die den Sheep die besseren Psi-Effekte bescheinigt.

Neben diesen beiden gut untersuchten Variablen gibt es natürlich noch viele weitere Konstrukte, die in der langen Forschungsgeschichte der experimentellen Parapsychologie untersucht wurden, zum Beispiel Kreativität (Dalton, 1997), Meditationserfahrung (S. Schmidt, 2012b). Ein relativ simpler, aber eventuell erfolgreicher Ansatz ist es, sich diese Frage erst gar nicht zu stellen, sondern den Erfolg in einem Psi-Experiment selbst zum Kriterium zu machen. Hinter dieser Idee verbirgt sich eine Debatte, die bis in die Gründungszeit der SPR zurückreicht. Haben alle Menschen im gleichen Maße Psi-Begabung oder gibt es herausragende Einzelpersonen? Im Kapitel zu Remote-Viewing-Forschung zeigten sich klare Befunde zu letzterer Annahme, aber die meisten anderen in den vorherigen Kapiteln berichteten Experimente arbeiteten mit unausgewählten Versuchspersonen. In einer eigenen Studie zur Frage, ob man im Vorhinein weiß, von wem man angerufen wird, mussten die Versuchspersonen einen kleinen Psi-Test am PC zu Hause machen. Nur wenn sie hier eine bestimmte Trefferanzahl erreichten, konnten sie am eigentlichen Experiment teilnehmen. Wir haben dieses Experiment dann mit der erfolgreichsten Versuchsteilnehmerin nochmals wiederholt und ein signifikantes Ergebnis erzielt (S. Schmidt, Erath, Ivanova, & Walach, 2009).

Der Göttinger Psychologe Suitbert Ertel, der dieses Vorgehen schon lange propagiert, hat einen entsprechenden Test entwickelt, den *Ballzieh-Test.* Mittels dieses Tests soll auf einfache Weise bestimmt werden können, ob Versuchspersonen in Psi-Tests erfolgreich sind oder nicht. Die Versuchspersonen müssen dabei markierte Bälle aus einem undurchsichtigen Sack ziehen und zuvor angeben, welche Markierung der Ball haben wird. In der Tat gelang es Ertel, mit dieser Methode Personen zu identifizieren, die wiederholt und zufällig besser abschnitten, als unter Zufall erwartet (Ertel, 2009, 2010).

Versuchsleitereffekte

Unter dem Begriff Versuchsleitereffekt (VL-Effekt) werden Effekte zusammengefasst, die sich in Abhängigkeit von der Person der 'Versuchsleiter/in' zeigen (Walach & Schmidt, 2010). Ein Spezialfall dieses VL-Effektes ist der sogenannte *Rosenthaleffekt* (synonym: VL-Erwartungseffekt, Pygmalioneffekt, klassischer VL-Effekt), der durch die Arbeiten des Psychologen Robert Rosenthal (R. Rosenthal & Rubin,

1978; R. Rosenthal, 1976) bekannt wurde. Rosenthal zeigte, dass Ergebniserwartungen von Versuchsleiter/innen sich in den Resultaten eines Experimentes abbilden können. Die Konsequenz aus diesen Befunden war die Einführung des doppelblinden Versuchsaufbaus als Standardprozedur auch in der Psychologie. Das Auftreten eines Rosenthaleffektes ist jedoch daran gebunden, dass die Versuchsleiter/in über lösungsrelevante Informationen bezüglich der Experimentalaufgabe verfügt. In doppelblinden Versuchen oder parapsychologischen Experimenten ist dies jedoch nicht der Fall. Treten in diesen Experimenten trotzdem VL-Effekte auf, dann kann nicht mehr von einem Rosenthaleffekt ausgegangen werden. Kennedy und Taddonio (1976, S. 5) schlagen in diesem Fall den Begriff *psi experimenter effect* vor, in Abgrenzung zum Rosenthaleffekt, den sie als *sensory experimenter effect* bezeichnen. Im Deutschen wurde die Unterscheidung in klassischen und nicht-klassischen VL-Effekt vorgeschlagen (Walach & Schmidt, 2010).

Als Beispiel für einen nicht-klassischen VL-Effekt sei hier die bereits erwähnte eigene Studie zur Untersuchung von Wünschelruten (siehe auch Kapitel 4) genannt (S. Schmidt & Walach, 1997; S. Schmidt, 1996; Walach & Schmidt, 1997a). Die Versuchspersonen in diesem Experiment wurden von einem von drei verschiedenen Versuchsleiter/innen in ihre Aufgabe eingeführt. Die Aufgabe bestand darin, lediglich mittels einer Wünschelrute (Biotensor) giftige von ungiftigen Proben zu unterscheiden. Obwohl diese Versuchsleiter/innen über keine lösungsrelevanten Informationen verfügten – sprich selbst nicht wussten, welche Proben giftig waren –, erzielten die Versuchspersonen, die von Versuchsleiter 3 betreut wurden, signifikant und wiederholt bessere Ergebnisse. Die Geschichte der Parapsychologie weist zahlreiche derartige Befunde auf (Kennedy & Taddonio, 1976; Palmer, 1997; M. D. Smith, 2003; White, 1977).

Einhergehend mit diesen Befunden taucht immer wieder die These auf, dass es Versuchsleiter/innen gibt, deren parapsychologische Untersuchungen konstant erfolgreich sind (nach Irwin & Watt, 2007, zum Beispiel J. B. Rhine), während anderen Personen ein lebenslanger Misserfolg zugeschrieben wird. Rhea White (1977) zitiert hier zum Beispiel James Crumbaugh und Donald West. Besagter Donald West führte 1953 zusammen mit G. W. Fisk, der als erfolgreicher Parapsychologe bekannt war, ein gemeinsames Experiment durch (West & Fisk, 1953). Bei diesem ASW-Experiment trat nur Fisk gegenüber den Versuchspersonen als Versuchsleiter auf. In Wirklichkeit präparierten aber Fisk und West jeweils die Hälfte der Targets und werteten auch jeweils ihre Hälfte aus. Das Experiment erbrachte insgesamt ein signifikantes Resultat ($p = 0{,}001$), das sich aber ausschließlich auf die Ergebnisse von Fisk ($p = 0{,}00015$) zurückführen lässt. Die Hälfte der Versuchspersonen, für die West zuständig war, erzielte ein Zufallsergebnis. Eine moderne Version dieses Befundes stammt aus der *Remote Staring*-Forschung.

Im Jahr 1995 führten Marilyn Schlitz und Richard Wiseman ein gemeinsames Experiment in Hertford durch (Wiseman & Schlitz, 1997). Hintergrund dieser Studie war, dass Marilyn Schlitz, die die Existenz von Psi im allgemeinen und eines Remote Staring-Effektes im Besonderen vertritt, in ihren Studien mit William Braud, aber auch mit Steven LaBerge (Schlitz & LaBerge, 1997) wiederholt signifikante Ergebnisse erzielt hatte, während der skeptisch eingestellte Richard Wiseman in vier Remote Staring-Experimenten nur Zufallsresultate erzielt hatte (Wiseman, Smith, Freedman, Wasserman, & Hurst, 1995; Wiseman & Smith, 1994). Nun wurde ein gemeinsames Experiment mit identischem Aufbau durchgeführt, bei dem M. Schlitz 16 Versuchspersonen und R. Wiseman weitere 16 Versuchspersonen betreute. Und in der Tat waren die Versuchspersonen von Marilyn Schlitz in der Zeit, in der sie angeschaut wurden, signifikant erregter als während der Kontrollbedingung, wohingegen die Versuchspersonen von Wiseman keine signifikante Abweichung erbrachten. Der direkte Vergleich der beiden Stichproben verfehlte das Signifikanzniveau jedoch (p = 0,17). Im Jahre 1998 führten Wiseman und Schlitz eine Replikation dieser Studie durch (Wiseman & Schlitz, 1999). Die Ergebnisse waren ähnlich wie bei der ersten Studie. Wiederum erreichen die von Schlitz betreuten Versuchspersonen insgesamt ein knapp signifikantes Ergebnis, nicht aber die von Wiseman. Bei beiden Studien waren die Versuchsleiter/innen jedoch nicht nur die Betreuer/innen ihrer Versuchspersonen, sondern im Experiment auch die jeweiligen Beobachter/innen. Durch diese Rollenvermischung kann der Unterschied sowohl auf die unterschiedliche Art zu beobachten, als auch auf das unterschiedliche Verhalten als Versuchsleiter/in bezogen werden. In einer dritten Studie wurden die Rollen daraufhin getrennt. Es gab nun vier unterschiedliche Versuchsbedingungen, je nachdem, wer die Versuchsperson betreute und wer sie anschaute. Bei insgesamt 100 Versuchspersonen, 25 in jeder der vier Bedingungen, konnten jedoch keinerlei signifikante Effekte und keine Unterschiede zwischen Wiseman und Schlitz gefunden werden (Schlitz, Wiseman, Watt, & Radin, 2006).

Wie lassen sich solche nicht-klassischen Versuchsleitereffekte erklären? Palmer (1993) sieht drei mögliche Hypothesen zur Erklärung. (1) *Versuchspersonen:* Verschiedene Labors und damit auch verschiedene Versuchsleiter/innen arbeiten mit unterschiedlichen Stichproben. Diese erbringen unterschiedliche Resultate. Der nicht-klassische VL-Effekt wäre demnach ein Artefakt. (2) *Versuchsleiterverhalten*: Das Verhalten und/oder die innere Einstellung und/oder die Interaktion der Versuchsleiter/in mit den Versuchspersonen ist geeignet, bei den Versuchspersonen Psi-Fähigkeiten auszulösen oder zu blockieren. (3) *Versuchsleiter-Psi*: Die Versuchsleiter/in selbst benutzt bewusst oder unbewusst ihre eigenen Psi-Fähigkeiten, um auf die Ergebnisse des Experiments einzuwirken. Alle diese Hypothesen haben, im Licht der vorhandenen Daten betrachtet, Vor- und Nachteile. Eine klare Richtung hat sich bis heute nicht ergeben (siehe auch Beloff, 1984; Grim, 1984; Honorton, Ramsey, & Cabibbo, 1975; Palmer, 1997; R. Rosenthal, 1984; Schmeidler, 1997; White, 1976).

Physikalische Variablen

Zwei Beispiele für physikalische Kontextvariablen, die eine potentielle Moderatorfunktion für Psi-Effekte haben könnten, sollen hier noch kurz erwähnt werden. Es sind dies die siderische Zeit sowie die Fluktuationen des Erdmagnetfeldes.

Siderische Zeit

Im Jahre 1997 veröffentlichte James Spottiswoode eine Arbeit, die innerhalb der Parapsychologie für einiges Aufsehen sorgte (Spottiswoode, 1997). Er behauptete, dass es einen korrelativen Zusammenhang zwischen Psi-Effektstärken und der aktuellen siderischen Zeit zum Zeitpunkt des Versuches gäbe. Um die Bedeutung dieser Behauptung zu verdeutlichen, soll kurz das Konzept der siderischen Zeit erläutert werden.

Ein normaler Sonnentag misst genau 24 Stunden und ist durch den Zeitraum definiert, den es benötigt, bis die Sonne wieder genau am selben Punkt des Himmels (z. B. Zenit) steht wie zu Beginn der Messung. Da die Erde sich gleichzeitig um die Sonne dreht, dauert ein Sonnentag ca. vier Minuten länger als eine volle Umdrehung der Erde. Die Erde muss sich ein bisschen mehr als einmal um ihre Achse drehen, damit die Sonne wieder am gleichen Punkt des Himmels steht, weil die Weiterbewegung der Erde um die Sonne mitberücksichtigt werden muss. Ein siderischer Tag dauert dagegen 23 Stunden und 56 Minuten und stellt damit genau die Dauer einer Erdumdrehung dar. Er wird definiert durch die Dauer der Zeit, die es benötigt, bis ein bestimmter Punkt am Fixsternhimmel wieder die gleiche Position einnimmt wie zu Beginn der Messung. Durch Angabe von Ereignissen in siderischer Zeit kann somit auf die Ausrichtung unseres Planeten im Weltall geschlossen werden, nicht aber auf den aktuellen Sonnenstand oder die aktuelle Tageszeit.

Spottiswoode hat bei ca. 1.500 Versuchsdurchgängen aus 22 Studien zu *free-response* ASW-Untersuchungen die Effektstärke der einzelnen Durchgänge zur siderischen Zeit in Beziehung gesetzt und festgestellt, dass sich die Effektstärken nicht gleichmäßig über einen siderischen Tag verteilen, sondern dass die Versuche mit den größten Effektstärken meist zwischen 11:00 Uhr und 15:00 Uhr mit einer Spitze bei 13:47 Uhr stattfanden. Zur Validierung der Daten untersuchte er einen zweiten Datensatz mit mehr als 1.000 Durchgängen unter Anwendung einer entsprechend gezielten Hypothese. Auch hier fand sich ein Maximum um 13:47 Uhr. Der entsprechende statistische Test ergab $p = 0{,}0014$.

Die aus diesen Befunden resultierende Interpretation lautet, dass es bei einer bestimmten Ausrichtung der Erde bezüglich des Fixsternhimmels wahrscheinlicher ist, ein signifikantes Psi-Resultat zu erhalten, als bei anderen. Mittlerweile wurden die Behauptungen von Spottiswoode sowohl an parapsychologischen (Broughton & Spottiswoode, 2000) als auch an Datensätzen aus der konventionellen Psychologie überprüft (Dalkvist & Westerlund, 2000; Westerlund & Dalkvist, 1999). In keinem Fall konnte ein Maximum in der Nähe des Maximums von Spottiswoodes Originaldaten gefunden wurden, obwohl die Daten einige interessante Fluktuationen über den siderischen Tag hinweg zeigten. Lobach und Bierman (2004b) führten ein Telepathieexperiment durch, bei dem sie gezielt entweder Zeiten mit günstiger oder ungünstiger siderischer Zeit für die Versuche auswählten. Das Experiment wurde signifikant und dieser Effekt kam hauptsächlich aus den Versuchen zur ‚günstigen' siderischen Zeit.

Fluktuationen im Erdmagnetfeld

Das Magnetfeld der Erde ist keineswegs so konstant, wie man es erwarten könnte, sondern unterliegt beständigen Fluktuationen. Diese werden durch den Beschuss der Erde mit solaren Partikeln und anderen extraterrestrischen Einflüssen verursacht (Radin, McAlpine, & Cunningham, 1993). Der sogenannte ap-Index gibt einen Wert für die Häufigkeit von Fluktuationen in der Stärke des Erdmagnetfelds innerhalb eines bestimmten Zeitintervalls an und kann über das Internet bezogen werden.

Mehrere Forscher/innen haben ihre Psi-Ergebnisse mit dem ap-Index korreliert. Die Hypothese ist dabei, dass sich größere Psi-Effekte finden lassen, wenn der ap-Index niedrig ist, das heißt, wenn es wenig Schwankungen im Erdmagnetfeld gibt. Radin u. a. (1993) fanden eine negative, aber nicht-signifikante Korrelation zwischen geomagnetischer Fluktuation (r = –0,23, p = 0,20) und Psi-Ergebnis in einem Ganzfeldexperiment mit unausgewählten Versuchspersonen. Bei einer Population künstlerisch begabter Versuchspersonen dagegen ergab sich eine positive Korrelation (r = 0,31, p = 0,09). In einem DMILS-Experiment von Radin, Taylor und Braud (Radin u. a., 1995) ergab sich eine sehr große positive Korrelation von r = 0,73 (p = 0,001). William Braud und Stephen Dennis (1989) teilten die Ergebnisse von 301 EDA-DMILS-Sitzungen in eine psi-erfolgreiche und eine nicht erfolgreiche Gruppe auf. Die entsprechenden Mittelwerte der beiden Gruppen für die Schwankungen im Erdmagnetfeld unterschieden sich signifikant (p = 0,0031). In einer 1998 veröffentlichten Publikation mit dem Titel *Seeking Psi in the Casino* (Radin & Rebman, 1998) untersuchte Dean Radin, inwieweit die Gewinnraten in verschiedenen Spielkasinos in Las Vegas mit bestimmten globalen Periodizitäten wie dem Mondzyklus korrelierten. Insgesamt lagen Daten von 1.461 Spieltagen, fünf verschiedenen Spielen und vier Spielkasinos aus den Jahren 1991 bis 1994 vor. Es ergab sich eine negative Korrelation zwischen Fluktuationen im Erdmagnetfeld und Gewinnrate (r = –0,66, p = 0,07). (Persinger & Krippner, 1989) zeigen, dass zum Zeitpunkt der besten Treffer bei den Maimonides-Traumexperimenten (siehe Kapitel 8) signifikant weniger Fluktuationen gemessen wurden als bei anderen Versuchsdurchgängen.

Zu beiden Variablen, siderischer Zeit und Schwankungen des Magnetfelds, steht eine systematische Zusammenfassung der vorliegenden Evidenz noch aus.

Die Befunde müssen auf diesem Hintergrund als Einzelereignisse gesehen werden, die interessante Informationen bringen, aber nicht überbewertet werden dürfen.

Decline-Effekt

Zum Abschluss soll noch auf ein viel diskutiertes Phänomen eingegangen werden, den Decline- oder auch *Absinkungseffekt*. Damit wird der oft berichtete Umstand beschrieben, dass ein bestimmter Effekt, je häufiger man ihn untersucht, immer kleiner zu werden scheint. Es wird dabei zwischen einem internen und externen Decline-Effekt unterschieden. Der interne Decline-Effekt bezieht sich auf die Dynamik innerhalb eines einzelnen Experimentes und beschreibt den Sachverhalt, dass am Anfang des Experimentes große Effekte gefunden werden, die dann mit zunehmenden weiteren Durchgängen nachlassen. Der externe Decline-Effekt beschreibt die Dynamik, dass bei einem bestimmten Experimentalparadigma die frühen Studien größere Effekte aufweisen als die späteren. Und dies ist in der Tat eine häufig anzutreffende Dynamik in der Psi-Forschung. Auf der Jahrestagung wird ein neues Experiment veröffentlicht, das große Effektstärken und gute Signifikanzen berichtet. Die Kollegen/innen sind begeistert und machen sich an die Replikation und Weiterführung. Aber auf den folgenden Jahreskonferenzen finden sich negative Replikationen oder Studien mit kleineren Effekten. Dick Bierman hat in einer Übersichtsarbeit die Ergebnisdynamik für verschiedene Experimentalparadigmen dargestellt (Bierman, 2001). Auch wurde das Phänomen schon in Zusammenhang mit den Resultaten von Metaanalysen gebracht. Bierman zitiert Houtkooper mit dem Ausdruck *MAD-Effect*, was für *Meta-Analysis Destruction Effect* steht und den Umstand beschreibt, dass nach der Veröffentlichung einer Metaanalyse sich die zuvor gefundenen Effektstärken scheinbar nicht mehr einstellen.

Der Decline-Effekt ist deshalb von so großem Interesse, weil er zum einen dem großen Grundproblem der experimentellen Parapsychologie – der mangelnden Replikation der Effekte – einen Namen und damit Konzept gibt. Zum anderen, weil er eng mit der Theoriebildung verknüpft ist. Viele theoretische Ansätze der Psi-Forschung erklären die Elusivität der Phänomene aus den zur Verfügung stehenden Informationen. Damit ist gemeint, dass, je mehr man über die Bedingungen der Phänomene weiß, desto seltener treten sie auf. Insbesondere ist hier das *Modell der Pragmatischen Information* von Walter von Lucadou zu nennen, das im nachfolgenden Theoriekapitel ausführlich erläutert wird (Lucadou, im Druck).

Eine spannende prinzipielle Frage ist, ob es den Decline-Effekt überhaupt gibt. Den zahlreichen kursorischen Berichten über den Decline-Effekt stehen nämlich so gut wie keine systematischen Übersichtsarbeiten gegenüber. Lediglich Bösch hat in einer unveröffentlichten Diplomarbeit das Phänomen systematisch untersucht und konnte den Effekt nicht finden (Bösch, 1995). Es könnte daher sein, dass der Decline-Effekt ein Artefakt ist, das dadurch zustande kommt, dass man Umstände, in denen der Effekt nicht wieder aufgetreten ist, deutlicher erinnert als solche, wo ein Effekt wiederauftritt. Ist das Konzept des Decline-Effektes dann erstmal in der Welt, so sucht unser konstruktivistischer Wahrnehmungsapparat auch dieses Muster immer wieder auf und bestätigt es somit. Dreht man diese Logik um und richtet sich auf einen Incline-Effekt, also einen Anstiegseffekt, aus, so finden sich auch hierfür Belege. So zeigt zum Beispiel die neue Metaanalyse zu *forced-choice*-Experimenten von Storm u. a. (2012) einen Incline-Effekt und auch beim Ganzfeld-Paradigma gab es nach der negativen Metaanalyse von Milton und Wiseman (1999) wieder einen Anstieg der Effektstärken (2012). Auch eine zweite Überlegung könnte den Decline-Effekt zumindest ansatzweise erklären. Neue Experimentalparadigmen entstehen ja immer aus einem Erfolg. So hat William Braud zum Beispiel in seinem Labor in San Antonio unzählige Experimentaldesigns aufgebaut und ausprobiert, aber nur die initial Erfolgreichen hat er weitergeführt. Dies führt somit automatisch zu einem Phänomen, das man *Regression zur Mitte* nennt. Wählt man die Studien mit den besonders hohen Effektstärken aus, dann ist die Wahrscheinlichkeit größer, dass die Replikation einen kleineren Effekt erbringt als einen noch größeren.

Noch interessanter wird dieses Phänomen durch die jüngsten Entwicklungen in der konventionellen Biologie und Psychologie. In diesen Fächern wird gerade das Augenmerk auf das Phänomen des Decline-Effekts gerichtet (Lehrer, 2010). Viele der in den letzten beiden Jahrzehnten entstandenen Paradigmen lassen sich hier offensichtlich nur unzureichend oder gar nicht replizieren. In der Psychologie, in der es bisher weniger üblich war, Sachverhalte direkt zu replizieren (S. Schmidt, 2009, 2012c), wird gerade ein großes internationales Replikationsprojekt unter Beteiligung von mehr als 100 Arbeitsgruppen durchgeführt, um sich eine Übersicht über das Ausmaß des Problems zu verschaffen (Open Science Collaboration, 2012). Und in der Tat könnte sich eine solche Dynamik auch wissenschaftssoziologisch erklären lassen. Vielleicht ist die Parapsychologie ja mit diesem Problem nicht alleine, sondern nur ihrer Zeit voraus.

14. Theorien der Parapsychologie

Ein oft erhobener Vorwurf gegen die Parapsychologie ist, dass es ihr an theoretischen Erklärungsmodellen mangele und sie einfach blind und konzeptionslos darauf los experimentiere. Darüber hinaus wird oft geäußert, diese Disziplin sei – bedingt durch ihren Theoriemangel – eigentlich auch gar kein eigenes Fach, sondern lediglich eine Ansammlung von Anomalien. Dieser Vorwurf ist insoweit berechtigt, als es tatsächlich momentan kein zentrales theoretisches Modell gibt, das zum einen die vorgestellten Befunde der experimentellen Untersuchungen widerspruchsfrei erklärt und sich zum anderen ebenso widerspruchsfrei in unser derzeitiges wissenschaftliches Theoriegebäude einfügen lässt. Ursache für diesen Theoriemangel ist jedoch nicht die Unfähigkeit der Disziplin, geeignete Theorien zu entwickeln. Der Theoriemangel ist eine logische Folge des Gegenstandsbereiches der Parapsychologie. Denn wenn man mit *Psi* Phänomene der Außersinnlichen Wahrnehmung (ASW) und der Psychokinese (PK) bezeichnet, die sich mit unserem bisherigen Wissen nicht erklären lassen, dann darf es schon per definitionem kein nahtlos passendes Erklärungsmodell geben.

Die Frage nach der ‚Theorie' muss daher in der Parapsychologie unter leicht veränderten Vorzeichen gestellt werden. Die primäre Frage, die zwingend als allererstes angegangen werden muss, wenn sich ein Psi-Effekt findet, ist die, ob sich das Zustandekommen des Effekts mit konventionellen Modellen erklären lässt. Stokes (1997) spricht in diesem Zusammenhang von der *Skeptischen Theorie*. Gibt es Denkfehler im Versuchsaufbau? Konnten die Versuchspersonen auf konventionellem Weg an die benötigte Information kommen? Gibt es Fehler bei der Datenaufzeichnung, die zu Artefakten führen könnten? Welche bisher nicht registrierten Reize und Signale könnten der Versuchsperson den entscheidenden Hinweis geben? Sind die statistischen Verfahren korrekt? All diese Fragen sind zu klären, und zwar am besten in Zusammenarbeit und Diskussion mit anderen Wissenschaftler/innen, um damit dem Problem einer möglichen Betriebsblindheit bezüglich des Experimentalaufbaus zu entgegnen. Es hat sich schon mehrfach gezeigt, dass sich ein vermeintlicher Psi-Effekt mit konventionellen Argumenten erklären lässt.[1]

Sollte aber dieses kritische Hinterfragen nicht zur Aufklärung des Effekts beitragen können, dann muss man davon ausgehen, dass man es aus der Perspektive der vorherrschenden Theorie mit einer Anomalie zu tun hat. Treten diese Anomalien gehäuft auf, gilt die bestehende Theorie als belastet und sie muss entweder erweitert oder durch eine neue Theorie ersetzt werden.

Ein theoretisches Modell, das diverse parapsychologische Befunde erklären kann, muss zwangsläufig auf einer fundamentalen Ebene von den momentan vorherrschenden Modellen über die materielle und/oder geistige Welt abweichen.

---

1 Ein sehr schönes Beispiel ist die Untersuchung von Westerlund und Dalkvist (1999).

Denn die Befunde, die es eventuell zu klären gilt, betreffen fundamentale Grundannahmen der Wissenschaft (Walach & Schmidt, 2005) wie die *Linearität der Zeit* (wie im Fall der Präkognition), die *lokale Wirkung von Ursachen* (z. B. Remote Viewing über kontinentale Distanzen) oder die *Einwirkung von mentalen Intentionen auf Materie* (z. B. Psychokinese). Die meisten Modelle zur Erklärung von Psi-Effekten stellen daher entweder einige dieser Grundannahmen infrage oder schlagen an bestimmten Stellen, an denen noch keine definitive Entscheidung für ein vorherrschendes Paradigma gefallen ist, entsprechende Erweiterungen vor (z. B. beim Leib-Seele-Problem oder bei der Interpretation der Quantenmechanik).

Der Anspruch an eine vollständige Theorie der Psi-Phänomene ist groß. Sie soll den langen Weg von einer neuen Annahme auf eine fundamentale Erklärungsebene bis hin zur konkreten Ausprägung im Falle eines Psi-Ereignisses zweifels- und widerspruchsfrei beschreiben können. Sie sollte auf allen Ebenen (am besten auch formal) präzise ausformuliert sein und sich nahtlos in das bisherige Theoriengebäude der Psychologie und Physik integrieren. Idealerweise sollte sie neben den Psi-Effekten selbst auch noch deren eigenwilliges Auftreten (Stichworte: *Replikationsproblem und Elusivität*) erklären können. Wohl kaum ein Modell erfüllt all die hier genannten Kriterien, aber es gibt doch mehr Modellansätze, als sich auf den ersten Blick vermuten lässt.

Stokes hat in zwei Übersichtsarbeiten (Stokes, 1987, 1997) viele parapsychologische Modelle zusammengetragen und nach verschiedenen Kriterien geordnet. Er unterscheidet neben der (1) *Skeptischen Theorie* (2) Theorien, die veränderte oder zusätzliche Annahmen zum vierdimensionalen *Raumzeitmodell* der Relativitätstheorie (Hawking, 1988) machen; (3) Theorien, die von einem *Signal* für Außersinnliche Wahrnehmung (ASW) und/oder Psychokinese (PK) ausgehen; (4) Theorien, die auf den Befunden der *Nichtlokalität* aus der Quantenmechanik aufbauen (Stapp, 1988) und schließlich (5) Neuropsychologische Theorien, die versuchen, Psi-Effekte durch eine entsprechende Konzeption zur Lösung des *Leib-Seele-Problems* (Carrier & Mittelstraß, 1989) zu erklären.

Dobyns (2000) fügt dieser Kategorisierung noch die prinzipielle Kategorie der phänomenologischen Theorien hinzu. Diese erklären zwar nicht, warum oder auf welche Art Psi wirkt, machen dafür aber Annahmen über das *Wie*. Dieser phänomenologische Zugang und vor allem seine empirische Überprüfung kann als ein zweites wichtiges Standbein der Theoriebildung betrachtet werden. Dabei gilt es zu klären, mit welchen Phänomenen man es eigentlich zu tun hat und wie diese zusammenhängen. Wäre beispielsweise eine Person in der Lage, fortgesetzt die Nummer der nächsten fallenden Zahl der Kugel eines Lottoautomaten vorherzusagen, dann würde man dies vielleicht als erstes mit dem Konzept der *Präkognition* erklären, doch könnte auch *Psychokinese* dafür herangezogen werden, indem man einen solchen Einfluss auf das Rollverhalten der Kugeln in der Trommel annimmt.

Die weiter unten dargestellte *Decision Augmentation Theory (DAT)* von May, Utts und Spottiswoode (1995) argumentiert zum Beispiel, dass es gar keine Psychokinese geben muss, weil sich die Befunde der PK-Forschung (siehe Kap. 11) unter bestimmten Bedingungen ausschließlich mit Präkognition erklären lassen. Weiterhin ist es unklar, ob es sich bei den Psi-Effekten um mehrere einzelne Phänomene handelt oder um ein Phänomen mit unterschiedlichen Ausprägungen. Da keinesfalls alle postulierten Psi-Phänomene eine vergleichbar robuste Befundlage aufweisen, wäre es zum Beispiel vorstellbar, dass lediglich dem Phänomenbereich *Remote Viewing* (Hellsehen) eine Realität zukommt, die Befunde zur Psychokinese Artefakte darstellen (Skeptische Theorie) und die Befunde zur Präkognition sich mittels Hellsehen erklären lassen. Experimente und Untersuchungen zu diesen Fragestellungen wurde vor allem von Steinkamp (1999) und Dobyns (2000) durchgeführt.

Eine ausführliche und umfassende Darstellung aller Theorien und Modelle der Parapsychologie würde den Rahmen dieses Kapitels bei weitem sprengen, hier sei auf die Arbeiten von Douglas Stokes (1987, 1997) verwiesen. Im Folgenden sollen jedoch die gegenwärtig am meisten diskutierten Theoriestränge näher betrachtet werden. All diesen Ansätzen ist gemeinsam, dass sie eine umfassende Erklärung der vorliegenden experimentellen Befunde durch eine skeptische Theorie ablehnen. Hinsichtlich der lebhaften Debatte, ob sich die in der Parapsychologie untersuchten Phänomene im Rahmen des derzeit vorherrschenden wissenschaftlichen Weltbildes erklären lassen, sei auf die entsprechende Literatur verwiesen (Alcock, 2003; Krippner, Friedman, & Richards, 2010).

Im Einzelnen sollen hier drei Theoriestränge aufgegriffen werden. Es sind dies die Theorien, die auf den Annahmen (1) *Theorien unbewusster Psi-Wahrnehmung* (PMIR, DAT und FST), (2) *Theorien in Analogie zur Quantenmechanik* (MPI, GQT) oder auf (3) der *Wiederherstellung der Zeitsymmetrie* (CIRTS) beruhen. Der gemeinsame Nenner dieser Ansätze ist, dass sie nach einer Erklärung für Psi-Phänomene jenseits einer *Signaltheorie* suchen. Die Idee, dass sich bestimmte Phänomene wie Telepathie über ein bisher unbekanntes physikalisches Signal vermitteln, war in der frühen parapsychologischen Theoriebildung eines der ersten Konzepte, wurden doch zeitgleich elektromagnetische Schwingungen entdeckt und dafür genutzt, Informationen über weite Strecken zu übertragen. Doch es gab schon bald zahlreiche Befunde, die mit einer physikalischen Signalübertragungstheorie unverträglich waren. Dies war vor allem der Umstand, dass die Distanz, die mittels Psi überbrückt werden sollte, offensichtlich keinen Einfluss auf das Gelingen oder Misslingen der Experimente hatte, während aus physikalischem Blickwinkel die Signalstärke mit dem Quadrat der Distanz abnehmen sollte. Weiterhin gibt es zahlreiche Befunde, die auf Präkognition oder retroaktive Beeinflussung hinweisen und somit das Modell einer gerichteten linearen Zeit, wie es auch für die Signalübertragungstheorie gelten müsste, infrage stellen.

Theorien unbewusster Psi-Wahrnehmung

Im Folgenden sollen drei Ansätze vorgestellt werden, die Psi – im Unterschied zur bisherigen Darstellung als seltene und außergewöhnliche Fähigkeit – als einen ganz alltäglichen, ständig stattfindenden unbewussten Prozess konzipieren. All diesen Modellen ist gemeinsam, dass es zunächst phänomenologisch beschreibende Ansätze sind, denen es um die Frage geht, wie sich mögliche Psi-Prozesse in unsere Welt integrieren können. Der erklärende Aspekt wird hier nicht berücksichtigt. Dieser Umstand sollte nicht als Schwäche der Theorie interpretiert werden; die Geschichte der Physik lehrt uns, dass beide Aspekte wichtig sind und diese historisch gesehen nicht unbedingt zusammenfallen.

Psi-Mediated Instrumental Response (PMIR)

Im Jahre 1974 publizierte der amerikanische Psychologe Rex Stanford ein Modell, das die damals ungewöhnliche Grundannahme machte, dass Außersinnliche Wahrnehmung (ASW) und Psychokinese (PK) von Menschen auch unbewusst genutzt werden könnten (Stanford, 1974a, 1974b, 1990). Gemäß diesem Modell würden Menschen, besonders wenn sie in Not sind oder dringende Bedürfnisse haben, sowohl Psi als auch normale sensorische Modalitäten nutzen, um ihre Situation zu verbessern und an relevante Informationen zu gelangen. Da sie sich der Psi-Komponente in diesem Prozess nicht bewusst sind, würde sich diese in bestimmten Neigungen und Präferenzen widerspiegeln, deren Verfolgung in der Tat positive Effekte hätte. Stanford spricht von einer *Psi-Mediated Instrumental Response (PMIR)*. In diesen Rahmen schließt Stanford bewusst auch nicht-intentionale und damit unbewusste Psychokinese mit ein. Auch hier ist die Idee, dass der Organismus sich durch eine unbewusste Beeinflussung der Umgebung aus unangenehmen oder gefährlichen Situationen befreit oder es erst gar nicht zu diesen kommen lässt.

In der Alltagswahrnehmung müsste eine solche Einbeziehung von über ASW erlangten Erkenntnissen in das Verhalten gar nicht auffallen. Oft führen wir Handlungen automatisch aus, ohne uns über die dahinterliegenden Entscheidungsprozesse bewusst zu sein. Der ASW-Inhalt könnte aber auch als Intuition oder plötzliche Eingabe unbekannter Herkunft mental verfügbar sein oder sich in ganz besonderen drastischen Fällen auch mit seinem wahren außersinnlichen Charakter offenbaren (z. B. Krisentelepathie). Die unbewusste Psychokinese hingegen würde im Alltag vermutlich überhaupt nicht auffallen, und wenn, dann nur zum Beispiel als glückliche Fügung der Umstände (zum Beispiel, wenn man wegen eines Defekts am Auto auf der Fahrt zum Bahnhof den Zug verpasst, der später verunglückt) oder als Glücksphase, die nicht mit dem eigenen Handeln in Verbindung gebracht wird. Diese Erklärung würde auch auf die Berichte von vielen ‚*Spukfällen*', die durch ihre englische Benennung als *recurrent spontaneous psychokinesis* oft als ‚*RSPK*'-bezeichnet werden, passen. Hier finden sich oft in Fallbeschreibungen Strukturen, bei denen im Zentrum der ungewöhnlichen Ereignisse eine bestimmte (Fokus-)Person steht, die sich in psychischer Not befindet. Diese macht anscheinend durch die ‚Spukereignisse' indirekt auf sich aufmerksam, ohne dass ihr dies bewusst ist (Lucadou & Poser, 1997; Wagner & Lucadou, 2012).

Aus psychologischer und biologischer Sicht ergibt dieses Modell durchaus Sinn, wenn man die Möglichkeit in Betracht zieht, dass Menschen Psi-Informationen erlangen und nutzen können. Ein Großteil unserer Wahrnehmungsprozesse findet unbewusst statt, eine Einbeziehung zukünftiger Entwicklungen oder von mit den normalen Sinneskanälen nicht erreichbaren Informationen in unsere Entscheidungen würde deutliche Überlebensvorteile mit sich bringen.

Decision Augmentation Theory (DAT)

Eine Weiterentwicklung des PMIR-Modells stammt von dem Physiker Ed May in Zusammenarbeit mit der Statistikerin Jessica Utts und dem Kognitionsforscher James Spottiswoode (May u. a., 1995, 1996) unter dem Titel *Decision Augmentation Theory (DAT)*. Das Anliegen dieser Gruppe war es, die Idee der unbewussten Nutzung von Psi zu übernehmen, aber die Zahl von Annahmen, die gegen das momentane physikalische Weltbild verstoßen, zu reduzieren.

Daher wird in diesem Modell im Unterschied zu Standfords Modell auf die These verzichtet, dass es PK gibt. Hingegen wird angenommen, dass lediglich *ein* Psi-Modus existiert, nämlich der Transfer von Informationen aus der Zukunft in die Vergangenheit (*Präkognition*). Diese Information wird zusammen mit den Informationen aus allen anderen Wahrnehmungsprozessen unbewusst verarbeitet und führt dazu, dass im menschlichen Entscheidungsprozess zukünftige Ereignisse berücksichtigt werden. Dies, so die Autoren/in, müsste dazu führen, dass sich in den menschlichen Entscheidungen eine leichte Tendenz (engl. *bias*) zu zukünftig positiveren Alternativen findet, die mit statistischen Mitteln aufgezeigt werden kann. Auch hier ist der evolutionsbiologische Nutzen evident, denn eine Einbeziehung zukünftiger Ereignisse in das Handeln wird sich positiv auf die Überlebenswahrscheinlichkeit auswirken.

Positive Befunde in *PK-Experimenten* erklären die Autoren/in damit, dass die Person, die in einem Experiment den Beginn des Experimentaldurchgangs bestimmt, unbewusst die Zukunft nach einem geeigneten Moment absucht, um das Experiment zu starten. Denn auch wenn ein Zufallsgenerator perfekt und unbeeinflusst eine Abfolge von Nullen und Einsen mit gleicher Wahrscheinlichkeit produziert, kann durch einen geeigneten Startpunkt eine Folge gefunden werden, in der mehr Nullen als Einsen enthalten sind oder umgekehrt. Voraussetzung dafür ist lediglich, dass man die Abfolge der Sequenz im Vorhinein kennt und sich so natürliche Schwankungen zunutze machen kann. Beim Roulette zum Beispiel wird es immer wieder Phasen geben, in denen in den nächsten 20 Ausspielungen die roten Zahlen den Erwartungswert von knapp 10 Treffern deutlich übersteigen. Während man also prinzipiell immer verlieren wird, wenn man konsequent auf Rot setzt[2], so könnte man, wenn man den Beginn dieser Phasen per Präkognition voraussieht, hier einen Gewinn erzielen.

Das Modell ist präzise mathematisch ausformuliert und kann jederzeit empirisch überprüft werden. Im Rahmen von DMILS-Experimenten (siehe Kap. 10) wurde eine DAT-Hypothese explizit getestet, indem Versuchsbedingungen geschaffen wurden, bei denen entweder der Experimentaldurchgang nur einmal gestartet werden konnte und dann komplett durchlief oder indem innerhalb des Experimentaldurchgangs jede einzelne Epoche neu gestartet werden musste. In letzterem Fall hatten die Versuchspersonen mehr Entscheidungsfreiheiten und sollten nach dem DAT-Modell einen größeren Psi-Effekt erzielen. Das Ergebnis war jedoch genau entgegengesetzt, signifikante Ergebnisse fanden sich lediglich für die erste Bedingung mit nur einer Entscheidungsfreiheit (Braud & Schlitz, 1989b).

Interessant ist die Interpretation von PK-Daten aus Experimenten mit Zufallsgeneratoren (REG, siehe Kapitel 11). Hier sagt das DAT-Modell voraus, dass die Anzahl der menschlichen Entscheidungen innerhalb des Experimentes die Stärke des Effektes bestimmt. Demnach würde die *Effektstärke* eines solchen Mikro-PK-Experimentes nicht, wie man erwarten würde, von der Anzahl der einzelnen Zufallsereignisse abhängen, sondern lediglich von den Möglichkeiten, diese Zufallsereignisse zu starten. Dies würde den bereits in Kapitel 11 diskutierten Befund erklären, warum größere Mikro-PK-Experimente mit längeren Zufallsreihen oder schnelleren Zufallsgeneratoren nicht die Ergebnisse kleinerer Versuche wiederholen können.

First Sight Theory (FST)

Der dritte Theorieentwurf, der Psi als unbewusste alltägliche Komponente konzipiert, stammt von dem Psychologen und Psychotherapeuten James Carpenter und trägt die Bezeichnung *First Sight Theory (FST)* (J. C. Carpenter, 2004, 2005, 2012). Der Name *First Sight* bezieht sich dabei auf das zentrale Merkmal dieses Ansatzes, nämlich, dass ASW sehr früh im Wahrnehmungsprozess stattfindet und in diesem fest integriert ist. Carpenter zieht eine starke Parallele zwischen *subliminaler Wahrnehmung* und ASW. Die psychologische Forschung der letzten 25 Jahre hat gezeigt, dass Reize, die unterhalb einer zur bewussten Wahrnehmung notwendigen Schwelle dargeboten (d. h. subliminal) werden, trotzdem unbewusst verarbeitet werden und unser Denken und Handeln maßgeblich beeinflussen können, ohne dass man sich dessen gewahr ist. Ganz ähnlich, so Carpenter, verhalte es sich auch mit außersinnlich gewonnenem Informationsmaterial. Wir nehmen es wahr, verarbeiten es, handeln danach, aber auch hier sind wir uns des Prozesses nicht be-

[2] Mit der Null gibt es insgesamt 37 Zahlen, von denen nur 18 rot sind. Dies ergibt eine mittlere Wahrscheinlichkeit für Rot von $p = 0{,}486$.

wusst. An zahlreichen Studien belegt Carpenter, dass Befunde aus Psi-Studien und Befunde aus der Forschung zu subliminalen Reizen interessante Parallelen aufweisen. Im Unterschied zu *DAT* schließt Carpenters Modell auch PK ein. So wie er ASW als *first sight* konzipiert, wird PK zu *first act*. Hierbei wirken die allerersten unbewussten Intentionen, eine bestimmte Handlung auszuführen, zunächst auf das eigene Nervensystem, aber dann auch über die physischen Grenzen des Körpers hinaus. Allerdings ist die Theorie hier nicht weiter spezifiziert. Carpenter hält die Existenz von PK für wahrscheinlich, da er parallel zur konventionellen Wahrnehmung und Handlung auch von einem wahrnehmenden Psi-Modus (ASW) und einem handelnden Psi-Modus (PK) ausgeht.

Durch diese tiefe Integration von Psi in die alltäglichen physiologischen Prozesse unseres Körpers entsteht ein völlig neues Bild dessen, was Psi ist, und Carpenter fordert hier zu einem radikalen Umdenken und einer neuen Sicht der Dinge auf. Psi ist in diesem Modell *keine bestimmte oder herausragende Fähigkeit*, da es als allgegenwärtig konzipiert ist und darin anderen permanenten physiologischen Prozessen gleichgestellt wird. Psi ist auch *keine besondere Erfahrung*, da es ja jenseits der Wahrnehmungsschwelle bleibt. Das Besondere am Ansatz von Carpenter ist daher, dass er versucht, Psi seines besonderen Status als außerordentlich und ungewöhnlich zu entheben und unbewusste Wahrnehmungsprozesse und Handlungsabsichten in alltägliches psychologisches Geschehen zu integrieren.

Inwieweit dieser Ansatz empirische Bestätigung erfährt, ist schwer zu beurteilen. Carpenter interpretiert viele bisherige parapsychologische Befunde im Lichte seiner Theorie und findet hier Übereinstimmungen zwischen Theorie und Empirie. Dabei besteht allerdings immer die Möglichkeit, dass bewusst oder unbewusst nur eine selektive Auswahl solcher Befunde stattfindet. Eine prospektive experimentelle Testung der Theorie würde hier einen solideren Beweis erbringen. Dazu erscheint der Entwurf allerdings an einigen Stellen momentan noch zu unscharf formuliert.

Theorien in Analogie zur Quantenmechanik

Die Quantenmechanik wird gerne als Erklärungsrahmen für Probleme verwendet, die sich bisher einer konventionellen wissenschaftlichen Erklärung entziehen. Offenbar genießt die Quantenmechanik den Ruf einer Theorie, die die Möglichkeiten bietet, die Grenzen des bisher Erfahrenen zu durchschreiten. Dies wird sicherlich durch die zahlreichen Aussagen von vielen Physiker/innen über die kontraintuitiven Erkenntnisse und Paradoxien (Schrödingers Katze, Teilchen-Welle-Dualismus, Nichtlokalität) hervorgerufen, während die Theorie gleichzeitig durch ihre mathematische Formulierung zu komplex ist, als dass sich auch Laien im Detail damit befassen könnten. So entstehen sogenannte *quantenmystische Pseudoerklärungen*, mit denen versucht wird, Erfahrungen und Umstände, die nicht erklärbar sind, mit einer Theorie zu fassen, die eine Projektionsfläche für Unerklärliches bietet.[3]

Wenn also im Folgenden dargestellt wird, inwieweit Befunde der Quantenmechanik geeignet sind, Psi-Phänomene zu erklären, dann muss sich dies auch präzise an den entsprechenden Erkenntnissen der Quantenmechanik orientieren. Dabei gilt es zu verstehen, dass die Quantenmechanik selbst eine mathematisch formulierte Theorie ist. Dieses Theoriegebäude ist unstrittig und gilt als die experimentell am besten bewiesene Theorie der Physik (Atmanspacher & Filk, 2014). Die Schwierigkeit und auch die Uneinigkeit beginnen an dem Punkt, an dem versucht wird, den mathematischen Formalismus zu interpretieren. Hier kommt es zu mehreren Sachverhalten, die dem intuitiven Alltagsverständnis zuwiderlaufen und deren Konsequenzen zum Teil selbst innerhalb der Physik kontrovers diskutiert werden (Stillfried, 2010). Drei solche scheinbaren Paradoxe sollen hier näher erläutert werden: das *Superpositionsprinzip*, die *Nichtlokalität* und das *Komplementaritätsprinzip*.

Das *Superpositionsprinzip*: In der Quantentheorie gibt es eine Wahrscheinlichkeitsinterpretation für Ereignisse. Dies bedeutet zum Beispiel, dass die Frage, ob ein bestimmtes Atom innerhalb eines bestimmten Zeitintervalls zerfällt, nicht eindeutig mit Ja oder Nein beantwortet werden kann, sondern lediglich mit einer Wahrscheinlichkeitsangabe. Diese Wahrscheinlichkeitsinterpretation drückt sich in der *Wellengleichung von Schrödinger* aus (Namiki, 1990). Nimmt man nun eine konkrete Messung vor, bei der man überprüft, ob das Atom am Ende des Zeitraums zerfallen ist, dann erhält man eine eindeutige Antwort, die entweder Ja oder Nein heißt. Der springende Punkt ist jedoch, dass das untersuchte System bis zum Zeitpunkt der Messung keinen spezifischen Zustand eingenommen hat. Es ist nicht nur so, dass man *vor* der Messung nicht sagen kann, ob das Teilchen zerfallen ist oder nicht (epistemische Perspektive), sondern das Teilchen ist dem ontologischen Zustand nach tatsächlich *gleichzeitig zerfallen und nicht zerfallen*, es befindet sich bis zum Zeitpunkt der Messung in einem sogenannten Zustand der *Superposition* (Accardi & Regoli, 2002; Lucadou, 1995a; Namiki, 1990; Stapp, 1997; Stokes, 1987; Tegmark & Wheeler, 2001). Dieser Sachverhalt ist auch als das Paradox von *Schrödingers Katze* bekannt geworden. Eine Katze befindet sich in einer Kiste, zusammen mit einem Apparat, der die Katze tötet, wenn ein radioaktives Atom in einem bestimmten Zeitintervall zerfällt. Schaut man nach Ablauf der Zeit in der Kiste nach (Messung), dann findet man dort *entweder* eine tote *oder* eine lebendige Katze (klassischer Zustand). Aber bevor diese Messung stattfindet, befinden sich gemäß dem Superpositionsprinzip eine *gleichzeitig* tote und lebendige Katze in der Kiste (Namiki, 1990; Tegmark & Wheeler, 2001).

Der Übergang von der Superposition in den klassischen Zustand ist in der Physik nicht eindeutig geklärt. Aus der Schrödinger-Gleichung selbst geht nicht

[3] Ein Beispiel ist die sogenannte Quantenheilung (Pietza, 2014).

hervor, unter welchen Bedingungen die Wellenfunktion kollabiert und in einen diskreten, klassischen Zustand übergeht. Für den Umgang mit diesem ungeklärten Schnittpunkt zwischen klassischen Systemen und Quantensystemen gibt es zahlreiche Interpretationen (Namiki, 1990; Tegmark & Wheeler, 2001).

Nichtlokalität: Das Phänomen der quantenmechanischen Nichtlokalität lässt sich aus dem Superpositionsprinzip ableiten. Es gibt Teilchenpaare, die sich in einem sogenannten Verschränkungszustand (engl. *Entanglement*) befinden. Wird bei diesen Teilchen eine bestimmte Eigenschaft gemessen, dann ist das Ergebnis genau entgegengesetzt. Diese Eigenschaft könnte z. B. der Kernspin sein. Ergibt die Messung bei einem Teilchen +1, dann muss sie zwangsläufig beim anderen Teilchen des Paares −1 ergeben (Accardi & Regoli, 2002). Bis zur Messung befinden sich jedoch die beiden Teilchen in der Superposition. Der spannende Punkt ist, dass diese Verschränkung auch anhält, wenn die beiden Teilchen *räumlich separiert* werden. All dies lässt sich formal aus der Theorie der Quantenmechanik ableiten.

Der erste, der die Bedeutung dieses Umstandes erkannte, war *Einstein*. Er veröffentlichte zusammen mit Podolsky und Rosen 1935 einen Artikel, der auf ein Paradox hinwies (Stapp, 1997). Angenommen, man würde die beiden Teilchen vor der Messung räumlich weit separieren und dann an einem Teilchen eine Messung vornehmen, dann müsste das andere Teilchen im genau gleichen Moment den gegenteiligen Zustand annehmen. Ein Ereignis an einem Ort würde also *ohne Zeitverzögerung* und *ohne Vermittlung* einen ‚Effekt' an einem beliebig weit entfernten Ort ‚bewirken'. Dies, so Einstein, wäre eine Verletzung der *Lokalitätsannahme* der Physik, die davon ausgeht, dass alle Effekte lokal, also in einem direkten Kontakt vermittelt werden. Damit sei bewiesen, dass die Quantenmechanik entweder nicht vollständig sei oder einen Fehler enthalte. Doch es kam genau anders: Heute gilt diese *Nichtlokale Korrelation* als empirisch bewiesenes Phänomen und die Quantenmechanik als vollständig. Das Lokalitätsprinzip dagegen wird verletzt und dieser Umstand wird als *Nichtlokalität* bezeichnet (Mahler, 1996; Primas, 1996; Stapp, 1997).

Beginnt damit das Zeitalter der Kommunikation mit Überlichtgeschwindigkeit? Können wir nun unmittelbar Informationen aus Quellen erhalten, die Hunderte von Lichtjahren entfernt sind? Die Antwort lautet nein. Die nichtlokalen Korrelationen eignen sich nämlich nicht zur *Signalübertragung*. Dies liegt daran, dass das erste Messergebnis selbst nicht vorhersagbar ist. An einem Teilchen wird eine Messung vorgenommen, die entweder das Ergebnis A oder B ergibt. Im selben Moment nimmt das beliebig entfernte, andere Teilchen den gegenteiligen Zustand B oder A an. Wenn man allerdings nicht weiß, wie die Messung am ersten Teilchen ausgeht (A oder B), dann weiß man auch nicht, wie die Messung am zweiten, entfernten Teilchen ausgeht. Es gibt zwar einen Zusammenhang zwischen den beiden Teilchen, nämlich eine exakte Korrelation, aber dieser Zustand der Teilchen ist *nicht beeinflussbar* und *nicht vorhersagbar*. Insofern können mit ihr auch keine Informationen übertragen werden. Somit wird die Lokalitätsannahme zwar prinzipiell verletzt, aber dies führt zunächst kaum zu praktischen Konsequenzen.

Komplementarität: Das von Niels Bohr 1927 vorgeschlagene Konzept der Komplementarität ist ein Lösungsvorschlag für das *Teilchen-Welle-Problem* (Stillfried 2010). Die experimentelle Physik hatte bis zu diesem Zeitpunkt zahlreiche empirische Belege geliefert, die bestätigten, dass es sich bei dem Phänomen Licht entweder um ein *Teilchen* (Photon) oder um eine *elektromagnetische Welle* handelt, obwohl sich diese beiden Beschreibungen widersprechen. Das Verhältnis dieser beiden Beschreibungen zueinander bezeichnete Bohr als *komplementär*. Damit ist gemeint, dass beide Beschreibungen sich wechselseitig ausschließen, aber dass gleichzeitig auch beide Beschreibungen notwendig sind, um das Phänomen vollständig zu beschreiben. Dieses kontraintuitive Prinzip erwies sich als fruchtbare Beschreibung vieler weiterer Zusammenhänge in der Quantenmechanik. Aus dem Komplementaritätsprinzip folgt eine weitere wichtige Eigenschaft, die quantenmechanisch formalisierte Systeme von klassischen unterscheidet. Dies ist die *Nicht-Vertauschbarkeit (Nicht-Kommutativität)* von messbaren Variablen. Während in klassischen Systemen die Reihenfolge von Messungen eines Untersuchungsgegenstandes keine Rolle spielt (z. B. Größe und Gewicht), ist dies in der Quantenmechanik nicht gegeben. Misst man hier zum Beispiel Ort und Impuls eines Elementarteilchens, so sind diese gemäß der Heisenberg'schen Unschärferelation nicht beide mit vollständiger Exaktheit zu bestimmen. Die Reihenfolge der Messung der beiden Eigenschaften führt zu unterschiedlichen Ergebnissen und dieser Umstand ist nicht etwa messtechnischen Problemen geschuldet, sondern ist eine intrinsische Eigenschaft des Systems (Atmanspacher & Filk, 2014).

Zahlreiche Analysen der letzten zwanzig Jahre haben gezeigt, dass die Grundprinzipien der Quantenmechanik auch für makroskopische Systeme gültig sind und sich viele ihrer Eigenschaften prinzipiell generalisieren lassen (siehe für eine Zusammenfassung Stillfried, 2010). Daraus ergeben sich auch Ansätze für die parapsychologische Theoriebildung. Beispielsweise könnte man das Jung'sche Konzept der Synchronizität[4] als einen makroskopischen, nicht-lokalen Zusammenhang konzipieren. Im Folgenden sollen hierzu zwei Theorieansätze vorgestellt werden.

Generalisierte Quantentheorie (GQT)

Diese Theorie geht auf eine theoretische Arbeit der Physiker Harald Atmanspacher und Hartmann Römer sowie des Psychologen und Philosophen Harald Walach zurück (Atmanspacher, Römer, & Walach, 2002) und trug zuerst den Namen *Schwache Quantentheorie* (Weak Quantum Theory, WQT). In diesem Theorieansatz wird eine allgemeinere Version der Quantenmechanik formal und algebraisch dargestellt. Der Geltungsbereich dieser Theorie reicht dabei über den Rahmen normaler physikalischer Systeme hinaus (Lucadou, Römer, & Walach,

[4] Ereignisse in der realen Welt, die in einem sinnhaften Zusammenhang zu inneren Erlebnissen stehen.

2007). Auch diese Theorie erlaubt Beschreibungen von komplementären sowie nicht-lokalen Verschränkungen. Ein zentraler Unterschied ist jedoch, dass die Planck'sche Wirkungskonstante, die den Grad der Nichtkommutierbarkeit in der normalen Quantentheorie bestimmt, in der GQT nicht vorkommt. Damit wird die Möglichkeit geschaffen, dass Verschränkung und Komplementarität auch in *makroskopischen Systemen* auftreten. Die Bedingung für eine nicht-lokale Verschränkung ist dabei, dass

a) ein System von seiner Umwelt sinnvoll isolierbar bzw. beschreibbar ist, das wiederum Teilsysteme enthält, und
b) eine Variable, die das gesamte zu untersuchende System beschreibt, komplementär zu lokalen Variablen ist, die Teilsysteme beschreiben (Lucadou u. a., 2007, S. 55).

Mit dieser theoretischen Formulierung liegt eine Theorie vor, die sich einerseits widerspruchsfrei in den bisherigen theoretischen Kanon der Physik eingliedert und die andererseits Psi-Phänomene erklären könnte. Demnach wären Psi-Phänomene *nicht-lokale Korrelationen*. Konkret bedeutet dies, dass zwei Ereignisse miteinander in Beziehung stehen, ohne dass dafür eine räumliche Nähe oder vermittelnde kausale Signale notwendig sind. Damit ist die sonst in klassischen makroskopischen Systemen gültige Lokalitätsannahme bei Psi-Effekten außer Kraft gesetzt. Konsequenterweise müssten Psi-Phänomene bestimmte Eigenschaften aufweisen, die für nicht-lokale Korrelationen gültig sind. Dies wäre zum einen, dass es sich um bloße Korrelationen handelt und nicht um kausale Effekte, wovon eigentlich in der Wissenschaft bei allen möglichen Phänomenen stets ausgegangen wird. Die zweite Eigenschaft wäre zum anderen – da auch hier die Ausprägung der Korrelation nicht erzwungen werden kann –, dass sich Psi-Phänomene nicht dafür eignen, Signale zu übertragen. So könnten zum Beispiel Menschen in telepathischer Verbindung stehen, weil sie zeitgleich an dieselbe Sache denken, es wäre aber unmöglich, dass die eine Person der anderen Person auf diesem Weg wiederholt eine Nachricht zukommen ließe.

Eine Schwierigkeit dieses Ansatzes ist es jedoch sicherlich, die theoretischen Formulierungen in einen Anwendungsbezug zu bringen. Es stellen sich die Fragen, was genau *komplementäre Variablenpaare* oder auch *globale* und *lokale Beschreibungen* eines Systems sind. Selbst die Frage, was eigentlich eine Variable kennzeichnet, wenn der Rahmen der materiellen Physik überschritten worden ist, kann nicht genau beantwortet werden. Somit hat die Anwendung des Modells auf Psi-Effekte im Moment vor allem phänomenologisch-spekulative Bedeutung. Auf der anderen Seite kann das Modell präzise Vorhersagen treffen, die dann empirisch überprüfbar sind.

Das Modell der Pragmatischen Information (MPI) wurde von dem Freiburger Physiker und Psychologen Walter von Lucadou entwickelt. Es weist in den zentralen Punkten Überschneidungen mit der GQT auf, hat aber historisch andere Wurzeln. Es wurde in den 1980er Jahren ausgehend von den damals populären *Observational Theories* (siehe Stokes, 1997) konzipiert und seither von Walter von Lucadou stetig weiterentwickelt.

Die *Observational Theories* (Millar, 1978) gehen davon aus, dass die Wellenfunktion durch die *bewusste* Wahrnehmung einer Beobachter/in bei der Messung zum Kollabieren gebracht wird (Namiki, 1990; Stokes, 1987, S. 139). Schrödingers Katze befindet sich so lange in der Superposition, bis ein bewusstes Wesen zu einer Information über den Zustand der Katze gelangt. Für die experimentelle Psi-Forschung könnte das heißen, dass die Ergebnisse erst durch die Inspektion der Daten durch die Versuchsleiter/in festgelegt werden und der Ausgang des Experimentes damit bis zu diesem Zeitpunkt offen ist. Die PK-Versuche mit sogenannten *prerecorded targets*, wie sie in Kapitel 11 beschrieben wurden (H. Schmidt, 1976), zielen auf die Untersuchung genau dieses Sachverhaltes. Verschiedene Forscher/innen haben auf Basis dieser Modellannahmen detaillierte Theorien formuliert (siehe z. B. H. Schmidt, 1993). Eine umfassende Übersicht findet sich bei Millar (1978).

Das *Modell der Pragmatischen Information* kann kurz in sieben Thesen skizziert werden (für eine ausführlichere Darstellung siehe (Lucadou, 1989, 1995a, 1995b, 2001, im Druck; S. Schmidt, 2002):

1. Psi-Effekte entstehen nicht durch die Übertragung eines Signals, sondern stellen *Korrelationen* innerhalb eines Systems dar.
2. Bei diesen Korrelationen handelt es sich um makroskopische Analogien zu *nicht-lokalen Korrelationen* der Quantenmechanik.
3. Damit in einem makroskopischen System nicht-lokale Korrelationen entstehen können, muss es gewisse Anforderungen erfüllen. Diese Anforderungen beziehen sich auf die Selbsterhaltung und die innere Struktur des Systems sowie auf seine Komplexität und richten sich nach dem Konzept der *Organisierten Geschlossenheit* der chilenischen Biologen (Maturana & Varela, 1987) (1987).
4. Eine Information wird als *pragmatisch* bezeichnet, wenn sie für ein System von *Bedeutung* ist. Bedeutung wird dabei als Veränderungsmöglichkeit des Systems verstanden.
5. Jede unabhängige Messung an einem ‚organisch geschlossenen' System führt zu einem *Austausch von pragmatischer Information.*
6. Die pragmatische Information, die das geschlossene System intern erzeugt, führt zur Induktion der nicht-lokalen Korrelationen und damit zu Psi-Phänomenen.

7. Nicht-lokale Korrelationen in Quantensystemen können nicht zur Signalübertragung verwendet werden. Möchte man Psi-Effekte dazu benutzen, ein bestimmtes Signal zu übertragen, wird diese Regel verletzt und der Psi-Effekt verschwindet.

Insbesondere die Punkte 2. und 7. stellen die zentralen Thesen des Modells dar. Von Lucadou hat die Eigenschaft der nicht-lokalen Korrelationen, keine Signale übertragen zu können, als *Axiom* gesetzt.[5] Daraus folgt nun auch der Umkehrschluss, dass, wenn dies doch möglich wäre, die Korrelation verschwinden müsste. Damit erklärt von Lucadou die Flüchtigkeit (*Elusivität*) der Psi-Phänomene, die sich auch in der mangelnden Replikation und im sogenannten *Decline-Effekt* niederschlägt.

Konkret ist hier die Idee, dass das hochkomplexe, organisch geschlossene System durch die Messung an pragmatischer Information verliert und dadurch die nicht-lokalen Korrelationen, die die Psi-Phänomene darstellen, unwahrscheinlicher werden. Aus Sicht der Forscher/in bedeutet dies, dass man bei der Durchführung eines Experimentes an Informationen und damit auch an Gewissheiten über das Verhalten des experimentellen Systems gewinnt. Diese Informationen über das experimentelle System könnte man theoretisch benutzen, um einen Signalübertragungsweg aufzubauen. Da aber eine Signalübertragung nicht möglich ist, muss sich das experimentelle System bei der Replikation als nicht mehr so berechenbar erweisen wie zuvor. Der zuvor gefundene Effekt entzieht sich dem Zugriff und damit der Replikation.

Die spannende Frage ist hier, ob das Modell trotz dieses Umstandes, dass sich der Effekt scheinbar der Forschung entzieht, empirisch nachweisbar ist. In einer eigenen Untersuchung (S. Schmidt & Walach, 1997; S. Schmidt, 1996) haben wir ein Experiment durchgeführt und es anschließend repliziert, ohne jedoch das erste Experiment ausgewertet zu haben. Damit stand bei dieser ersten Replikation keine Information aus dem Originalexperiment zur Verfügung. Daraufhin wurden die beiden Experimente ausgewertet und dann eine weitere Replikation durchgeführt, mit dem Unterschied, dass diesmal die Informationen aus dem Originalexperiment zur Verfügung standen. Leider zeigte sich hier aber bereits im Originalexperiment kein Psi-Phänomen, so dass es auch zu keinen Unterschieden bei den Replikationen mit bzw. ohne Information kommen konnte.

Eine spannende Idee zur Überprüfung des Modells stammt von Lucadou selbst. Lucadou hat mehrfach komplexe Mikro-PK-Experimente mit REGs durchgeführt. Anstatt nun den Effekt, wie sonst bei solchen Experimenten üblich, präzise für den Zusammenhang zwischen zwei Variablen zu hypothetisieren, hat Lucadou eine Korrelationsmatrix aus allen im Experiment bekannten psychologischen und physikalischen Variablen erstellt. Die Variablen leiten sich dabei aus dem Verhalten der Versuchspersonen und aus dem Verhalten des REGs ab. In einer solchen Korrelati-

5 Non-Transition Axiom (NT-Axiom)

onsmatrix erwartet man auch unter Zufallsbedingungen, also wenn kein Psi-Effekt angenommen wird, eine bestimmte Anzahl signifikanter Korrelationen. Bei einem p-Wert von $p = 0{,}05$ wären dies 5 von 100 (siehe auch Kap. 4). Lucadou konnte bei seinen Experimenten eine überzufällige Häufung von signifikanten Korrelationen finden, was darauf hindeutet, dass sich das System nicht rein zufällig verhalten hat und als Psi-Effekt interpretierbar ist. Die Vorhersage Lucadous war nun, dass in einer Replikation erneut überzufällig viele Korrelationen auftreten würden, aber nicht notwendigerweise an denselben Stellen. Damit hat das System genügend Freiheitsgrade, so dass der Effekt sich erneut zeigen kann. Da man nicht genau weiß, zwischen welchen konkreten Variablen Korrelationen zu erwarten sind, erreicht man nicht so viel Gewissheit über das System, dass der Effekt gemäß dem Axiom, dass keine Signalübertragung stattfinden kann, verschwinden muss. Nichtsdestotrotz kann über das Auszählen von signifikanten Korrelationen eine Aussage über mögliche Psi-Effekte im Experiment gemacht werden. Diese Replikation wurde 2013 nun tatsächlich durchgeführt und in der Tat bestätigte sich die Hypothese Lucadous. In einem Replikationsexperiment von Walach und Horan (2014) wurden in der entsprechenden Korrelationsmatrix 101 signifikante Korrelationen ($p < 0{,}05$) erwartet. In den Kontrollexperimenten, bei denen keine Versuchsperson anwesend war, ergaben sich 102 signifikante Korrelationen. Waren aber Versuchspersonen anwesend und versuchten den REG in die eine oder andere Richtung abzulenken, dann stieg die Anzahl der signifikanten Korrelationen auf 312 und dieses Ergebnis war selbst hochsignifikant.

Insgesamt ist das Modell an einigen Stellen präzise ausformuliert, an anderen bleibt unklar, was genau gemeint ist und welche Voraussagen abgeleitet werden können. Eine mathematische Formulierung steht noch aus. Für das Modell spricht sein sehr enger Praxisbezug. Lucadou leitet seit mehr als 30 Jahren eine parapsychologische Beratungsstelle. Das MPI ist auf der Basis des sehr umfangreichen Fallmaterials der Beratungsstelle (Zahradnik & Lucadou, 2012; Zahradnik, 2007) entstanden und erfährt in diesem Rahmen auch fortgesetzt Weiterentwicklungen.

Wiederherstellung der Zeitsymmetrie

Der niederländische Physiker Dick Bierman hat 2010 eine Modellskizze unter dem Akronym *CIRTS* publiziert (Bierman, 2010). CIRTS steht für *Consciousness Induced Restoration of Time Symmetry*, zu Deutsch etwa: Bewusstseinsinduzierte Wiederherstellung der Zeitsymmetrie. Grundlage dieser Theorie ist, dass in fast allen Bereichen der Physik die theoretischen Formulierungen *zeitsymmetrisch* sind. Dies bedeutet, dass die beschriebenen Abläufe entweder vorwärts oder rückwärts in der Zeit stattfinden können, man spricht auch von *Zeitumkehrinvarianz*. Die Zeit hat in den entsprechenden Gleichungen keine Richtung (Atmanspacher, 1995). Diese theoretischen Beschreibungen stehen im fundamentalen Gegensatz zu unserem Alltagsleben, in dem die Zeit klar gerichtet scheint. Als Antwort auf die Frage, warum von zwei potenziellen Zeitrichtungen nur eine tatsächlich in Erscheinung tritt, wird meist der *Zweite Hauptsatz der Thermodynamik* herangezogen. Dieser besagt, dass sich Systeme immer in die Richtung einer höheren *Entropie* (Unordnung) oder auch in Richtung eines thermodynamischen Gleichgewichts bewegen. Mischt man zum Beispiel heißes Wasser mit kaltem Wasser, entsteht dabei lauwarmes Wasser. Dieser Prozess ist nicht umkehrbar. Die Zeitsymmetrie ist gebrochen und die Zeit kennt hier nur eine Richtung. Bierman formuliert dies anschaulich, indem er bemerkt, dass ein Film, der die Bewegung einer Kugel zeigt, vorwärts und rückwärts abgespielt werden kann, ohne dass die Zuschauer die Varianten unterscheiden könnten. Ganz anders jedoch, wenn sich ein Zuckerstück in heißem Tee auflöst. Würde man diesen Film vorwärts und rückwärts laufen lassen, wäre die paradoxe Variante sofort zu erkennen (Bierman, 2010). Aus physikalischer Sicht ist bis heute nicht klar, warum dieser Zeitsymmetriebruch entsteht und warum nur eine von zwei theoretischen Möglichkeiten in der Welt tatsächlich vorgefunden wird.

Die zentrale Idee des CIRTS-Modells besteht nun darin, dass in Systemen, in denen *bewusste* Verarbeitung stattfindet, dieser *Symmetriebruch* teilweise wieder aufgehoben wird. Somit könnten ausgehend von einem bewusst wahrgenommenen Ereignis zwei Wellen in zwei Zeitrichtungen starten, eine vorwärts in der Zeit und die andere rückwärts. Damit wären aber Informationen über zukünftige Ereignisse schon zuvor erhältlich. Bierman betont, dass dieses Modell keine physikalischen Grundannahmen verletzt. Es behauptet lediglich, dass bestimmte Sachverhalte, die physikalisch möglich sind, aber in der Realität nicht beobachtet werden können, nun unter bestimmten Rahmenbedingungen beobachtbar sind.

Den Moment der Wiederherstellung der Zeitsymmetrie verknüpft Bierman mit dem *bewussten* Erlebnis des Ereignisses. Da dieses bedingt durch die Verarbeitungsmechanismen des Gehirns meist erst 300-500ms nach dem Ereignis stattfindet, findet auch erst dann die Wiederherstellung der zeitlichen Symmetrie statt. Auch ist die rückwärts in der Zeit laufende Welle deutlich schwächer als die vorwärts in der Zeit laufende. Bedingt durch diese Abschwächung und Verzögerung ist die in der Zeit rückwärts laufende Welle meist nicht direkt zu erkennen.

Das Modell ist eine kognitive Herausforderung, da es einige tiefverankerte Grundannahmen unseres Erlebens infrage stellt. Dies ist, neben dem gerichteten Erleben der Zeit, die *Kausalität*, im Sinne der linearen Abfolge von Ursache und Effekt. Letztere wird von Bierman als eine Scheinkausalität, als ein konzeptueller Fehler angesehen.

Die Wiederherstellung der Zeitsymmetrie führt dabei zu keinem *Zeitparadox*. Zeitparadoxa entstehen rückwirkend, wenn es zum Beispiel möglich ist, in der Vergangenheit die eigene Großmutter zu töten und so die eigene Existenz unmöglich wird. Prospektiv entsteht ein Zeitparadox, wenn man durch Informationen aus der Zukunft, zum Beispiel über einen Flugzeugabsturz, diese Zukunft unmöglich machen kann, indem man das Starten des Flugzeugs verhindert. Im

CIRTS-Modell gilt jedoch, dass, wenn Informationen aus der Zukunft, zum Beispiel in einem präkognitiven Traum, verfügbar sind, diese Zukunft auch stattfinden wird, da sie ja nur dann die entsprechenden Wellen in die Vergangenheit schicken kann. Somit könnte man meinen, dass aus dem CIRTS-Modell kein evolutionsbiologischer Vorteil entstehen sollte. Dem ist aber nicht so. Das CIRTS-Modell orientiert sich vor allem an den Befunden der *Presentiment-Forschung* (siehe Kap. 7). Hier lässt sich die Zeitsymmetrie oft sogar graphisch abbilden, indem die physiologische Kurve *vor* dem Ereignis im Kleinen ein ähnliches Aussehen aufweist wie die resultierende größere psychophysische Reaktion nach dem Ereignis (siehe Abb. 6 in Kap. 7). In diesem Sinne könnte CIRTS die Information über eine bevorstehende starke physiologische Reaktion durch ein kommendes bedrohliches Ereignis bereits zu einem Zeitpunkt vor dem Ereignis verfügbar machen. Diese Intuition könnte dann zu einer gewissen Bereitschaft und damit verbesserten Schutzfunktion führen. Hier wäre also letztendlich doch noch ein schwacher evolutionsbiologischer Vorteil des Modells erkennbar.

Das Modell ist in der Lage, Präkognitionseffekte zu erklären. Hier ist vor allem das Feedback an die Teilnehmer/innen bedeutsam. Ein möglicher Test wäre daher ein Präkognitionsexperiment mit und ohne Feedback für die Versuchspersonen. Im letzteren Fall dürfte das Experiment keine Präkognitionsexperimente mehr ergeben, im ersteren schon. Über Präkognition würden sich indirekt auch Effekte zu Hellsehen und Telepathie erklären lassen. Schwieriger ist die Situation für PK. Hier sieht Bierman die Lösung in der dann möglichen Umkehr des zweiten Hauptsatzes der Thermodynamik. Hier würde dann aus einer größeren Entropie (Unordnung) Struktur entstehen und in dieser Analogie könnte nun auch in den zufälligen Zahlenfolgen eines Zufallsgenerators Struktur entstehen. Versuchsleitereffekte kann das Modell dadurch erklären, dass die Versuchsleiter/innen mit ihrem Bewusstsein der Gesamtsituation auch hier Struktur in das gesamte Experiment einführen und so verschiedenartige Korrelationen entstehen, die später als kausale Signale fehlgedeutet werden können. Das Modell würde der Haltung und dem Bewusstseinszustand der Versuchsleiter/innen einen hohen Stellenwert einräumen, was sich mit den sehr zahlreichen Befunden zu nicht-klassischen Versuchsleitereffekten decken würde (siehe Kap. 13). Darüber hinaus stellt es auch viele Verbindungen zu Experimenten her, in denen versucht wurde, durch veränderte Bewusstseinszustände der Versuchspersonen Psi-Effekte zu ermöglichen (zum Beispiel die Ganzfeld-Experimente, siehe Kap. 5). Den Decline-Effekt deutet Bierman als ein logisches Resultat, um Zeitparadoxa zu verhindern. Immer wenn die Psi-Effekte die Möglichkeit eines Zeitparadoxes herbeiführen würden, müsste es zu Decline- und Replikationsproblemen kommen. Dieses Argument ähnelt in der Struktur und Problematik dem Axiom zur Signalübertragung (NT-Axiom) von Walter von Lucadou. Auch hier wird der Decline-Effekt damit erklärt, dass andernfalls ja eine theoretische Grundannahme verletzt werden würde. Der

Erklärungswert dieser Argumentationslinie ist dabei allerdings eher gering, da es sich hier eher um eine beschreibende als um eine erklärende Darstellung handelt.

CIRTS versteht sich als eine erste Modellskizze, mit dem Ziel, eine theoretische Entwicklung voranzutreiben und zu stimulieren, und präsentiert sich daher bewusst nicht als abgeschlossener Entwurf. Es ist momentan noch nicht formal formuliert; erste Experimente zu abgeleiteten Hypothesen sind in Planung.

Zusammenfassung

Auch aus der nur begrenzten Auswahl der dargestellten Theorien wird deutlich, dass es eine reiche und umfangreiche Theoriebildung in der Parapsychologie gibt. Auf den entsprechenden Konferenzen und in Internetforen werden dazu lebhafte Diskussionen geführt. Die hier vorgestellten Ansätze decken sowohl *phänomenologische* als auch *erklärende* Zugänge ab. Somit kann der Einwand, die Parapsychologie sei eine theoriefreie Ansammlung von Anomalien, zurückgewiesen werden. Trotzdem bleibt ein starker Kontrast zu anderen Wissenschaftsbereichen in dem Sinne, dass es keinen vorherrschenden allgemein akzeptierten Theorieentwurf gibt, sondern mehr ein Nebeneinander unterschiedlicher Ansätze, die sich im Einzelnen sogar widersprechen können. Dieser Umstand weist darauf hin, dass sowohl die hier vorgestellten als auch die nicht vorgestellten Theorieentwürfe noch ein gutes Stück davon entfernt sind, ein konsistentes Erklärungsbild für Psi-Phänomene zu liefern, und sich dabei gleichzeitig an den vorherrschenden Wissenskanon anschließen.

Literatur

Abramowitz, J. S., Tolin, D. F., & Street, G. P. (2001). Paradoxical effects of thought suppression: A meta-analysis of controlled studies. *Clinical Psychology Review*, *21*(5), 683–703.

Accardi, L., & Regoli, M. (2002). Non-Locality and Quantum Theory: New Experimental Evidence. In P. Tombesi & O. Hirota (Hrsg.), *Quantum Communication, Computing, and Measurement 3* (S. 313–323). Springer US.

Alcock, J. E. (2003). Give the Null Hypothesis a Chance: Reasons to Remain Doubtful about the Existence of Psi. *Journal of Consciousness Studies*, *10*(6-7), 29–50.

Alexander, C. H., & Broughton, R. (1999). CL1-Ganzfeld Study: A Look at Brain Hemisphere Differences and Scoring in the Autoganzfeld. In *The Parapsychological Association 42nd Annual Convention. Proceedings of Presented Papers* (S. 3–18). The Parapsychological Association.

Alvarado, C. S. (1998). ESP and Altered State of Consciousness: An Overview of Conceptual and Research Trends. *Journal of Parapsychology*, *62*, 27–63.

Atkinson, A. P. (2005). Open Peer Commentary on „The Sense of Being Stared At“ Parts 1 & 2. *Journal of Consciousness Studies*, *12*(6), 50–116.

Atmanspacher, H. (1995). Raum, Zeit und psychische Funktionen. In H. Atmanspacher, H. Primas, & E. Wertenschlag-Birkhäuser (Hrsg.), *Der Pauli-Jung-Dialog und seine Bedeutung für die moderne Wissenschaft* (S. 239–274). Berlin: Springer.

Atmanspacher, H., & Filk, T. (2014). Non-Commutative Operations in Consciousness Studies. *Journal of Consciousness Studies*, *21*(3-4), 24–39.

Atmanspacher, H., Römer, H., & Walach, H. (2002). Weak Quantum Theory: Complementarity and Entanglement in Physics and Beyond. *Foundations of Physics*, *32*, 379–406.

Baptista, J., & Derakhshani, M. (2014). Beyond the coin toss: examining Wiseman's criticism of parapsychology. *Journal of Parapsychology*, *78*(1), 56–79.

Baron-Cohen, S. (1995). *Mindblindness: an essay on autism and theory of mind.* Cambridge, MA: MIT Press.

Baron-Cohen, S., Wheelwright, S., Hill, J., Raste, Y., & Plumb, I. (2001). The „Reading the Mind in the Eyes“ test revised version: a study with normal adults, and adults with Asperger syndrome or high-functioning autism. *Journal of Child Psychology and Psychiatry and Allied Disciplines*, *42*(2), 241–251.

Beloff, J. (1984). The Reality of PSI. *New Ideas in Psychology*, *2*, 51–55.

Beloff, J. (1993). *Parapsychology: a concise history*. London: Athlone Press.

Beloff, J., Cowles, M., & Bate, D. (1970). Autonomic Reactions to Emotive Stimuli under Sensory and Extrasensory Conditions of Presentation. *Journal of the American Society for Psychical Research*, *64*, 313–319.

Bem, D. J. (2011). Feeling the future: Experimental evidence for anomalous retroactive influences on cognition and affect. *Journal of Personality and Social Psychology, 100*(3), 407–425.

Bem, D. J., & Honorton, C. (1994). Does PSI exist? Replicable evidence for an anomalous process of information transfer. *Psychological Bulletin, 115*, 4–18.

Bem, D. J., Tressoldi, P. E., Rabeyron, T., & Duggan, M. (2014). *Feeling the Future: A Meta-Analysis of 90 Experiments on the Anomalous Anticipation of Random Future Events* (SSRN Scholarly Paper No. ID 2423692). Rochester, NY: Social Science Research Network.

Bem, D. J., Utts, J., & Johnson, W. O. (2011). Must Psychologists Change the Way They Analyze Their Data? *Journal of Personality and Social Psychology, 101*(4), 716–719.

Bender, H. (1971). *Unser sechster Sinn*. Stuttgart: Deutsche-Verlags-Anstalt.

Bender, H. (1983). *Zukunftsvisionen, Kriegsprophezeiungen, Sterbeerlebnisse. Aufsätze zur Parapsychologie II.* München: Piper.

Betz, H.-D. (1993). *Unkonventionelle Wasserprospektion. Felderprobung der Rutengänger-Methodik in Trockenzonen.* Eschborn: Deutsche Gesellschaft für Technische Zusammenarbeit.

Betz, H.-D. (1995). Das Rutengänger-Phänomen – Neue Kontroversen und Erkenntnisse. *Zeitschrift für Parapsychologie und Grenzgebiete der Psychologie, 37*, 178–188.

Bierman, D. J. (1997). Emotion and Intuition I, II, III, IV & V Unravelling Variables Contributing to the Presentiment Effect. In *The Parapsychological Association 40th Annual Convention. Proceedings of Presented Papers* (S. 49–62). The Parapsychological Association.

Bierman, D. J. (2000). Anomalous baseline effects in mainstram emotion research using psychophysiological variables. In *The Parapsychological Association 43rd Annual Convention. Proceedings of Presented Papers* (S. 34–47). The Parapsychological Association.

Bierman, D. J. (2001). On the nature of anomalous phenomena: Another reality between the world of subjective consciousness and the objective world of physics. In P. van Loocke (Hrsg.), *The physical nature of consciousness* (Bd. 29, S. 269–292). Amsterdam: John Benjamins Publishing Company.

Bierman, D. J. (2010). Consciousness Induced Restoration of Time Symmetry (CIRTS): A Psychophysical Theoretical Perspective. *Journal of Parapsychology, 74*(2), 273–299.

Bierman, D. J., & Radin, D. I. (1999). Conscious and Anomalous Nonconscious Emotional Processes: A Reversal of the Arrow of Time. In S. R. Hameroff, A. W. Kaszniak, & D. J. Chalmers (Hrsg.), *Toward a Science of Consciousness III: the third Tucson discussions and debates* (S. 367–385). Cambridge, MA: MIT Press.

Bösch, H. (1995). *Das Absinkungsphänomen – Effekt oder Artefakt? Untersuchung eines paranormalen Phänomens* (Unveröffentlichte Diplomarbeit). Albert-Ludwigs-Universität, Freiburg.

Bösch, H. (2004). Reanalyzing a meta-analysis on ESP dating from 1940, the first comprehensive meta-analysis in the history of science. In *The Parapsychological Association 47th Annual Convention. Proceedings of Presented Papers* (S. 1–13). The Parapsychological Association.

Bösch, H., Steinkamp, F., & Boller, E. (2006). Examining Psychokinesis: The Interaction of Human Intention With Random Number Generators – A Meta-Analysis. *Psychological Bulletin, 132*, 497–523.

Boucsein, W. (1988). *Elektrodermale Aktivität. Grundlagen, Methoden und Anwendungen. Mit einem Anhang zur Hamburger EDA-Auswertung von Eckart Thon*. Berlin: Springer.

Braud, W. G. (1978). Allobiofeedback: Immediate Feedback for a Psychokinetic Influence upon another Person's Physiology. In W. G. Roll (Hrsg.), *Research in Parapsychology 1977. Abstracts and Papers from the Twentieth Annual Convention of Parapsychological Association, 1977* (S. 123–134). The Scarecrow Press.

Braud, W. G. (1979). Conformance Behavior Involving Living Systems. In W. G. Roll (Hrsg.), *Research in Parapsychology 1978. Abstracts and Papers from the Twenty-first Annual Convention of the Parapsychological Association, 1978* (S. 111–115). The Scarecrow Press.

Braud, W. G. (1990). Distant Mental Influence of Rate of Hemolysis of Human Red Blood Cells. *Journal of the American Society for Psychical Research, 84*(1), 1–24.

Braud, W. G. (1994). Can Our Intentions Interact Directly With The Physical World? *European Journal of Parapsychology, 10*, 78–90.

Braud, W. G. (2005). The Sense of Being Stared At: Fictional, Physical, Perceptual, or Attentional/Intentional? *Journal of Consciousness Studies, 12*(6), 66–71.

Braud, W. G., & Dennis, S. P. (1989). Geophysical Variables and Behavior: LVIII. Autonomic Activity, Hemolysis, and Biological Psychokinesis: Possible Relationship with Geomagnetic Field Activity. *Perceptual & Motor Skills, 68*, 1243–1254.

Braud, W. G., & Jackson, J. (1982). The use of Ideomotor Reactions as Psi Indicators. *Parapsychology Review, 13*(2), 10–11.

Braud, W. G., & Schlitz, M. J. (1983). Psychokinetic Influence on Electrodermal Activity. *Journal of Parapsychology, 47*(2), 95–119.

Braud, W. G., & Schlitz, M. J. (1989a). A Methodology for Objective Study of Transpersonal Imagery. *Journal of Scientific Exploration, 3*(1), 43–63.

Braud, W. G., & Schlitz, M. J. (1989b). Possible Role of Intuitive Data Sorting in Electrodermal Biological Psychokinesis (Bio-PK). *Journal of the American Society for Psychical Research, 83*(4), 289–302.

Braud, W. G., & Schlitz, M. J. (1991). Conscious interactions with remote biological systems: Anomalous intentionality effects. *Subtle Energies, 2*, 1–46.

Braud, W. G., Schlitz, M. J., Collins, J., & Klitch, H. (1985). Further Studies of the Bio-PK-Effekt: Feedback, Blocking; Specifictiy/Generality. In R. A. White

& J. Solfvin (Hrsg.), *Research in Parapsychology 1984. Abstracts and Papers from the Twenty-seventh Annual Convention of the Parapsychological Association, 1984* (S. 45–48). The Scarecrow Press.

Braud, W. G., Schlitz, M. J., & Schmidt, H. (1989). Remote Mental Influence of Animate and Inanimate Target Systems. In *The Parapsychological Association 32nd Annual Convention. Proceedings of Presented Papers* (S. 12–25). The Parapsychological Association.

Braud, W. G., Shafer, D., & Andrews, S. (1990). Electrodermal Correlates of Remote Attention: Autonomic Reaction to an Unseen Gaze. In *The Parapsychological Association 33rd Annual Convention. Proceedings of Presented Papers* (S. 14–28). The Parapsychological Association.

Braud, W. G., Shafer, D., & Andrews, S. (1993a). Further Studies of Autonomic Detection of Remote Staring, New Control Procedures, and Personality Correlates. *Journal of Parapsychology, 57*, 391–409.

Braud, W. G., Shafer, D., & Andrews, S. (1993b). Reactions to an Unseen Gaze (Remote Attention): A Review, with New Data on Autonomic Staring Detection. *Journal of Parapsychology, 57*, 373–390.

Braud, W. G., Shafer, D., McNeill, K., & Guerra, V. (1995). Attention Focusing Facilitated Through Remote Mental Interaction. *Journal of the American Society for Psychical Research, 89*(2), 103–115.

Braud, W. G., Wood, R., & Braud, L. W. (1975). Free-response GESP performance during an experimental hypnagogic state induced by visual and acoustic ganzfeld techniques: a replication and extension. *Journal of the American Society for Psychical Research, 69*, 105–113.

Brednich, A. (1993). *Eine Fragebogenuntersuchung zur Erfassung von magisch-irrationalem Denken und schizotypischen Persönlichkeitsstörungen bei Erwachsenen* (Unveröffentlichte Diplomarbeit). Albert-Ludwigs-Universität, Freiburg.

Broughton, R. S., & Alexander, C. H. (1996). Autoganzfeld II: An Attempted Replication of the PRL Ganzfeld Research. In *The Parapsychological Association 39th Annual Convention. Proceedings of Presented Papers* (S. 45–56). The Parapsychological Association.

Broughton, R. S., & Spottiswoode, S. J. P. (2000). Periodicities in Archive Card-Guessing Data: Preliminary Report on a Large Database. In *The Parapsychological Association 43rd Annual Convention. Proceedings of Presented Papers* (S. 48–57). The Parapsychological Association.

Burdick, D. S., & Kelly, E. F. (1977). Statistical methods in parapsychological research. In B. B. Wolman (Hrsg.), *Handbook of parapsychology* (S. 81–130). New York, NY: Van Nostrand Reinhold.

Carpenter, J. C. (2004). First sight: Part one, a model of psi and the mind. *Journal of Parapsychology, 68*(2), 217–254.

Carpenter, J. C. (2005). First sight: Part two, elaboration of a model of psi and the mind. *Journal of Parapsychology, 69*(1), 63–112.

Carpenter, J. C. (2012). *First sight: ESP and parapsychology in everyday life*. Lanham, MD: Rowman & Littlefield Publishers.

Carpenter, R. H. S. (2005). Does Scopesthesia Imply Extramission? *Journal of Consciousness Studies, 12*(6), 76–78.

Carrier, M., & Mittelstraß, J. (1989). *Geist, Gehirn, Verhalten. Das Leib-Seele-Problem und die Philosophie der Psychologie*. Berlin: de Gruyter.

Child, I. L. (1985). Psychology and Anomalous Observations: The Question of ESP in Dreams. *American Psychologist, 40*(11), 1219–1230.

Child, I. L. (1989). Psychology and Anomalous Observations: The Question of ESP in Dreams. In M. Ullman, S. Krippner, & A. Vaughan (Hrsg.), *Dream Telepathy. Experiments in Nocturnal ESP* (S. 191–208). Jefferson, NC: McFarland.

Colwell, J., Schröder, S., & Sladen, D. (2000). The ability to detect unseen staring: A literature review and empirical tests. *British Journal of Psychology, 91*, 71–85.

Coover, J. E. (1913). „The feeling of being stared at"- Experimental. *The American Journal of Psychology, 24*(4), 570–575.

Dalkvist, J., & Westerlund, J. (2000). Local Sidereal Time, Global Geomagnetic Field Fluctuations and Memory. In *The Parapsychological Association 43rd Annual Convention. Proceedings of Presented Papers* (S. 58–72). The Parapsychological Association.

Dalkvist, J., Westerlund, J., & Bierman, D. J. (2002). A computational expectation bias as revealed by simulations of presentiment experiments. In *The Parapsychological Association 45th Annual Convention. Proceedings of presented papers* (S. 62–79). The Parapsychological Association.

Dalton, K. (1997). Is There a Formula to Success in the Ganzfeld? Observations on Predictors of Psi-Ganzfeld Performance. *European Journal of Parapsychology, 13*, 71–82.

De Angelis, C., Drazen, J. M., Frizelle, F. A., Haug, C., Hoey, J., Horton, R., … International Committee of Medical Journal Editors. (2004). Clinical trial registration: a statement from the International Committee of Medical Journal Editors. *New England Journal of Medicine, 351*(12), 1250–1251.

Dean, E. D. (1971). Long-Distance Plethysmograph Telepathy with Agent Under Water. In W. G. Roll, R. L. Morris, & J. D. Morris (Hrsg.), *Proceedings of the Parapsychological Association Number 6, 1969* (S. 41–42). The Parapsychological Association.

Delanoy, D. L., Morris, R. L., Brady, C., & Roe, A. (1999a). An EDA DMILS Study Exploring Agent-Receiver Pairing. In *The Parapsychological Association 42nd Annual Convention. Proceedings of Presented Papers* (S. 68–82). The Parapsychological Association.

Delanoy, D. L., Morris, R. L., Brady, C., & Roe, A. (1999b). *Two Eda DMILS Studies Exploring Agent-Receiver Pairing*. Unveröffentlichtes Manuskript.

Delanoy, D. L., Roe, A., & Brady, C. (2001). Exploring Participant Psi Sources in DMILS Studies. In *The Parapsychological Association. 44th Annual Convention. Proceedings of Presented Papers* (S. 73–86). The Parapsychological Association.

Delanoy, D. L., & Sah, S. (1994). Cognitive and physiological PSI responses to remote positive and neutral emotional states. In *The Parapsychological Association 37th Annual Convention. Proceedings of Presented Papers* (S. 128–138). The Parapsychological Association.

Dessoir, M. (1889). Die Parapsychologie. Eine Entgegnung auf den Artikel: „Der Prophet". *Sphinx*, *4*, 341–344.

Dobyns, Y. H. (2000). Overview of Several Theoretical Models on PEAR Data. *Journal of Scientific Exploration*, *14*(2), 163–194.

Dunne, B. J. (1991). *Co-Operator Experiments with an REG Device.* Princeton: Princeton Engineering Anomalies Research, Princeton University.

Dunne, B. J., Dobyns, Y. H., Jahn, R. G., Nelson, R. D., & Thompson, A. (1994). Series Position Effects in Random Event Generator Experiments. With an Appendix: „Serial Position Effects in the Psychological Literature". *Journal of Scientific Exploration*, *8*(2), 197–215.

Dunne, B. J., & Jahn, R. G. (2007). Information and Uncertainty in Remote Perception Research. *Explore: The Journal of Science and Healing*, *3*(3), 254–269.

Edge, H., Suryani, L. K., & Morris, R. (2007). *Pursuing Psi in a Non-Euro American Culture: Behavioral DMILS in Bali. Bial Grant 127/02.* Unveröffentlichtes Manuskript.

Edge, H., Suryani, L. K., Tiliopoulos, N., Bikker, A., & James, R. (2008). *Comparing Conscious and Physiological Measurements in a Cognitive DMILS Study in Bali. Bial Grant 116-04.* Unveröffentlichtes Manuskript.

Edge, H., Suryani, L. K., Tiliopoulos, N., & Morris, R. (2004). Two cognitive DMILS studies in Bali. *Journal of Parapsychology*, *68*(2), 289–321.

Emery, N. J. (2000). The eyes have it: the neuroethology, function and evolution of social gaze. *Neuroscience and Biobehavioral Reviews*, *24*(6), 581–604.

Ertel, S. (2009). Replikation von ASW-Heimtest-Ergebnissen im Labor. *Zeitschrift für Anomalistik*, *9*, 108–139.

Ertel, S. (2010). Psi in a skeptic's lab. A successful replication of Ertels Ball Selection Test. *Journal of Scientific Exploration*, *24*, 581–595.

Evans, L., & Thalbourne, M. A. (1999). The feeling of being stared at: A parapsychological investigation. *Journal of the American Society for Psychical Research*, *93*, 309–325.

Fowles, D. C., Christie, M. J., Edelberg, R., Grings, W. W., Lykken, D. T., & Venables, P. H. (1981). Publication Recommendations for Electrodermal Measurements. *Psychophysiology*, *18*, 232–239.

Frith, C. D. (2008). Social cognition: Hi there! Here's something interesting. *Current Biology*, *18*(12), R524–R525.

Gauld, A. (1968). *The founders of psychical research*. London: Routledge & Kegan Paul.

George, L. (1984). Expectancy and Psi: A Critical Review and Reformulation. *Journal of the American Society for Psychical Research*, *78*(3), 193–217.

Glass, G. V. (1976). Primary, Secondary, and Meta-Analysis of Research. *Educational Researcher*, *5*(10), 3–8. doi:10.2307/1174772

Greville, T. N. E. (1944). On multiple matching with one variable deck. *Annals of Mathematical Statistics*, *15*, 432–434.

Griffin, D. R. (1993). Parapsychology and Philosophy: A Whiteheadian Postmodern Perspective. *Journal of the American Society for Psychical Research*, *87*(3), 217–288.

Grim, P. (1984). Psi Phenomena and the Rosenthal Effect. *New Ideas in Psychology*, *2*, 35–45.

Gurney, E., Myers, F. W. H., & Podmore, F. (1918). *Phantasms of the Living. Abridged Edition prepared by Mrs. Henry Sidgwick*. London: Kegan Paul & Co.

Haraldsson, E., & Houtkooper, J. M. (1991). Psychic experience in the multinational human values survey: who reports them? *The Journal of the American Society for Psychical Research*, *85*, 145–165.

Haraldsson, E., & Houtkooper, J. M. (1992). Effects of perceptual defensiveness, personality and belief on extrasensory perception tasks. *Personality and Individual Differences*, *13*, 1085–1096.

Hardy, C. (1999). Psi as a Multilevel Process: Semantic Fields Theory. In *The Parapsychological Association 42nd Annual Convention. Proceedings of Presented Papers* (S. 83–95). The Parapsychological Association.

Hartman, S. E. (1999). Another View of the Paranormal Belief Scale. *Journal of Parapsychology*, *63*, 131–141.

Hawking, S. W. (1988). *Eine kurze Geschichte der Zeit. Die Suche nach der Urkraft des Universums*. Reinbek bei Hamburg: Rowohlt.

Honorton, C. (1974). Psi-Conducive States of Awareness. In J. White (Hrsg.), *Psychic Exploration. A Challenge for Science* (S. 616–638). New York, NY: G. P. Putnam's Sons.

Honorton, C. (1977). Psi and internal attention states. In B. Wolman (Hrsg.), *Handbook of Parapsychology* (S. 435–472). New York, NY: Van Nostrand Reinhold.

Honorton, C. (1978). Psi and internal attention states: Infomation retrieval in the ganzfeld. In B. Shapin & L. Coly (Hrsg.), *Psi and states of awareness* (S. 79–90). Parapsychological Foundation.

Honorton, C. (1985). Meta-analysis of psi ganzfeld research: A response to Hyman. *Journal of Parapsychology*, *49*, 51–91.

Honorton, C., & Ferrari, D. C. (1989). „Future Telling“: A Meta-Analysis of Forced-Choice Precognition Experiments, 1935-1987. *Journal of Parapsychology*, *53*, 281–308.

Honorton, C., Ferrari, D. C., & Bem, D. J. (1998). Extraversion and ESP Performance: A Meta-Analysis and a New Confirmation. *Journal of Parapsychology, 62*, 255–276.

Honorton, C., & Harper, S. (1974). Psi-mediated imagery and ideation in an experimental procedure for regulating perceptual input. *Journal of the American Society for Psychical Research, 68*, 156–168.

Honorton, C., Ramsey, M., & Cabibbo, C. (1975). Experimenter Effects in Extrasensory Perception. *The Journal of the American Society for Psychical Research, 69*(2), 135–139.

Houtkooper, J. M., & Vaitl, D. (1997). Comments on Walach & Schmidt's „Empirical Evidence for a Non-Classical Experimenter Effect". *Journal of Scientific Exploration, 11*(3), 395–396.

Houtkooper, J. M., Vaitl, D., & Timm, U. (2000). A Further Note on Walach and Schmidt's „Empirical Evidence for a Non-Classical Experimenter Effect". *Journal of Scientific Exploration, 14*, 643–644.

Hövelmann, G. (2007). Rezension zu Stefan Schmidt (2002) Außergewöhnliche Kommunikation. Eine kritische Evaluation des parapsychologischen Standardexperiments zur direkten mentalen Interaktion. *Zeitschrift für Anomalistik, 7*(3), 306–316.

Hyman, R. (1985). The ganzfeld psi experiment. A critical appraisal. *Journal of Parapsychology, 49*, 3–49.

Hyman, R. (1996). Evaluation of a program on anomalous mental phenomena. *Journal of Scientific Exploration, 10*, 31–58.

Hyman, R., & Honorton, C. (1986). A joint communiqué: The psi ganzfeld controversy. *Journal of Parapsychology, 50*, 351–364.

Irwin, H. J. (2009). *The psychology of paranormal belief: a researcher's handbook.* Hatfield: University of Hertfordshire Press.

Irwin, H. J., & Watt, C. (2007). *An introduction to parapsychology* (5th ed.). Jefferson, NC: McFarland.

Jahn, R. G. (1995). „Out of this Aboriginal Sensible Muchness": Consciousness, Information and Human Health. *Journal of the American Society for Psychical Research, 89*(4), 301–312.

Jahn, R. G., & Dunne, B. J. (1987). *Margins of Reality. The Role of Consciousness in the Physical World.* San Diego: Harcourt Brace Jovanovich.

Jahn, R. G., & Dunne, B. J. (2006). *An den Rändern des Realen: Über die Rolle des Bewusstseins in der physikalischen Welt* (1. Aufl.). Altkirchen: M-TEC.

Jahn, R. G., Dunne, B. J., Bradish, G. J., Dobyns, Y. H., Lettieri, A., Nelson, R. D., … Walter, B. (2000). Mind/Machine Interaction Consortium: PortREG Replication Experiments. *Journal of Scientific Exploration, 14*, 499–555.

Jahn, R. G., Dunne, B. J., & Nelson, R. D. (1987). Engineering Anomalies Research. *Journal of Scientific Exploration, 1*(1), 21–50.

Jahn, R. G., Dunne, B. J., Nelson, R. D., Dobyns, Y. H., & Bradish, G. J. (1997). Correlations of Random Binary Sequences With Pre-Stated Operator Intention: A Review of a 12-Year Program. *Journal of Scientific Exploration, 11*(3), 345–367.

Jahn, R. G., Mischo, J., Boller, E., Bösch, H., Vaitl, D., Houtkooper, J. M., ... Nelson, R. D. (2000). *Mind/Machine Interaction Consortium: PortREG Replication Experiments.* (Unveröffentlichte Berichte).

Kennedy, J. E., & Taddonio, J. L. (1976). Experimenter effects in parapsychological research. *Journal of Parapsychology, 40*(1), 1–33.

Kloosterman, I. (2012). Psychical research and parapsychology interpreted: suggestions from the international historiography of psychical research and parapsychology for investigating its history in the Netherlands. *History of the Human Sciences, 25*(2), 2–22. doi:10.1177/0952695111421580

König, H. L., & Betz, H.-D. (1989). *Erdstrahlen? Der Wünschelrutenreport. Wissenschaftlicher Untersuchungsbericht.* München: Eigenverlag König und Betz.

Krippner, S., Friedman, H. L., & Richards, R. (2010). *Debating Psychic Experience: Human Potential or Human Illusion?* Santa Barbara, CA: Praeger.

Lawrence, T. R. (1993). Gathering in the Sheep and Goats: A Meta-Analysis of Forced-Choice Sheep-Goat ESP Studies, 1947-1993. In *The Parapsychological Association 36th Annual Convention. Proceedings of Presented Papers* (S. 75–86). The Parapsychological Association.

Lay, B., & Mischo, J. (1985). Das Sheep-Goat-Konstrukt in der parapsychologischen Forschung. Teil II. Ergebnisse aus der deutschsprachigen Forschung (1980-1984). *Zeitschrift für Parapsychologie und Grenzgebiete der Psychologie, 27*, 93–104.

Lehrer, J. (13. Dezember 2010). The Truth Wears Off. *The New Yorker*, S. 1–6.

Lobach, E., & Bierman, D. J. (2004a). The invisible gaze: three attempts to replicate Sheldrake's staring effects. In *The Parapsychological Association, 47 th Annual Convention, August, 5-8, 2004* (S. 77–90). The Parapsychological Association.

Lobach, E., & Bierman, D. J. (2004b). Who's calling at this hour? Local sidereal time and telephone telepathy. In *The Parapsychological Association, 47 th Annual Convention, August, 5-8, 2004* (S. 91–97). The Parapsychological Association.

Lucadou, W. v. (im Druck). The Model of Pragmatic Information (MPI). In E. C. May & S. M. Abel (Hrsg.), *Extrasensory Perception: Support, Skepticism, and Science.* Westport, CT: Praeger.

Lucadou, W. v. (1989). *Psyche und Chaos. Neue Ergebnisse der Psychokinese-Forschung.* Freiburg: Aurum.

Lucadou, W. v. (1990). Was man nicht wiederholen kann – zum Problem der Replizierbarkeit bei Experimenten mit komplexen Systemen. *Zeitschrift für Parapsychologie und Grenzgebiete der Psychologie, 32*, 212–230.

Lucadou, W. v. (1992). Makroskopische Nichtlokalität. *Zeitschrift für Parapsychologie und Grenzgebiete der Psychologie, 34*, 201–216.

Lucadou, W. v. (1995a). *Psyche und Chaos. Theorien der Parapsychologie.* Frankfurt: Insel.

Lucadou, W. v. (1995b). The model of pragmatic information (MPI). *European Journal of Parapsychology, 11*, 58–75.

Lucadou, W. v. (2001). Hans In Luck: The Currency of Evidence in Parapsychology. *The Journal of Parapsychology, 65*, 3–16.

Lucadou, W. v., & Poser, M. (1997). *Geister sind auch nur Menschen. Was steckt hinter okkulten Erlebnissen? Ein Aufklärungsbuch.* Freiburg: Herder.

Lucadou, W. v., Römer, H., & Walach, H. (2007). Synchronistic phenomena as entanglement correlations in generalized quantum theory. *Journal of Consciousness Studies, 14*(4), 50–74.

Lykken, D. T., & Venables, P. H. (1971). Direct Measurement of Skin Conductance: A Proposal for Standardization. *Psychophysiology, 8*, 656–672.

Macrae, C. N., Hood, B. M., Milne, A. B., Rowe, A. C., & Mason, M. F. (2002). Are you looking at me? Eye gaze and person perception. *Psychological Science, 13*, 460–464.

Mahler, G. (1996). Was heißt „nicht-klassisch"? Quantentheorie – und darüber hinaus. *Zeitschrift für Parapsychologie und Grenzgebiete der Psychologie, 38*, 92–107.

Maturana, H. R., & Varela, F. J. (1987). *Der Baum der Erkenntnis. Wie wir die Welt durch unsere Wahrnehmung erschaffen – die biologischen Wurzeln des menschlichen Erkennens.* Bern: Scherz.

Mauskopf, S. H., & McVaugh, M. R. (1980). *The elusive science: origins of experimental psychical research.* Baltimore, MD: Johns Hopkins University Press.

May, E. C., Utts, J. M., & Spottiswoode, S. J. P. (1995). Decision Augmentation Theory: Toward a Model of Anomalous Mental Phenomena. *Journal of Parapsychology, 59*, 195–220.

May, E. C., Utts, J. M., & Spottiswoode, S. J. P. (1996). Decision augmentation theory: Applications to the random number generator. *Journal of Scientific Exploration, 9*, 453–488.

May, E. C., Utts, J. M., Trask, V. V., Luke, W. W., Frivold, T. J., & Humphrey, B. S. (1988). *Review of the psychoenergetic research conducted at SRI International (1973-1988)* (SRI International Technical Report).

McMoneagle, J., & May, E. C. (2004). The possible role of intention, attention and expectation in remote viewing. In *The Parapsychological Association, 47th Annual Convention, Proceedings of Presented Papers* (S. 399–406). The Parapsychological Association.

Millar, B. (1978). The Observational Theories: A Primer. *European Journal of Parapsychology, 2*, 304–332.

Milton, J. (1999). Should Ganzfeld Research Continue to be Crucial in the Search for a Replicable Psi Effect? Part I. Discussion Paper and Introduction to an Electronic Mail Discussion. *Journal of Parapsychology*, *63*, 309–333.

Milton, J., & Wiseman, R. (1997). Ganzfeld at the crossroads: A meta-analysis of the new generation of studies. In *The Parapsychological Association 40th Annual Convention. Proceedings of Presented Papers* (S. 267–282). The Parapsychological Association.

Milton, J., & Wiseman, R. (1999). Does Psi Exist? Lack of Replication of an Anomalous Process of Information Transfer. *Psychological Bulletin*, *125*, 387–391.

Mischo, J. (1979). Zum Stand der sheep-goat-Forschung – eine kritische Übersicht. *Zeitschrift für Parapsychologie und Grenzgebiete der Psychologie*, *21*, 1–22.

Morris, R. L. (1977). Parapsychology, Biology, and ANPSI. In B. B. Wolman (Hrsg.), *Handbook of Parapsychology* (S. 687–715). New York, NY: Van Nostrand, Reinhold.

Mossbridge, J., Tressoldi, P. E., & Utts, J. (2012). Predictive Physiological Anticipation Preceding Seemingly Unpredictable Stimuli: A Meta-Analysis. *Frontiers in Psychology*, *3*, 390. doi:10.3389/fpsyg.2012.00390

Mossbridge, J., Tressoldi, P. E., Utts, J., Ives, J., Radin, D. I., & Jonas, W. (2014). Predicting the unpredictable: critical analysis and practical implications of predictive anticipatory activity. *Frontiers in Human Neuroscience*, *8*, 146. doi:10.3389/fnhum.2014.00146

Müller, S., Schmidt, S., & Walach, H. (2009). The feeling of being stared at – a parapsychological classic with a facelift. *European Journal of Parapsychology*, *24*(2), 117–138.

Namiki, M. (1990). Some Controversies in the Epistemology of Modern Physics. In N. Luhmann, H. R. Maturana, M. Namiki, V. Redder, & F. J. Varela (Hrsg.), *Beobachter: Konvergenz der Erkenntnistheorie* (S. 25–46). München: Fink.

Nelson, R. D. (1997). Multiple Field REG/RNG Recordings During a Global Event, Part I & II. *The Electronic Journal for Anomalous Phenomena*, *97*(2).

Nelson, R. D., & Bancel, P. (2011). Effects of mass consciousness: Changes in random data during global events. *EXPLORE: The Journal of Science and Healing*, *7*(6), 373–383.

Nelson, R. D., Bradish, G. J., Dobyns, Y. H., Dunne, B. J., & Jahn, R. G. (1996). FieldREG anomalies in group situations. *Journal of Scientific Exploration*, *10*(1), 111–141.

Nelson, R. D., Bradish, G. J., Jahn, R. G., & Dunne, B. J. (1994). A linear pendulum experiment: Effects of operator intention on damping rate. *Journal of Scientific Exploration*, *8*(4), 471–489.

Nilsson, I. (1975). The paradigm of the Rhinean school. Part 1. *European Journal of Parapsychology*, *1*(1), 45–59.

Open Science Collaboration. (2012). An Open, Large-Scale, Collaborative Effort to Estimate the Reproducibility of Psychological Science. *Perspectives on Psychological Science*, *7*(6), 657–660. doi:10.1177/1745691612462588

Pagenstecher, G. (1924). *Aussersinnliche Wahrnehmung□: experimentelle Studie über den sogenannten Trancezustand.* Halle an der Saale: Marhold.

Palmer, J. (1986a). Experimental Methods in ESP Research. In H. L. Edge, R. L. Morris, J. Palmer, & J. H. Rush (Hrsg.), *Foundations of Parapsychology. Exploring the Boundaries of Human Capability* (S. 111–137). Boston, MA: Routledge & Kegan Paul.

Palmer, J. (1986b). The ESP controversy. In H. L. Edge, R. L. Morris, J. H. Rush, & J. Palmer (Hrsg.), *Foundations of Parapsychology. Exploring the Boundaries of Human Capability* (S. 161–183). Boston, MA: Routledge & Kegan Paul.

Palmer, J. (1993). Confronting the Experimenter Effect. In L. Coly & J. D. S. McMahon (Hrsg.), *PSI-Research Methodology: A Re-Examination. Proceedings of an International Conference Held in Chapel Hill, North Carolina October 29-30, 1988* (S. 44–64). Parapsychological Foundation.

Palmer, J. (1997). The Challenge of Experimenter Psi. *European Journal of Parapsychology*, *13*, 110–125.

Palmer, J., & Broughton, R. S. (2000). An Updated Meta-analysis of Post-PRL ESP-Ganzfeld Experiments: The Effect of Standardness. In *The Parapsychological Association 43rd Annual Convention. Proceedings of Presented Papers* (S. 224-240). Durham, NC: The Parapsychological Association.

Palmer, J., & Carpenter, J. C. (1998). Comments on the Extraversion-ESP Meta-Analysis by Honorton, Ferrari and Bem. *Journal of Parapsychology*, *62*, 277–282.

Palmer, J., & Rush, J. H. (1986). Experimental Methods in PK Research. In H. L. Edge, R. L. Morris, J. Palmer, & J. H. Rush (Hrsg.), *Foundations of Parapsychology. Exploring the Boundaries of Human Capability* (S. 223–236). Boston, MA: Routledge & Kegan Paul.

Persinger, M. A., & Krippner, S. (1989). Dream ESP Experiments and Geomagnetic Activity. *The Journal of the American Society for Psychical Research*, *83*, 101–116.

Pietza, M. (2014). *Kontrollierte Studien zur Wirksamkeit der Quantenheilung* (Unveröffentlichte Dissertation). Europa-Universität Viadrina, Frankfurt/Oder.

Poortman, J. J. (1959). The feeling of being stared at. *Journal of the Society for Psychical Research*, *40*, 4–12.

Pratt, J. G., Rhine, J. B., Smith, B. M., Stuart, C. E., & Greenwood, J. A. (1940). *Extra-sensory perception after sixty years: a critical appraisal of the research in extrasensory perception*. New York, NY: Holt.

Primas, H. (1996). Synchronizität und Zufall. *Zeitschrift für Parapsychologie und Grenzgebiete der Psychologie*, *38*, 61–91.

Puthoff, H. E. (1996). CIA-initiated remote viewing program at Stanford Research Institute. *Journal of Scientific Exploration*, *10*, 63–76.

Puthoff, H. E., & Targ, R. (1979). A Perceptual Channel for Information Transfer over Kilometer Distances: Historical Perspective and Recent Research. In C. T. Tart, H. E. Puthoff, & R. Targ (Hrsg.), *Mind at Large* (S. 13–76). New York, NY: Praeger.

Radin, D. I. (1997a). *The Conscious Universe. The Scientific Truth of Psychic Phenomena.* New York, NY: HarperEdge.

Radin, D. I. (1997b). Unconsious Perception of Future Emotions: An Experiment in Presentiment. *Journal of Scientific Exploration, 11*(2), 163–180.

Radin, D. I. (2005). The Sense of Being Stared At: A Preliminary Meta-Analysis. *Journal of Consciousness Studies, 12*(6), 95–100.

Radin, D. I., & Ferrari, D. C. (1991). Effects of Consciousness on the Fall of Dice: A Meta-Analysis. *Journal of Scientific Exploration, 5*, 61–84.

Radin, D. I., McAlpine, S., & Cunningham, S. (1993). Geomagnetism and Psi in the Ganzfeld. In *The Parapsychological Association 36th Annual Convention. Proceedings of Presented Papers* (S. 132–142). The Parapsychological Association.

Radin, D. I., & Nelson, R. D. (1989). Evidence for consciousness-related anomalies in random physical systems. *Foundations of Physics, 19*, 1499–1514.

Radin, D. I., Nelson, R. D., Dobyns, Y., & Houtkooper, J. (2006). Reexamining Psychokinesis: Comment on Bösch, Steinkamp, and Boller (2006). *Psychological Bulletin, 132*(4), 529–532.

Radin, D. I., Rebman, J. M., & Cross, M. P. (1996). Anomalous organization of random events by Group consciousness: Two exploratory experiments. *Journal of Scientific Exploration, 10*, 143–168.

Radin, D. I., & Rebman, J. M. (1998). Seeking Psi in the Casino. *The Journal of the Society for Psychical Research, 62*, 193–219.

Radin, D. I., Taylor, R. K., & Braud, W. G. (1995). Remote Mental Influence of Human Electrodermal Activity: A Pilot Replication. *European Journal of Parapsychology, 11*, 19–34.

Rebman, J. M., Radin, D. I., Hapke, R. A., & Gaughan, K. Z. (1996). Remote Influence of the autonomic nervous system by a ritual healing technique. In *The Parapsychological Association 39th Annual Convention. Proceedings of Presented Papers* (S. 133–147). The Parapsychological Association.

Rhine, J. B. (1938). Experiments Bearing on the Precognition Hypothesis: I. Pre-Shuffling Card Calling. *Journal of Parapsychology, 2*, 38–54.

Rhine, J. B. (Hrsg.). (1973). *Progress in Parapsychology.* Durham, NC: The Parapsychology Press.

Rhine, L. E. (1954). Frequency of types of experience in spontaneous precognition. *Journal of Parapsychology, 18*, 93–122.

Rhine, L. E. (1961). *Hidden channels of the mind.* New York, NY: William Sloane Associates.

Rhine, L. E. (1962). Psychological processes in ESP experiences – Part II Dreams. *Journal of Parapsychology, 26*, 172–199.

Ritchie, S. J., Wiseman, R., & French, C. C. (2012). Failing the Future: Three Unsuccessful Attempts to Replicate Bem's „Retroactive Facilitation of Recall" Effect. *PLos ONE*, *7*(3), e33423.

Rosenthal, G. T., Tabony, R. S., Soper, B., & Rosenthal, A. (1997). Ability to detect covert observation. *Perceptual & Motor Skills*, *85*, 75–80.

Rosenthal, R. (1976). *Experimenter Effects in Behavioral Research*. New York, NY: Irvington.

Rosenthal, R. (1984). Interpersonal Expectancy Effects and Psi: Some Comunalities and Differences. *New Ideas in Psychology*, *2*(1), 47–50.

Rosenthal, R. (1986). Meta-Analytic Procedures and the Nature of Replication: The Ganzfeld Debate. *Journal of Parapsychology*, *50*, 315–336.

Rosenthal, R. (1991). *Meta-Analytic Procedures for Social Research*. (L. Bickman, Hrsg.). Newbury Park: Sage.

Rosenthal, R., & Rubin, D. B. (1978). Interpersonal expectancy effects: The first 345 studies. *Behavioral and Brain Sciences*, *1*(3), 377–415.

Rosenthal, R., & Rubin, D. B. (1989). Effect size estimation for one-sample multiple-choice-type data: Design, analysis, and meta-analysis. *Psychological Bulletin*, *106*(2), 332.

Rosnow, R. L., & Rosenthal, R. (1989). Statistical procedures and the justification of knowledge in psychological science. *American Psychologist*, *44*(10), 1276–1284.

Rush, J. H. (1986a). Parapsychology: a historical perspective. In H. L. Edge, R. L. Morris, J. Palmer, & A. J. Rush (Hrsg.), *Foundations of Parapsychology. Exploring the Boundaries of Human Capability* (S. 9–44). Boston, MA: Routledge & Kegan Paul.

Rush, J. H. (1986b). What is parapsychology? In H. L. Edge, R. L. Morris, J. Palmer, & A. J. Rush (Hrsg.), *Foundations of Parapsychology. Exploring the Boundaries of Human Capability* (S. 3–8). Boston, MA: Routledge & Kegan Paul.

Sachsse, H. (1979). *Kausalität-Gesetzlichkeit-Wahrscheinlichkeit. Die Geschichte von Grundkategorien zur Auseinandersetzung des Menschen mit der Welt*. Darmstadt: Wissenschaftliche Buchgesellschaft.

Schlitz, M. J., & Braud, W. G. (1985). Reiki-plus natural healing: an ethnographic and experimental study. *PSI-Research*, *4*, 100–123.

Schlitz, M. J., & Gruber, E. (1980). Transcontinental Remote Viewing. *Journal of Parapsychology*, *44*, 305–317.

Schlitz, M. J., & Gruber, E. (1981). Transcontinental Remote Viewing: A Rejudging. *Journal of Parapsychology*, *45*, 233–237.

Schlitz, M. J., & LaBerge, S. (1997). Covert Observation Increases Skin Conductance in Subjects Unaware of When They are Being Observerd: A Replication. *Journal of Parapsychology*, *61*, 185–196.

Schlitz, M. J., Radin, D. I., Malle, B., Schmidt, S., Utts, J. M., & Yount, G. L. (2003). Distant healing intention: definitions and evolving guidelines for laboratory studies. *Alternative Therapies in Health and Medicine, 9*(3), A31–A43.

Schlitz, M. J., Wiseman, R., Watt, C., & Radin, D. I. (2006). Of two minds: Sceptic-proponent collaboration within parapsychology. *British Journal of Psychology, 97*(3), 313–322.

Schmeidler, G. R. (1997). Psi-Conducive Experimenters and Psi Permissive Ones. *European Journal of Parapsychology, 13*, 83–94.

Schmeidler, G. R., & Edge, H. (1999). Should Ganzfeld Research Continue to be Crucial in the Search for a Replicable Psi Effect? Part II. Edited Ganzfeld Debate. *Journal of Parapsychology, 63*, 335–388.

Schmidt, H. (1976). PK Effect on Pre-Recorded Targets. *The Journal of the American Society for Psychical Research, 70*, 267–291.

Schmidt, H. (1993). Non-Causality as the Earmark of Psi. *Journal of Scientific Exploration, 7*, 125–132.

Schmidt, S. (im Druck). Experimental Research on Distant Intention Phenomena. In E. Cardeña, J. Palmer, & D. Marcusson-Clavertz (Hrsg.), *The new handbook of parapsychology*. Jefferson, N.C.: McFarland.

Schmidt, S. (1996). *Ungewöhnliche Wege der Informationsübertragung. Doppelblinde Studie zur Testung der Universalrute nach Körbler und des Modells der Pragmatischen Information nach Lucadou* (Unveröffentlichte Diplomarbeit). Albert-Ludwigs-Universität, Freiburg.

Schmidt, S. (2002). *Außergewöhnliche Kommunikation? Eine kritische Evaluation des parapsychologischen Standardexperimentes zur direkten mentalen Interaktion*. Oldenburg: Bibliotheks- und Informationssystem der Universität.

Schmidt, S. (2008). Bohrende Blicke? Stechende Blicke? Das Phänomen der „Blickwahrnehmung" wissenschaftlich untersucht. *Zeitschrift für Anomalistik, 8*, 32–54.

Schmidt, S. (2009). Shall we really do it again? The powerful concept of replication is neglected in the social sciences. *Review of General Psychology, 13*, 90–100.

Schmidt, S. (2012a). Can We Help Just by Good Intentions? A Meta-Analysis of Experiments on Distant Intention Effects. *Journal of Alternative and Complementary Medicine, 18*(6), 529–533.

Schmidt, S. (2012b). Die Fliege des Aristoteles. Bemerkungen zur Anomalistik und eine Forschungsübersicht zum Zusammenhang zwischen Meditation und Psi. *Zeitschrift für Anomalistik, 12*, 158–178.

Schmidt, S. (2012c). Muss man alles wiederholen? Eine kritische Analyse des Replikationsbegriffes in der modernen Wissenschaft. In W. Ambach (Hrsg.), *Experimentelle Psychophysiologie in Grenzgebieten* (S. 233–261). Würzburg: Ergon.

Schmidt, S., Erath, D., Ivanova, V., & Walach, H. (2009). Do you know who is calling? Experiments on anomalous cognition in phone call receivers. *The Open Psychology, 2*, 12–18.

Schmidt, S., Schneider, R., Binder, M., Bürkle, D., & Walach, H. (2001). Investigating Methodological Issues in EDA-DMILS: Results from a Pilot Study. *Journal of Parapsychology, 65*, 59–82.

Schmidt, S., Schneider, R., Utts, J. M., & Walach, H. (2004). Distant Intentionality and the Feeling of Being Stared At – Two Meta-Analyses. *British Journal of Psychology, 95*, 235–247.

Schmidt, S., & Walach, H. (1997). Wasser oder Gift? Das Freiburger Wünschelrutenexperiment. *Zeitschrift für Parapsychologie und Grenzgebiete der Psychologie, 39*, 76–91.

Schmidt, S., & Walach, H. (2000a). Electrodermal Activity (EDA) – State of the Art Measurement and Techniques for Parapsychological Purposes. *Journal of Parapsychology, 64*, 139–163.

Schmidt, S., & Walach, H. (2000b). Elektrodermale Aktivität (EDA) – Adäquate Methoden und Techniken in der experimentellen Parapsychologie. *Zeitschrift für Parapsychologie und Grenzgebiete der Psychologie, 42/43*, 38–64.

Schmidt, S., & Walach, H. (2000c). Reply to „A Further Note on Walach and Schmidt's ‚Empirical Evidence for a Non-Classical Experimenter Effect'". *Journal of Scientific Exploration, 14*, 644–646.

Schmied-Knittel, I., & Schetsche, M. (2003). Psi Report Deutschland. Eine repräsentative Bevölkerungsumfrage zu außergewöhnlichen Erfahrungen. In E. Bauer & M. Schetsche (Hrsg.), *Allltägliche Wunder* (Bd. 1, S. 13–38). Würzburg: Ergon.

Schneider, R. (2002). *Paradoxien des Willens: Funktionsanalyse der Selbststeuerung in einem parapsychologischen Standardexperiment.* New York, NY: Waxman.

Schneider, R., Binder, M., & Walach, H. (2000). Examining the role of neutral and personal experimenter-participant interaction: Results from an EDA-DMILS experiment. *Journal of Parapsychology, 64*, 181–194.

Schneider, R., Binder, M., & Walach, H. (2001). A Two-Person Effort: On the Role of the Agent in EDA-DMILS Experiments. *Journal of Parapsychology, 65*, 273–290.

Schouten, S. A. (1981). Analyzing Spontaneous Cases: A Replication Based on the Rhine Collection. *European Journal of Parapsychology, 4*, 113–158.

Schwartz, G. E., & Russek, L. G. S. (1999). Registration of Actual and Intended Eye Gaze: Correlation with Spiritual Beliefs and Experiences. *Journal of Scientific Exploration, 13*, 213–229.

Sheldrake, R. (1994a). *Seven experiments that could change the world.* London: Fourth Estate.

Sheldrake, R. (1994b). *Sieben Experimente, die die Welt verändern können. Anstiftung zur Revolutionierung des wissenschaftlichen Denkens.* Bern: Scherz.

Sheldrake, R. (1998). The Sense Of Being Stared At: Experiments In Schools. *Journal of the Society for Psychical Research, 62*, 311–323.

Sheldrake, R. (1999). The „Sense of Being Stared At“ Confirmed by Simple Experiments. *Rivista di Biologia / Biology Forum, 92*, 53–76.

Sheldrake, R. (2000). The „Sense of Being Stared At“ Does not Depend on Known Sensory Clues. *Rivista di Biologia / Biology Forum, 93*, 237–252.

Sheldrake, R. (2001a). Experiments on the Sense of Being Stared at: the Elimination of Possible Artifacts. *Journal of the Society for Psychical Research, 65*, 122–137.

Sheldrake, R. (2001b). Research on the Feeling of Being Stared At. *Skeptical Inquirer, 25*, 58–61.

Sheldrake, R. (2003). *The sense of being stared at and other aspects of the extended mind.* London: Hutchinson.

Sheldrake, R. (2005). The Sense of Being Stared At Part 1: Is it Real or Illusory? *Journal of Consciousness Studies, 12*(6), 10–31.

Sheldrake, R. (2006). *Der siebte Sinn des Menschen: Gedankenübertragung, Vorahnungen und andere unerklärliche Fähigkeiten.* Frankfurt am Main: Fischer Taschenbuch.

Sherwood, S. J., & Roe, C. A. (2003). A Review of Dream ESP Studies Conducted Since the Maimonides Dream ESP Studies. *Journal of Consciousness Studies, 10*(6-7), 85–109.

Smith, M. D. (2003). The Role of the Experimenter in Parapsychological Research. *Journal of Consciousness Studies, 10*(6-7), 69–84.

Smith, M. L., & Glass, G. V. (1977). Meta-analysis of psychotherapy outcome studies. *American Psychologist, 32*(9), 752–760. doi:10.1037/0003-066X.32.9.752

Spottiswoode, S. J. P. (1997). Apparent Association Between Effect Size in Free Response Anomalous Cognition Experiments and Local Sidereal Time. *Journal of Scientific Exploration, 11*(2), 109–122.

Stanford, R. G. (1974a). An experimentally testable model for spontaneous Psi events. I: Extrasensory events. *Journal of the American Society for Psychical Research, 68*, 34–57.

Stanford, R. G. (1974b). An experimentally testable model for spontaneous psi events. II. Psychokinetic events. *Journal of the American Society for Psychical Research, 68*, 321–356.

Stanford, R. G. (1990). An experimentally testable model for spontaneous Psi events: a review of related evidence and concepts from parapsychology and other sciences. In S. Krippner (Hrsg.), *Advances in Parapsychological Research 6* (Bd. 6, S. 54–167). Jefferson, NC: McFarland & Company.

Stanford, R. G., & Stein, A. G. (1998). A Meta-Analysis of ESP Studies Contrasting Hypnosis and a Comparison Condition. *Journal of Parapsychology, 58*, 235–269.

Stapp, H. P. (1988). Quantum theory and the physicist's conception of nature: philosophical implications of Bell's theorem. In R. F. Kitchener (Hrsg.), *The world view of contemporary physics: Does it need a new metaphysics?* (S. 38–58). Albany, NY: State University of New York Press.

Stapp, H. P. (1997). The Copenhagen Interpretation. *The Journal of Mind and Behavior, 18*, 127–154.

Steering Committee of the Physicians' Health Study Research Group. (1989). Final report on the Aspirin component of the ongoing physicians' health study. *The New England Journal of Medicine, 321*, 129–135.

Steinkamp, F. (1999). Does Precognition Foresee the Future? A Postal Experiment to Assess the Possibility of True Precognition. In *The Parapsychological Association 42nd Annual Convention. Proceedings of Presented Papers* (S. 385–397). The Parapsychological Association.

Steinkamp, F., Milton, J., & Morris, R. L. (1998). A Meta-Analysis of Forced-Choice Experiments Comparing Clairvoyance and Precognition. *Journal of Parapsychology, 62*(3), 193–218.

Stillfried, N. (2010). *Theoretical and empirical explorations of „Generalized Quantum Theory"* (Doktorarbeit). Europa-Universität Viadrina, Frankfurt (Oder). Abgerufen von http://opus.kobv.de/euv/volltexte/2010/33/

Stokes, D. M. (1987). Theoretical Parapsychology. In S. Krippner (Hrsg.), *Advances in Parapsychological Research 5* (S. 77–189). Jefferson, NC: McFarland.

Stokes, D. M. (1997). *The Natur of Mind. Parapsychology and the Role of Consciousness in the Physical World.* Jefferson, NC: McFarland.

Storm, L. (2000). Research Note: Replicable Evidence of Psi: A Revision of Milton's (1999) Meta-analysis of the Ganzfeld Databases. *The Journal of Parapsychology, 64*, 411–416.

Storm, L., & Ertel, S. (2001). Does psi exist? Comments on Milton and Wiseman's (1999) meta-analysis of ganzfeld research. *Psychological Bulletin, 127*, 424–433.

Storm, L., Tressoldi, P. E., & Di Risio, L. (2010). Meta-Analysis of Free-Response Studies, 1992-2008: Assessing the Noise Reduction Model in Parapsychology. *Psychological Bulletin, 136*(4), 471–485.

Storm, L., Tressoldi, P. E., & Di Risio, L. (2012). Meta-analysis of ESP studies, 1987-2010: assessing the success of the forced-choice design in parapsychology. *Journal of Parapsychology, 76*(2), 243–273.

Targ, R. (1996). Remote viewing at Stanford Research Institute in the 1970s: A memoir. *Journal of Scientific Exploration, 10*, 77–88.

Targ, R., & Puthoff, H. E. (1974). Information transfer under conditions of sensory shielding. *Nature, 251*, 602–607.

Targ, R., & Puthoff, H. E. (1977). *Jeder hat den 6. Sinn: Neue Ergebnisse über die psychischen Fähigkeiten des Menschen.* Köln: Kiepenheuer und Witsch.

Targ, R., Puthoff, H. E., & May, E. C. (1979). Direct Perception of Remote Geographical Locations. In C. T. Tart, H. E. Puthoff, & R. Targ (Hrsg.), *Mind at Large* (S. 78–106). New York, NY: Praeger.

Tart, C. T. (1963). Physiological Correlates of Psi Cognition. *International Journal of Parapsychology, 5*, 375–386.

Tart, C. T. (1976). The basic nature of altered states of consciousness: a systems approach. *Journal of Transpersonal Psychology, 8*, 45–64.

Tegmark, M., & Wheeler, J. A. (2001). 100 Jahre Quantentheorie. *Spektrum der Wissenschaft, 4*, 68–76.

Thalbourne, M. A., & O'Brien, R. (1999). Belief in the paranormal and religious variables. *Journal of the Society for Psychical Research, 63*, 110–122.

Thouless, R. H., & Wiesner, B. P. (1948). The Psi Process in Normal and „Paranormal" Psychology. *Journal of Parapsychology, 12*, 192–212.

Timm, U. (1998). Zur methodischen Kontroverse um das Wünschelrutenexperiment von Schmidt und Walach. *Zeitschrift für Parapsychologie und Grenzgebiete der Psychologie, 39*, 92–101.

Tippenhauer, G. (2000). *Das Konstrukt der Verbundenheit in zwischenmenschlichen Beziehungen. Entwicklung eines Fragebogens zur Erfassung von Verbundenheit* (Unveröffentlichte Diplomarbeit). Albert-Ludwigs-Universität, Freiburg.

Titchener, E. B. (1898). The feeling of being stared at. *Science, 8*, 895–897.

Ullman, M., Krippner, S., & Vaughan, A. (1989). *Dream Telepathy. Experiments in Nocturnal ESP.* Jefferson, NC: McFarland.

Utts, J. M. (1996). An assessment of the evidence for psychic functioning. *Journal of Scientific Exploration, 10*, 3–39.

Vasiliev, L. L. (1963). *Experiments in mental suggestion.* Church Crookham: Institute for the Study of Mental Images.

Vasiliev, L. L. (1976). *Experiments in Distant Influence.* London: Wildwood House.

Wackermann, J. (2002). On cumulative effects and averaging artefacts in randomised S-R experimental designs. In *The Parapsychological Association 45th Annual Convention. Proceedings of Presented Papers* (S. 293–305). The Parapsychological Association.

Wagenmakers, E.-J., Wetzels, R., Borsboom, D., & Van Der Maas, H. L. (2011). Why psychologists must change the way they analyze their data: the case of psi: comment on Bem (2011). *Journal of Personality and Social Psychology, 100*(3), 426–432.

Wagner, P., & Lucadou, W. v. (2012). *Die Geister, die mich riefen: Deutschlands bekanntester Spukforscher erzählt.* Köln: Bastei Lübbe.

Walach, H. (2005). *Psychologie – Wissenschaftstheorie, philosophische Grundlagen und Geschichte.* Stuttgart: Kohlhammer GmbH.

Walach, H., & Horan, M. (2014). Replicating von Lucadou's Correlation Matrix Experiment using a REG Mikro PK. In *10. Symposium der Bial Stifung „Behind and Beyond the Brain"*.

Walach, H., & Schmidt, S. (1997a). Empirical Evidence for a Non-Classical Experimenter Effect. An Experimental, Double-Blind Investigation of Unconventional Information Transfer. *Journal of Scientific Exploration, 11*(1), 59–68.

Walach, H., & Schmidt, S. (1997b). Response to Houtkooper and Vaitl. *Journal of Scientific Exploration, 11*(3), 396–399.

Walach, H., & Schmidt, S. (2005). Repairing Plato's Life Boat with Ockham's Razor. The Important Function of Research in Anomalies for Mainstream Science. *Journal of Consciousness Studies, 12*, 52–70.

Walach, H., & Schmidt, S. (2010). Non Classical Experimenter Effects. In N. J. Salkind (Hrsg.), *Encyclopedia of Research Design* (S. 907–909). Thousand Oaks, CA: Sage.

Watt, C. A., Ravenscroft, J., & McDermott, Z. (1999). Exploring the Limits of Direct Mental Influence: Two Studies Comparing „Blocking" and „Co-Operating" Strategies. *Journal of Scientific Exploration, 13*, 515–535.

West, D. J., & Fisk, G. W. (1953). A dual ESP experiment with clock cards. *Journal of the Society for Psychical Research, 37*, 185–197.

Westerlund, J., & Dalkvist, J. (1999). Local Sidereal Time, Global Geomagnetic Field Fluctuations and Traffic Accidents. In *The Parapsychological Association 42nd Annual Convention. Proceedings of Presented Papers* (S. 452–470). The Parapsychological Association.

Wezelman, R., Radin, D. I., Rebman, J. M., & Stevens, P. R. (1996). An experimental test of magical healing rituals in mental influence of remote human physiology. In *The Parapsychological Association 39th Annual Convention. Proceedings of Presented Papers* (S. 1–12). The Parapsychological Association.

White, R. A. (1964). A comparison of old and new methods of response to targets in ESP. *Journal of the American Society for Psychical Research, 58*(1), 21–56.

White, R. A. (1976). The limits of experimenter influence on psi test results: Can any be set? *Journal of the American Society for Psychical Research, 70*(4), 333–369.

White, R. A. (1977). The Influence of Experimenter Motivation, Attitudes, and Methods of Handling Subjects on Psi Test Results. In B. B. Wolman (Hrsg.), *Handbook of Parapsychology* (S. 273–301). New York, NY: Van Nostrand, Reinhold.

Williams, B. J. (2011). Revisiting the ganzfeld ESP debate: A basic review and assessment. *Journal of Scientific Exploration, 25*(4), 639–661.

Wiseman, R., & Schlitz, M. J. (1997). Experimenter Effects and the Remote Detection of Staring. *Journal of Parapsychology, 61*, 197–207.

Wiseman, R., & Schlitz, M. J. (1999). Experimenter Effects and the Remote Detection of Staring: An Attempted Replication. In *The Parapsychological Association 42nd Annual Convention. Proceedings of Presented Papers* (S. 471–479). The Parapsychological Association.

Wiseman, R., & Smith, M. D. (1994). A Further Look at the Detection of Unseen Gaze. In D. J. Bierman (Hrsg.), *The Parapsychological Association 37th Annual Convention. Proceedings of Presented Papers* (S. 465–478). The Parapsychological Association.

Wiseman, R., Smith, M. D., Freedman, D., Wasserman, T., & Hurst, C. (1995). Examining the Remote Staring Effect: Two Further Experiments. In *The Para-*

psychological Association 38th Annual Convention. Proceedings of Presented Papers (S. 480–490). The Parapsychological Association.

Zahradnik, F. (2007). *Irritation der Wirklichkeit.* Hamburg: LIT Verlag.

Zahradnik, F., & Lucadou, W. v. (2012). A counseling approach to extraordinary experiences. In W. Kramer, E. Bauer, & G. Hövelmann (Hrsg.), *Perspectives in clinical parapsychology* (S. 118–134). Bunnik, NL: Stichting HJBF.

Index

Danksagung

Bei der Entstehung dieses Buches wurde ich von vielen Personen direkt und indirekt unterstützt. Besonderem Dank bin ich Eberhard Bauer vom Institut für Grenzgebiete der Psychologie und Psychohygiene e.V. (IGPP) verpflichtet, der mich nicht nur dazu überredet hat, es endlich zu verfassen, sondern mir auch umfangreich mit Rat, Tat, Literatur und Rückmeldungen zur Seite stand. Dankbar bin ich auch Britt Aldenkortt, die den Text mehrfach und unermüdlich auf Fehler und sprachliche Verbesserungen durchgesehen hat, sowie Helene Rieche für ihre Hilfe mit dem Literaturverzeichnis.

Widmen möchte ich dieses Buch meiner Familie.

GRENZÜBERSCHREITUNGEN

BEITRÄGE ZUR WISSENSCHAFTLICHEN ERFORSCHUNG AUSSERGEWÖHNLICHER ERFAHRUNGEN UND PHÄNOMENE

ISSN 1863-933X

Herausgegeben von
Eberhard Bauer und Michael Schetsche
Im Auftrag des Institutes für Grenzgebiete der Psychologie und Psychohygiene e. V.

Eine stets aktualisierte Liste der in dieser Reihe erscheinenden Titel finden Sie auf unserer Homepage http://www.ergon-verlag.de

Band 1
Bauer, Eberhard – Schetsche, Michael (Hrsg.)
Alltägliche Wunder
Erfahrungen mit dem Übersinnlichen – wissenschaftliche Befunde
2011. 2. Aufl. 193 S. Kt.
€ 29,00 978-3-89913-845-0

Band 2
Mayer, Gerhard
Schamanismus in Deutschland
Konzepte – Praktiken – Erfahrungen
2003. 165 S. Kt.
€ 24,00 978-3-89913-306-6

Band 3
Schetsche, Michael (Hrsg.)
Der maximal Fremde
Begegnungen mit dem Nichtmenschlichen und die Grenzen des Verstehens
2004. 218 S. Kt.
€ 29,00 978-3-89913-415-5

Band 4
Hausmann, Frank-Rutger
Hans Bender (1907-1991) und das „Institut für Psychologie und Klinische Psychologie“ an der Reichsuniversität Straßburg 1941-1944
Mit beigelegter CD-ROM
2006. 172 S. Kt.
€ 29,00 978-3-89913-530-5

Band 5
Fischer, Kathrin
Das Wiccatum
Volkskundliche Nachforschungen zu heidischen Hexen im deutschsprachigen Raum
2007. 291 S. Kt.
€ 37,00 978-3-89913-589-3

Band 6
Mayer, Gerhard
Arkane Welten
Biografien, Erfahrungen und Praktiken zeitgenössischer Magier
2008. 311 S. Kt.
€ 38,00 978-3-89913-618-0

Band 7
Schmied-Knittel, Ina
Satanismus und ritueller Missbrauch
Eine wissenssoziologische Diskursanalyse
2008. 179 S. Kt.
€ 28,00 978-3-89913-670-8

Band 8
Gründer, René – Schetsche, Michael – Schmied-Knittel, Ina (Hrsg.)
Der andere Glaube
Europäische Alternativreligionen zwischen heidnischer Spiritualität und christlicher Leitkultur
2009. 196 S. 6 Abb. Kt.
€ 29,00 978-3-89913-688-3

ERGON VERLAG · WÜRZBURG

GRENZÜBERSCHREITUNGEN
BEITRÄGE ZUR WISSENSCHAFTLICHEN ERFORSCHUNG
AUSSERGEWÖHNLICHER ERFAHRUNGEN UND PHÄNOMENE
ISSN 1863-933X
Herausgegeben von
Eberhard Bauer und Michael Schetsche
Im Auftrag des Institutes für Grenzgebiete der Psychologie und Psychohygiene e. V.

Band 9
Gründer, René
Blótgemeinschaften
Eine Religionsethnografie des ‚germanischen Neuheidentums'
2010. 403 S. Kt.
€ 49,00 978-3-89913-798-9

Band 10
Ambach, Wolfgang (Hrsg.)
Experimentelle Psychophysiologie in Grenzgebieten
2012. 342 S. Kt.
€ 44,00 978-3-89913-910-5

Band 11
Schmidt, Stefan
Experimentelle Parapsychologie
Eine Einführung
2014. 159 S. Kt.
€ 24,00 978-3-95650-079-4

ERGON VERLAG · WÜRZBURG

Zeitfracht Medien GmbH
Ferdinand-Jühlke-Straße 7
99095 Erfurt, Deutschland
produktsicherheit@kolibri360.de